宣教と翻訳

漢字圏・キリスト教・日韓の近代

金 成 恩［著］
Kim Sung Eun

東京大学出版会

Missionary Work and Translation:
Chinese Character Culture, Christianity, Modern Japan and Korea

Kim Sung Eun

University of Tokyo Press, 2013
ISBN 978-4-13-086045-1

目　次

序　章　研究史と争点……………………………………… 1
　　はじめに……………………………………………… 1
　　一　漢字圏における言語的近代……………………… 2
　　二　聖書翻訳によるハングルの再発見……………… 4
　　三　近代メディアとしてのハングル………………… 6
　　四　日韓翻訳研究の現在……………………………… 7
　　五　本書の構成………………………………………… 10

第一章　言語：Godの翻訳………………………………… 13
　　一　日本における神とかみ…………………………… 13
　　二　在朝鮮宣教師間の用語論争……………………… 18
　　三　Godの朝鮮語訳…………………………………… 28
　　四　漢字に対する仮名とハングルの異なる位相…… 32

第二章　文学：宗教小説の翻訳…………………………… 35
　　一　二つの漢訳──文言訳『天路歴程』と
　　　　官話訳『天路歴程官話』………………………… 35
　　二　官話訳から朝鮮語訳『텬로력뎡』へ…………… 37
　　三　東アジアにおける『天路歴程』の受容………… 48
　　四　前近代の翻訳論の活用…………………………… 57

i

第三章　メディア：キリスト教新聞における言文一致と読者層……59

　　一　小新聞における「俗談平話」的な志向……59
　　二　『七一雑報』の編集方針——平易な文体への志向……65
　　三　漢語の借用と俗訓……71
　　四　言文一致の試み……79
　　五　宣教師の啓蒙的編集方針と日本の知識人の読者との間の緊張関係……84
　　六　近代朝鮮における共同体的読書……102

第四章　知識人：李樹廷訳聖書の文体……111

　　一　日本滞在間(1882-1886年)における李樹廷の軌跡……111
　　二　漢字表記による造語力と視覚的効果……136
　　三　在日宣教師ルーミスの書簡に見る李樹廷の翻訳観……142
　　四　漢語の翻訳——朝鮮で通用する漢語への変換……147
　　五　朝鮮宣教における漢字ハングル交じり文体の有効性……151

終　章　翻訳と日韓の近代：結論と展望……157

　参考文献　　165
　あとがき　　191
　索　　引　　195

序章　研究史と争点

はじめに

　本書は，近代東アジアにおけるキリスト教文献に関する研究である．その中でも特に，宣教師が現地での布教のために手がけた翻訳文献を取り上げ，彼らが漢字圏に従来から根づいていた翻訳の方法論をどのように活用し，また解体していったのかを考察していく．

　19世紀において，中国，日本，朝鮮の宣教師たちの交流は，聖書の翻訳から出版まで非常に緊密なものであったのだが，本書では特に日本と朝鮮の関係を重点的に論じたい．日本と朝鮮は，それぞれ1854年の日米和親条約と1882年の朝米修好通商条約によって，米国による開港を経験した．この二つの条約は日本と朝鮮が欧米の国と結んだ初めての条約であり，その後プロテスタント宣教が米国系宣教師たちによって開始されるきっかけになった．このような共通点と地理的な近接性は，プロテスタントの宣教活動が日韓両国の宣教師たちの交流を通じて行われたことを示唆するものである．さらに，日本による植民地化と独立後の南北分断，民主主義と資本主義に基づいた日本と韓国の発展など，日本と朝鮮の密接な関係は20世紀に入っても続いた．

　このような歴史を共有してきたにもかかわらず，日韓両国のキリスト教の普及率には歴然とした差があり，現在，韓国では人口の25％以上をキリスト教信者が占めているのに対し，日本では1％にも満たない．両国のこのような差異はどこからくるのか．——この問題意識を射程に入れつつ，近代東アジアにおけるキリスト教文献の翻訳のあり方を明らかにするために「宣教と翻訳——漢字圏・キリスト教・日韓の近代」を書名として設定した．

ちなみに中国では，英国東インド会社を後ろ盾とするモリソン（Robert Morrison, 1782-1834, London Missionary Society）が1807年にプロテスタント伝道を開始した．1830年には米国系宣教師ブリッジマン（Elijah Coleman Bridgman, 1801-1861, American Board of Commissioners for Foreign Missions）が派遣され，その後中国における宣教は英国系宣教師と米国系宣教師の協力または競争を通じて行われた．さらに阿片戦争（1840-1842年）後，プロテスタント宣教の機会は拡大し，1858年の天津条約を経て本格化した．しかし，20世紀に朝鮮や日本とは異なる共産主義の道を歩むことになった中国におけるキリスト教宣教と受容を，日韓両国と同一線上で比較することは難しい．

とはいえ，中国が東アジアにおける宣教の出発点であったことは注目すべき事実である．それは，19世紀の近代中国がキリスト教文献の翻訳において言語の面で，また文学の受容という面で知識人の教養の規範を提供している重要な地域・時代だからである．

一　漢字圏における言語的近代

漢字圏といわれる東アジアにおいて，キリスト教文献が最初に中国の書き言葉，すなわち漢文で翻訳されたことは，中国だけではなく，日本や朝鮮で布教が成功した重要な要因であった．日本と朝鮮は長い間中国の古典を翻訳してきた．だから，漢文で翻訳されたキリスト教文献は，その後それぞれ日本語と朝鮮語への速やかな翻訳を可能にしたのである．しかも日本と朝鮮では，自国語に重訳される以前に漢訳聖書が流布しており，漢文の素養を持つ知識人の間で広く読まれていたこともその受容を後押ししたといえよう．

しかしながら，在日，在朝鮮の宣教師は漢字圏固有の翻訳の方法論を活用するにとどまらなかった．日本と朝鮮でキリスト教の布教活動が活発になるにつれて，宣教師にはその地域の知識人のみではなく，庶民にも伝わる翻訳文体が必要になったからである．そこで，彼らはそれぞれ和語と朝鮮固有語で翻訳を試みながら翻訳文献の汎用化を図らなければならなかった．そのとき宣教師たちによって注目され，工夫された日韓の非言語エリートの文体は近代という時代とあいまって民族固有の色合いを帯びていく．

このように，漢字圏における言語的近代を問う本書のテーマは，社会言語学で論じられる語彙，文体論ともつながる．言語的近代とは，日常の母語に基づく話し言葉と書き言葉との間に，大きな断絶が解消され，日常生活のレベルから最高度の国家的行政に至るまでの，言語文化の全領域を母語，あるいは俗語（vernacular）の使用が治めていることを意味する．たとえば，ヨーロッパにおいて実現された言語的近代は，ラテン語という「外国語」を意識的に追放することによって始まった．

　それに対して，東アジアにおいてはヨーロッパにおける対ラテン語の問題より複雑な状況を呈する漢字・漢文をめぐる問題がある．漢文の桎梏はラテン語と同じく，俗語に重圧をかけ，言語的近代の出現を妨げてきたが，漢字という文字がそれぞれの方言の音声面を覆い隠し，独自の正書法の発生を許さなかったという固有の問題がある．ところで一口に漢字圏といっても，それぞれの置かれている言語的環境によって，たとえば日本の漢文と朝鮮の漢文は，かなり違う性質のものであった．朝鮮の漢文は，中国の漢文により忠実に従属し，日本のような読み下し文を定着させないで終わった．したがって，日本の漢文は朝鮮よりは土着化し，日本語と妥協し，吸収されていったといえよう．

　本書では漢字圏の言語的近代について「キリスト教」と「翻訳」を二つの軸として解明していきたい．近代東アジアにおいて「キリスト教」は宣教活動によって特殊でありながら普遍，または普遍でありながら特殊という両極を往還する宗教であった．「キリスト教」の「翻訳文献」を分析することは，日韓の「自画像」を描く一つの有効な手段と考えられる．

　キリスト教という思想が日韓に具体的な言語としてどのように溶け込んでいくのか，特に漢字圏でまず漢文で解釈されたキリスト教文献が後に日本語の仮名と朝鮮語のハングルでどのように翻訳されていくのかについて考えていきたい．つまり，翻訳を通じたキリスト教文献の汎用化のプロセスを追うことに焦点を当て，『天路歴程』の例を中心に考察することにする．なぜならば，詳しくは第二章で述べるが，『天路歴程』は日韓でそれぞれ仮名とハングルで翻訳が試みられ，版を重ねて汎用化に成功した例として，良い比較対象になるからである．前述の漢訳聖書や『天道溯源』などがそのまま漢文で受容され，読まれたのとは対照的である．

本書は，日韓におけるキリスト教布教のあり方を規定した様々な社会的要因を追究する一つの作業として，キリスト教文献の翻訳のあり方を再検討し，漢字圏における言語的近代を考え直すことを目的とする．つまり，本書はその問題意識自体は「キリスト教史学」からの視点に発しているが，基本的に翻訳研究，日韓比較文学の分野に属する研究である．

二　聖書翻訳によるハングルの再発見

　では，関連領域の先行研究をふまえながら本書を研究史に位置づけたいと思う．
　まず，李光洙（イグァンス）の次の言辞に注目したい．

> 　　第五は諺文の普及である．諺文も書き言葉であるという考え方を朝鮮人に与えたのは正に耶蘇教会である．貴重な新旧約と讃頌歌が諺文で翻訳され，これで初めて諺文の権威が生じ，また普及したのである．昔日に支那経伝の諺解があったにせよ，それは普及もしなかった．のみならず翻訳ともいえないぐらい拙劣であった．所謂吐〔引用者：日本の送仮名に類するもの〕をつけたのみである．しかしながら，聖経の翻訳は母論いまだ不完全ではあるが，純朝鮮の言葉だといえよう．おそらく朝鮮の書き言葉と朝鮮の話し言葉が真正な意味で高尚な思想を盛る器になったのは聖経の翻訳が始初であろう．万一後日に朝鮮文学が建設されることになったら，その文学史の第一頁には新旧約の翻訳が記録されるはずである．[1]〔引用者〕

　これは1917年7月に韓国の代表的な近代小説家と評価される李光洙が「耶蘇教의朝鮮에与준恩恵」という題目で発表した文章である．彼は耶蘇教が朝鮮に与えた恵みの一つとしてハングルの普及を挙げている．すなわち，キリスト教宣教師によって新旧約聖書と賛美歌がハングルで翻訳されて初めてハングルは朝鮮の書き言葉として権威を獲得し，普及し始めたと言う．

---

[1] 李光洙「耶蘇教의 朝鮮에 준 恩恵」『青春』第9号（1917年7月）．

聖書翻訳がハングル普及において画期的な役割を果たしたという認識はハングル運動家の間にも共有されていた．たとえば，韓国の代表的な国語学者である崔鉉培(チェヒョンペ)も「キリスト教がハングルに与えた功徳」として「(一) ハングルを民衆の間に伝播させた．(二) 聖書を教えて説教する牧師の活動にしたがって，信徒たちは思想の表現の言葉を習い，文章を読んで書く方法まで悟ることになった．(三) ハングルに対する尊重心を呼び起こし，ハングルを守る心を養った．(四) ハングルの科学的価値を認めた．(五) 倍達民族（引用者：朝鮮民族の美称）の言葉を世界に伝播させた．(六) ハングルのみで書く機運を造成した」という6点を挙げている．[2]

　李光洙と崔鉉培が聖書翻訳のハングル普及に及ぼした影響を「恩恵」，「功徳」と評価しているように，宣教師による聖書翻訳が朝鮮にハングルの再発見をもたらし，ハングルを近代朝鮮の国語として成り立たせる基盤を作り出したことは確かである．

　現在韓国には宣教師によるハングル専用文体の画期性に注目し，キリスト教文献の翻訳研究を続けてきた研究集団がある．それはキリスト教史学者である．彼らは韓国キリスト教歴史学会及び韓国キリスト教歴史研究所を形成し，キリスト教文献の翻訳研究の土台を固めている．たとえば，柳大栄・玉聖得・李萬烈（共著）の『大韓聖書公会史Ⅰ——組織・成長と受難』（大韓聖書公会，1993年），『大韓聖書公会史Ⅱ——翻訳・頒布と勧書事業』（大韓聖書公会，1994年）は聖書が朝鮮語に翻訳・出版された歴史を19世紀後半から植民地時代まで概観的に述べており，聖書翻訳史の見取り図を提供している．

　また，李萬烈・玉聖得（編訳）の『大韓聖書公会社資料集第1巻——ロス書信とルーミス書信』（上・下，大韓聖書公会，2004年），李萬烈・玉聖得（編訳）の『大韓聖書公会社資料集第2巻——ケンミューア書信』（大韓聖書公会，2006年）は聖書翻訳にかかわった宣教師の一次資料を発掘，紹介しており，聖書翻訳研究の重要な手がかりを提示している．

　しかし，こうしたキリスト教史学者による研究は，聖書の朝鮮語訳をめぐる在朝鮮宣教師それぞれの翻訳観に若干触れるにとどまり，聖書の翻訳に関する

---

[2] 최현배「기독교와　한글」『신학논단』7 (연세대학교신과대학，1962년).

全体像を見出しにくい．しかも，具体的な翻訳文献の分析を欠いており，議論の結論として宣教師たちの献身的活動，植民地時代という時代状況のなかで聖書翻訳が民族独立と民族精神の涵養にいかに貢献したのかに帰着する限界がある[3]．

　以上のような研究動向をふまえ，筆者が感じるのは，翻訳文献の具体的な分析にもとづいて議論を進めた上に，歴史的史料と照らし合わせ，結論を出すべきだということである．したがって，本書では翻訳文献を具体的に分析した上で，その内容が史料とどう共鳴し，また隔たるのかを丁寧に論じたいと思う．

三　近代メディアとしてのハングル

　通説的に，朝鮮における言語的近代の起点は，「俗語」に基づく書き言葉の形成がハングルの使用によって行われるようになった19世紀後半以降のいわゆる開化期であったとされる．実際，1894年に朝鮮政府が甲午改革の際，勅令として発布した「公文式」で公文書にハングルを使用することが明文化され，ハングルは「国文」として位置づけられるようになった．

　このように，朝鮮の近代語としてのハングル，すなわち階層差を克服した均質的な「国民」創出に相応しい文字としての位置づけに注目し，最近韓国の国文学研究では翻訳・文体論研究が盛んに行われている．

　その中で注目すべきものは李恵鈴と黄鎬徳の研究である[4]．まず，李恵鈴は植民地時代におけるハングルと近代メディアとの密接な関連性を論じた．特に朝鮮語学会を中心とするハングル運動がハングルの普及のために近代国民国家権力を最も効率的なシステムとして認識し，トルコ，中国，日本の文字改革政策を参考にした点を取り上げ，植民地下のハングル運動の近代性とそのジレンマを明らかにした．

　また，黄鎬徳は近代朝鮮における近代国家構想と近代語の談論の創出との関

---

[3]　이만열『韓国基督教文化運動史』（大韓基督教出版社，1987年），옥성득「개신교　전래기　신　명칭　용어논쟁」『기독교사상』37（대한기독교서회，1993年）．

[4]　이혜령「한글운동과　근대　미디어」『大東文化研究』第47集（성균관대학교　대동문화연구원，2004年），황호덕『근대　네이션과　그　표상들』（소명출판，2005年）．

わり方を述べた．具体的に「他者」「交通」「翻訳」「エクリチュール」という四つのキーワードをもって，近代自国語文学と近代国家の結合が一つの歴史的イデオロギーとして成り立っていく過程を明らかにした．

しかしながら，こうした韓国の国文学研究者はあまりにも「近代性」「国民国家」「国文」にこだわりすぎ，社会言語学の論理的な明快さをもって翻訳文献や史料を裁断してしまっている印象をぬぐえない．理論の適用という演繹的方法はそれとして有意義であるが，どうしても近代朝鮮の場合にあてはめづらく，また，国民国家の創出の外部にあった動きについて説明していない．

しかも，韓国の国文学研究者はおもに小説家の作品や国語学者の言説を扱っており，聖書や宗教小説などのキリスト教文献は研究対象にしていない．しかし，前述の李光洙と崔鉉培の例が示すように，朝鮮ではキリスト教が言語的近代の成立のために重要な歴史的ファクターとして働いていた．したがって，近代翻訳文体の形成を明らかにするためにキリスト教文献の研究は欠かせないテーマであるといえよう．

本書では以上の問題意識をふまえながら，それぞれの翻訳文献および歴史的史料をその文脈に即して綿密に分析していく帰納的方法をとることにした．また，「近代」を前の時代と断絶したものとしてとらえずに，開化期の文献を前近代文学史の延長線上で理解していくことによって，漢字圏の「近代」を考え直したいと思う．

四　日韓翻訳研究の現在

では，本論に入るのに先立ち，「翻訳」「宣教と受容」「比較研究」について論じる際の筆者なりのスタンスを示しておきたい．従来の翻訳研究は日韓ともにコンテクストを排除し，原文と翻訳文を比較するテクスト分析に集中してきた．その結果，キリスト教文献は，おもに語学研究の資料として扱われ，その研究の成果は，近代語の成立史や近代文体の発達史の枠内で論じられることが多かった．たとえば，日韓における『天路歴程』の翻訳研究を見てみると，詳しくは第二章で述べるが，高村新一の「『天路歴程』邦訳史（一）〜（三）」[5]，金東彦の『開化期国語と天路歴程』[6] など，原テクストになる漢訳との比較に

基づいて19世紀後半の近代語，近代文体の特徴を論じている．

　しかし，キリスト教文献の翻訳は，宣教の歴史という明確なコンテクストの中で行われたのであり，宣教師たちは翻訳という行為を通して布教を図っていたのである．布教の場での彼らの記録は，翻訳における宣教師間の対立と緊張を伝えており，キリスト教文献の翻訳の問題を考える際，宣教師たちの翻訳意図を抜きにしては論じられないのではないか．したがって本書では，宣教師たちが手がけた翻訳文献を歴史的なコンテクストの中に位置づけながら，それに光を当てたい．つまり，翻訳という行為をキリスト教宣教と受容という観点から考える．

　また，宣教と受容に関して，従来の研究はそれを東洋の儒教思想や近代東アジアの国家主義との格闘として捉え，西洋思想と東洋思想の衝突と融和，欧米帝国主義と東アジア各国のナショナリズムの対立という図式に還元しがちであった．

　これに対し本書では，具体的な翻訳文献及び翻訳にかかわった人物の記録から，この問題にアプローチしていきたい．たとえば，翻訳語，翻訳小説，新聞，現地知識人の様々な面を具体的に探りたい．たとえキリスト教という西洋思想に，東洋思想と異なる性質が内在していたとしても，布教という具体的な場面においては，そのときそのときの，歴史的偶然と断片的事実の総合的な作用が宣教と受容の重要な決め手になったと考えられるからである．

　それゆえ，これまでの研究史上では触れられてこなかった宣教師や現地知識人の行跡を歴史的に辿ることを試みる．そして，彼らの翻訳作品（聖書と宗教小説）を分析するだけではなく，彼らの回顧録や書簡をも参照し，細部のベクトルの多様性を見定めたい．

　「宣教の歴史というコンテクストの中での翻訳研究」及び「歴史的ディテールからのキリスト教思想へのアプローチ」というのは，言い換えれば「近代東

---

5) 高村新一「『天路歴程』邦訳史（一）」『東京女子大学附属比較文化研究所紀要』第40巻（東京女子大学附属比較文化研究所，1979年），同「『天路歴程』邦訳史（二）」『東京女子大学附属比較文化研究所紀要』第41巻（東京女子大学附属比較文化研究所，1980年），同「『天路歴程』邦訳史（三）」『東京女子大学附属比較文化研究所紀要』第42巻（東京女子大学附属比較文化研究所，1981年）．

6) 김동언『텬로력뎡과 개화기 국어』(한국문화사，1998年)．

アジア」ならではのあり方及び宣教と受容のあり方を意味する．近代東アジアにおけるキリスト教宣教と受容はどのようなものであったのか．それは翻訳の場でどのように実現されたのか．プロテスタントの教義の核心は一人一人が聖書を唯一神の言葉として信じることにある．だから，近代東アジアにおけるキリスト教宣教と受容のあり方を，翻訳という行為から探る作業はその問題の本質に迫っていくことだといえるのではないだろうか．

　もちろん，近代東アジアとキリスト教の関係を解明することは，それほど単純ではない．キリスト教文献の翻訳をおもな考察対象にするとはいえ，近代東アジアにおいては，初めて東アジアの言語・文学・人々に接した宣教師たちの多様な反応があった．同時に初めてキリスト教に触れた現地人の様々な反応もあった．これらの様々な反応の痕跡を手がかりにし，全体像を浮かび上がらせなければならない．

　したがって，本書ではあえて翻訳テクストの単一的な解釈，資料の単線的な整理や主題の統一性を避けようとした．近代東アジアは，一見必然的に見えない主題を通してより鮮やかに輝く研究対象であり，直接つながっていないように見える資料から意外な手がかりを発見できる研究領域だからである．キリスト教文献の翻訳という軸から派生する多様な主題と豊富な資料は，近代東アジア，とりわけ日韓比較研究に新しい視点を提供しうると考える．

　この意味で本書は，日本における従来の「比較研究」の傾向に対し，新しい知見を開こうとするものである．一般的に日韓比較文学に関する研究は植民地時代にあたる20世紀前半を扱い，「影響と受容」という捉え方をしてきた．この時代は日本帝国主義と翻訳のかかわり方，国語教育と同化政策，二重言語の担い手である朝鮮人作家など，魅力的な題材に富む．それに対して本書が注目する19世紀後半の時期は，その意味では目立たないかもしれない．19世紀後半に米国系宣教師による宣教活動が日本と朝鮮で始まったという事実から日韓比較研究を見なければ，つまり，キリスト教宣教を軸として両国を対峙させなければ，19世紀後半はなかなか取り上げるに至らない時期である．しかし，この時代は朝鮮の翻訳の歴史の中で，中国古典から朝鮮語への翻訳が盛んに行われた前近代の状況から，1910年以降に植民地時代に入って日本語から朝鮮語への重訳を通して西洋の文化を翻訳し始める状況へと移る節目である．その

過渡期に西洋の宣教師たちによって始められたキリスト教文献の翻訳，特に東アジアという漢字圏の翻訳方法を活用し，また解体しようとした翻訳のあり方は，近代東アジアの翻訳の歴史において新しい流れを創造した．日本語訳と朝鮮語訳はその翻訳において直接的な影響・受容関係はないが，だからこそ日韓両国の異なる近代文体の形成という視点から新たに日韓比較文学の可能性を提示しうると考える．

五　本書の構成

　本書は四つの章に分かれる．各章の狙いは，その章の「一節」で明らかにするが，四つの章について概要を記しておきたい．まず第一章「言語：God の翻訳」において，主として韓国のキリスト教史学の分野の先行研究に依存しながら，朝鮮宣教初期の歴史を概観し，その流れの中に翻訳という行為を位置づける．God という唯一神はキリスト教の教理の核心にあたる概念であるので，それの翻訳をめぐる宣教師間の用語論争を宣教師の記録にもとづいて辿っていき，本書の切り口にしたいと思う．これは日本において God が「神(かみ)」と訳された歴史的経緯を従来とは異なる角度から再検討しようとする試みでもある．

　第二章「文学：宗教小説の翻訳」では，東アジア三国において宣教師たちの布教活動を通して聖書とともに盛んに読まれた宗教小説『天路歴程』を取り上げる．従来近代東アジアにおけるキリスト教文献の翻訳に関する議論は，「漢字と仮名」や「漢字とハングル」のような文字表記の問題に集中してきた．しかしながら，本書では宗教小説の翻訳を前近代の文学史の中に位置づけ，白話小説の翻訳及び中国古典の翻訳の延長線上で理解しようとした．在清，在日，在朝鮮の宣教師たちが，その地域にキリスト教を布教するために，漢字圏における既存の文体・ジャンルをいかに積極的に活用して宣教活動を成り立たせていったのかについて述べる．

　第一章と第二章が，宣教師たちが東アジアの漢字圏における言語・文学をいかに理解し，キリスト教文献を効率的に翻訳するためにいかなる宣教戦略を立てたのかについて論じるのに対し，第三章と第四章ではその焦点を布教対象である現地人に移す．まず，新聞というメディアから現地人の声を拾う．第三章

「メディア：キリスト教新聞における言文一致と読者層」においては，日本のキリスト教界における最初の定期刊行物である『七一雑報』(1875-1883年)を取り上げる．紙面の翻訳文体や投書欄を分析し，その紙面が庶民への布教という宣教師の創刊意図から離れていく過程を明らかにする．小新聞に関する先行研究をふまえた上で，キリスト教新聞における言文一致の試みについて論じ，その文体の特徴を大新聞の文語体と小新聞の談話体の間に位置づける．また，翻訳物や新聞などの文字メディアは庶民に直接届けることができず，現地の知識人を媒介せざるをえない状況に触れ，キリスト教新聞の読者層を実証的に明らかにする．

　第四章「知識人：李樹廷（イスジョン）訳聖書の文体」は，聖書を朝鮮語に翻訳した初めての朝鮮人である李樹廷の聖書翻訳を中心に論じる．1882年に朝鮮の近代化のために日本を視察しに訪れた李樹廷は，日本でキリスト教信者になった．彼は当時宗教解禁以前であった朝鮮に宣教するために，日本に滞在しながら在日宣教師に協力し，米国系宣教師の朝鮮派遣を実現させるとともに，聖書を朝鮮語に翻訳する．宗教解禁以前に海外に出てキリスト教にいち早く触れた知識人の役割，特に漢文素養をもつ知識人が聖書を翻訳するに相応しいと判断した文体の特徴を明らかにする．

　以上，本書の構成に即してその内容をおおまかに述べた．それぞれの章は，もともとこの構成を念頭に置いて書かれたものではなく，その時々の関心と紙面の都合が優先されている．一冊の書物とするにあたって，必要な加筆と訂正を行ったが，それぞれの文章の論旨や力点を動かすことはしなかった．

　なお，本書の全体にかかわって，三点を予め断っておきたい．一つは「キリスト教宣教」とは一般的に大航海時代のカトリック宣教と近代帝国主義時代のプロテスタント宣教の両方を意味する．本書ではおもに19世紀後半に東アジアで活動したプロテスタント宣教師の翻訳作品を扱うので，「キリスト教宣教」という表現を後者に限って用いたいと思う．論旨によって旧教であるローマ・カトリックと新教であるプロテスタントを区別しなければならない場合のみ，「キリスト教」という表現を避けて，ローマ・カトリックとプロテスタントに使い分けた．

　実はプロテスタント宣教師の翻訳作業が，彼らより先に東アジアで宣教活動

を行い，翻訳に取り組んだローマ・カトリック宣教師の実績の上で成り立っていることは否定できない．とはいえ，ローマ・カトリックはプロテスタントに比べて個人の救いのために一人一人の聖書の可読性を重視することはしなかった．聖書は主に司祭によって読まれ，解釈されるので，東アジアにおけるローマ・カトリックの聖書翻訳は知識人中心に漢文で訳された．それに対してプロテスタント宣教は庶民にもわかりやすく聖書を読ませることに教理の核心があったので，近代東アジアにおける自国語発達に重要な手がかりを提供しているのである．

二点目は「朝鮮」の呼称であり，これは朝鮮史，とりわけ近現代史研究において常に研究者を悩ます問題である．本書で扱う時期は朝鮮の歴史から見ると，朝鮮王朝末期から大韓帝国の成立に至る時期である．その間国号が朝鮮から韓国と変わっており，史料上で使用される国号も異なってくる．本書が主題とするのは，おもに1897年の大韓帝国の成立以前であるので，史料との整合性のために「朝鮮」と呼ぶことにしたいと思う．ただし，史料に拘束されない場合，たとえば現在の韓国の研究傾向を述べるときなどは一般的呼称として「韓国」を用いる．

三点目は資料の引用に関するものである．ハングル専用文，漢字ハングル交じり文は漢字ないし漢字語を基本的にそのままにして直訳した．直訳する理由は，朝鮮語は漢字ないし漢字語を多く使うという点で日本語と共通しており，語順も基本的に日本語と同じであるので，相互の比較に便宜を図るためである．また，漢字は常用字に改め，朝鮮語文献は，現在のハングル表記と異なるために再現できない場合，現代の用語法に改めた．

キリスト教文献の翻訳研究を通して，日韓におけるキリスト教宣教と受容の相違点を明らかにしようとするのは，おそらく初めての試みであろう．本書を通じて，「日韓の近代」の形成に際してのキリスト教の役割，翻訳との相互関係の一端が明らかになることを期待する．

第一章　言語：Godの翻訳

一　日本における神とかみ

　多くの場合，翻訳はある文明を受け入れようとする受容者のほうから試みられる．翻訳は異なる言葉の側に伝える試みよりも，むしろ異なる言葉の側からの受け入れようとする努力によるもののほうが大きいといえる．たとえば，近代以前の日本と朝鮮が中国古典を翻訳したことや近代以降の日本と朝鮮における西洋技術の受容がその代表的な例である．

　しかし，近代東アジアに渡った宣教師たちによる翻訳は，その逆の例であった．宣教師という伝播者の側から，キリスト教という新しい宗教を伝えようとその地域の言葉で聖書を翻訳する．つまり，異なる言葉の受容者にキリスト教文献を読ませるために，伝播者の側は自ら異なる言葉を身に付け，翻訳を試みたのである．同じ宗教文献である仏教の仏典にしても，その伝播は受け入れる側の欲望によるところが大きかった．その点において，キリスト教におけるほどの激しい宣教のエネルギーはほかにないといえるだろう．

　したがって，効果的な宣教活動のために，近代東アジアにおけるキリスト教文献の翻訳は単純に中国語から日本語へ，中国語から朝鮮語へと移す機械的な翻訳ではありえなかった．その翻訳の裏には東アジア三国を漢字圏と認識した宣教師たちの宣教戦略があったと同時に，実際の布教の場では中国，日本，朝鮮のそれぞれの相違点に対する宣教師たちの工夫があったはずである．

　たとえば，モリソンの中国語訳聖書に始まって，ギュツラフ（Karl Friedrich Augustus Gützlaff, 1803-1851）やヘボン（James Curtis Hepburn, 1815-1911）の日本語訳聖書，ロス（John Ross, 1842-1915）やアンダーウッド（Horace Grant Underwood, 1859-1916)[1] の朝鮮語訳聖書において，彼らが抱えた大きな難問は，中国，日本，朝鮮の現地人にキリスト教の唯一神をどう伝えるかであった．これらの国には最高位の神を表すための言葉がいくつかあったが，宣教師たちはその言葉を使うのをためらった．それは，東アジア三国の人々は一つの神だけを崇拝することに慣れていないため，キリスト教以外の神を同時に崇拝する，いわゆる多神教の考えを引き起こすことを恐れたからであった．宣教師たちにはどうしても唯一神を表す訳語が必要であった．

しかし，他方では，布教の対象となる国の人々に異質さを感じさせない翻訳語で，キリスト教をより多くの人々に布教する必要もあった．各国の古典に用いられている，あるいは庶民の生活に親しまれている言葉をキリスト教の神の翻訳語に使用することによって，その国でのキリスト教伝道を障害なく行い，庶民の隅々にキリスト教を布教させなければならなかったのである．

このようなジレンマの中で東アジア各国の聖書翻訳における宣教師間の用語論争が起きた．本章では東アジア三国における宣教師間の用語論争を取り上げ，God の受容を比較するとともに，日本語訳「神（かみ）」の翻訳経緯について再検討を試みたいと思う．

(1) 中国における用語論争

まず日本語訳聖書への翻訳や朝鮮語訳聖書への翻訳に大きな影響を与えた中国語訳聖書への翻訳における宣教師間の用語論争（term question）について考察したいと思う．中国伝道初期に最も活躍したロンドン・ミッショナリー・ソ

---

[1] 米国北長老派朝鮮宣教師．朝鮮名は元杜尤．1884 年に日本に到着し，1885 年 4 月 5 日に最初の福音宣教師として朝鮮に入国したアンダーウッドは，朝鮮語訳聖書の改訳と完訳のために聖書翻訳委員会を運営するなど，伝道文書の執筆と翻訳において先駆的な役割を果たした．他方で，米国監理教宣教師であるアッペンゼラー（Henry Gerhard Appenzller, 1858-1902）とともに連合的な活動を率先して行い，南長老派，カナダの長老派の朝鮮宣教活動にも協力した．また，1915 年には儆新学校の大学部から出発した延禧専門学校（現在の延世大学）を設立した．在朝鮮宣教師であったホトン（Lillias Horton Underwood, 1851-1921）と結婚してもうけた息子をはじめ，彼の子孫たちも宣教師として朝鮮で活躍した．参考：日本基督教団（編）『キリスト教人名事典』（日本基督教団出版局，1986 年）以下同．

サエティ (London Missionary Society) の宣教師たちは, 初期の聖書翻訳者として人に知られるメッドハースト (Walter Henry Medhurst, 1796-1857) が「上帝」なる文字を用いたのでほとんど全派がこれに賛成して「上帝」で伝道した. もし「天主」なる文字を用いれば, 旧ローマ・カトリックと混同される恐れがあるとされたことが,「天主」を避けた主たる理由であった. しかしながら, ある宣教師たちは「天主」を用いて天主教と混同されることはもちろん困るが, だからといって「上帝」なる偶像礼拝的な名称をキリスト教の信仰対象を言い表す語として用いることは一層困ると主張しだした.

その中でモリソンは大英博物館に保存してあったカトリック宣教師の試訳した漢訳聖書写本に, theos を「神」と漢訳してあったのを発見し, God をすべて「神」に翻訳した.「上帝」にも「天主」にも満足しなかった人々はこの新用語に賛成したのであった. しかしそのうちに, 中国伝道は急激に発達を遂げ, 各派の宣教師が多数渡来するに及び, God に対する中国用語の不統一は次第に伝道上の不便と混乱をもたらすこととなった.

1843 年に香港において英米各派宣教師会議が開かれたが, God にいかなる用語を採用すべきかについて, 依然として意見の一致を見ることはできなかった. 会議中, メッドハースト (London Missionary Society) は, 漢訳聖書の改訂作業において, God の訳語には一般的に霊的なものを示す「神」ではなく, 至高の存在を示す「上帝」が相応しいと主張し, おもに英国系宣教師たちによって支持された. それに対し, ブリッジマン (American Board of Commissioners for Foreign Missions) ら米国系宣教師は,「上帝」は現世的ないし政治的支配者の意味合いが強く, 従来のように「神」という訳語を継承する方が良いと主張した. 結局この問題は決着がつかず, God と Spirit の訳語は,「上帝」と「聖神」を用いる英国系の漢訳聖書 (代表委員会訳) と,「神」と「聖霊」を用いる米国系の漢訳聖書 (ブリッジマン訳) とで異なることとなった.

(2) 日本における God の翻訳

　中国語訳聖書への翻訳における宣教師間の用語論争は，日本語訳聖書への翻訳にも影響を与えた．黒船来航の後に日本への宣教が開始されると，まず入ってきたのは米国系宣教師であり，彼らが持ってきた中国語訳聖書は，このブリッジマン訳であった．

　この訳が，やがて着手された聖書和訳に大きく影響を与える．米国系宣教師は日本語よりも中国語に通じており，また当時の日本の知識人は漢文の訓読法は常識的に身に付けていたが，英語を解するものはそれほど多くなかったという事情から，日本語訳聖書の重要な原典は，ブリッジマンの中国語訳とされたのである．こうして，中国語訳では大問題とされた God の訳語も，日本語訳では米国系宣教師主導のもとに「神（かみ）」と決められた．中国での場合とは異なり，日本ではこのことはほとんど問題にされなかった．

　聖書の日本語訳を進めた米国系宣教師は，「神」は中国も日本も文字の形が同じで，日本でもやはり礼拝の対象だ，という点だけを見て，それ以上の意味は考えなかったということである．1867, 68 年の英国聖書協会報に米国オランダ改革派教会派遣のブラウン（Samuel Robbins Brown, 1810-1880）による書簡が掲載されたが，その中にもこうした認識がうかがえる．

> 中国で議論して分裂を生じたりした一つの問題は，日本にいるわたしたちの間ではすでに解決しているのです．「神」の用語は議論されていません．God の日本語は「かみ」，これに対する中国語は「神（しん）」です．ですから，その難問は，わたしたちから取り除かれた訳です．[2]

　このように，キリスト教の唯一神 God の翻訳語をめぐって，中国では「上帝」「神」「天主」など様々な候補が挙がって激しい論争があったのに対し，明治初期の日本ではそのような論争が起こらずに「神（かみ）」という翻訳語が定着した．また，多くの先行研究[3]はその理由を，翻訳にあたって参照された聖書が，主

---

[2] 高谷道男編訳『S. R. ブラウン書簡集』（日本基督教団出版局，1965 年初版，1980 年再版），228 頁．

として上海美華書館版の中国語訳であったからとしている．上海美華書館版の聖書とはブリッジマン訳の聖書のことであり，そこでGodは「神」と翻訳されていたのである．

　ここで，筆者は中国においてはキリスト教文献が英語から直接訳されていたのに対し，日本の場合は中国語からの重訳だったという点に注目したい．中国語の「上帝」という語は現世的ないし政治的支配者の意味合いが強く，「神」という語は一般的に霊的なものを表すので，中国においてはどちらの語もキリスト教の唯一神の翻訳語として相応しくなかった．そこで論争が起きたのである．これまで中国に存在しなかったキリスト教の唯一神の思想を中国語の漢字で表現するために，在清宣教師は「上帝」，「神」という異なる概念を指す漢語をもって苦闘したのである．

　一方，日本ではブリッジマン訳の「神（Shén）」を訓読みして，Godを「神(かみ)」と翻訳した．漢文訓読という従来の翻訳の方法論を積極的に活用したといえるだろう．つまり厳密にいえば，日本語訳の「神(かみ)」は，Godの翻訳語というよりは，Godの中国語訳「神（Shén）」の翻訳語だったといえる．中国経由の重訳だったので，キリスト教の唯一神の思想との摩擦を和らげることができたのである．もちろん「神道の神」との混同を招きかねない点で不適切な訳語だという批判はあるが，いまだに「神(かみ)」はGodの翻訳語として用いられている．

　では，日本と同様，19世紀に中国経由でキリスト教文献を受容した朝鮮の場合はどうだったのだろうか．日韓比較を試みることで，日本において用語論争もなくGodが「神(かみ)」と訳された歴史的経緯を再検討したい．それにより，中国経由でキリスト教文献を受容したこと，またその翻訳方法として漢文訓読を採用したことのみでは説明しきれない点を浮かび上がらせたいと思う．

3）　代表的な先行研究に，柳父章『ゴッドと上帝』（筑摩書房，1986年）と鈴木範久『聖書の日本語』（岩波書店，2006年）がある．また鈴木広光は，米国人宣教師たちは翻訳に際して，自らが崇拝する唯一絶対の創造主と日本の「かみ」との違いを意識することはなかったのだろうかと疑問を提起した上で，原語elohim, theosがもともと神一般を表す総称であったから，神一般を表す総称としての日本語「かみ」が採用されたのだと，その疑問に自ら答えている．参考：鈴木広光「神の翻訳史」[『国語国文』74(2)（2005年2月），1-17頁]．

二　在朝鮮宣教師間の用語論争

　前述のとおり，日韓における布教活動は両国の宣教師たちの密接な交流の中で行われた．たとえば，1885 年にアンダーウッドは最初にプロテスタント宣教師として朝鮮に入国を許可され，日本を経由して朝鮮に入っている．本書の第四章「知識人：李樹廷訳聖書の文体」で後述するが，アンダーウッド派遣の経緯を見ると，朝鮮が米国と修好条約を結んだ 1882 年頃，在日米国系宣教師たちは米国の教会に朝鮮への宣教師派遣を要請している．つまり，米国の教会は在日宣教師たちを通して朝鮮宣教を視野に入れたのである．こうしてアンダーウッドは，1884 年に日本に到着し，ヘボンの家に寄宿しながら，朝鮮語の学習など朝鮮への入国の準備を行った．

　またその頃，日本に滞在中だった李樹廷[4]（1842-1886）は，1884 年に横浜の米国聖書協会で漢訳聖書に朝鮮語の訓点を付した四つの福音書と使徒行伝を出版し，1885 年には馬可伝の漢字ハングル交じり文の訳を出版していた．アンダーウッドは朝鮮入国の際にこの李樹廷訳聖書を携えていくことになる[5]．李樹廷訳聖書は，ヘボンや翻訳委員が使用した上海美華書館の漢訳聖書『新約聖書』に基づいたものだった．このように，日本と朝鮮におけるキリスト教文献の翻訳は，米国系宣教師の主導，上海美華書館版の漢訳からの重訳という出発点を共有している．

　1885 年以降，米国系宣教師たちの朝鮮への入国は活発になり，1887 年にアンダーウッドを委員長とする聖書翻訳委員会が組織され，1892 年には朝鮮国内における翻訳の嚆矢として『マタイ福音伝』が出版される．聖書の朝鮮語訳

---

4) 李樹廷は最初期の日韓教会交流を代表する人物で，日本視察に派遣されていた修信使，朴泳孝らの使節団の非公式随員として日本に渡った．この使節団は親日的な開国派によって派遣されたもので，李樹廷も農業近代化の調査研究を目的として来日した．彼は当時のキリスト教界の重鎮であった学農社の津田仙を訪ね，その縁で受洗するにいたった．詳しくは第四章で後述したい．参考：小川圭治，池明観（編）『日韓キリスト教関係史資料』（新教出版社，1984 年）5，28-30 頁．

5) Lillias Horton Underwood, *Underwood of Korea*, New York: Fleming H. Revell Company, 1918, pp. 37-38.

が本格化するにつれて，Godの翻訳語をめぐる用語論争も宣教師の間で始まった．

　これまでの先行研究は，それぞれの宣教師の翻訳観について若干言及している程度であり，用語論争に関する研究は進んでいない6)．唯一見るべき研究としては玉聖得の論を挙げたい7)．玉聖得は1893年から1910年までの，Godの翻訳をめぐる在朝鮮宣教師たちの意見を通史的に整理している．とはいえそれは，宣教師の記録を部分的に引用しながらの概説にとどまっている．

　そこで本章では，在朝鮮宣教師の記録に基づき，朝鮮語訳聖書への翻訳における宣教師間の用語論争について探りたい．具体的にどの宣教師が論争の中心にいて，それぞれの立場はどのように違っていたのだろうか．アンダーウッド夫妻が朝鮮体験を記録した自伝的な書物，*Fifteen Years among the Top-Knots* の記録（1904年）を見てみよう．

　　「用語問題」は，すべての宣教師たちの賛同を得られる解決策がいまだに見つからない，悩ましい問題である．それはGodの適切な訳語に関する問題である．中国と日本と朝鮮はいずれも漢字を使う国であり，また崇拝されるもの——「神々」——を表す言葉を持っている．しかし，これらの国には，"gods"を"the God"や"God"に変えることを英語において可能にしている定冠詞や大文字がない．これらの国はまた——これはまったく異なる問題だが——天の最高の神（ハナニムの上帝）と地上の神（タンニム）と他の神々を意味する呼称を持っている．

　　一部の宣教師たちは，天の最高の神を表す呼称を使って，人々が無知のままに崇拝している神の性格と性質を彼らに教え込めば，彼らはより容易に宣教師たちの教えを理解し，快く受け入れるだろうと思っている．また

---

6) たとえば，백낙준『韓国改新教史（1832-1910）』（延世大学出版部，1973年），전택부「하ᄂ님 및 텬쥬라는 말에 관한 역사 소고」『한글성서와 겨레문화』（기독교문사，1985年）などが代表的である．

7) 옥성득「用語 하ᄂ님의 歴史小考」（장로회신학대학교대학원修士論文，1991年），옥성득「초기 한글성경 번역에 나타난 주요 논쟁연구（1877-1939）」（장로회신학대학교대학원修士論文，1993年），류대영・옥성득・이만열（共著）『대한성서공회사 II 번역・반포와 권서사업』（대한성서공회，1994年）．

第一章　言語　　19

この呼称が偉大な天の神のことを指す,と思っている宣教師も多数いるものの,すべての異教徒たちは,同時に無数の他の小さい神々も崇拝するので,これが唯一の神を意味するとはもちろんいえない.[8]〔引用者訳,以下同〕

　ここでアンダーウッドは,朝鮮語におけるGodの翻訳問題を,中国と日本を含む東アジア漢字圏におけるGodの翻訳問題の延長線上で捉えている.英語では定冠詞や大文字によってGodという唯一神の存在を表すことができるが,漢字圏の言語,すなわち漢字では定冠詞や大文字の用法がないので,唯一神の存在を表し難いというのである.
　一方,他の在朝鮮宣教師たちはGodの朝鮮語訳として,朝鮮で最高の神を指す用語を採用すれば,朝鮮人はキリスト教の唯一神の思想をより容易に理解し,キリスト教を受け入れるだろうと主張している.さらに,その宣教師たちの多数は,その朝鮮語訳はGodの翻訳語に最も相応しいと信じているようである.
　では,そのGodの朝鮮語訳とはどのようなものであったのだろうか.次に,当時の朝鮮語訳聖書の翻訳作業にアンダーウッドとともに参加していたゲール[9]（James Scarth Gale, 1863-1937）の伝記を挙げる.

---

[8]　Lillias Horton Underwood, *Fifteen Years among the Top-Knots*, Boston, New York, Chicago: American Tract Society, 1904, pp. 103-104.
[9]　カナダ人の宣教師で朝鮮名は奇一.彼は1888年にトロント大学YMCAから派遣され,朝鮮で宣教活動を始めたが,1891年に米国北長老会宣教部へ所属を移した.その後,皇城基督教青年会（YMCA）の会長として活動するなど,上流層の青年たちの改宗に努力した.またゲールの朝鮮関連の著述は,朝鮮に来た宣教師の中で最多であり,朝鮮を西洋に紹介する一方,西洋文学の翻訳も手がけそれを朝鮮人に紹介した.たとえば,彼自身の朝鮮での経験を記述した *A History of Korean People, Korean Sketches, Korean Folk Tales, The Vanguard, Korea in Transition* などは朝鮮学の重要な資料である.他方翻訳者としては,旧約・新約聖書,『天路歴程』及び『ロビンソン漂流記』などを朝鮮語に翻訳したほか,『春香伝』,『九雲夢』などの朝鮮古典小説の英語への翻訳も手がけた.彼の著訳書の中でも特に,『天路歴程』は朝鮮の翻訳史上,西洋小説の翻訳作品の嚆矢として評価されている.詳しくは第二章「文学：宗教小説の翻訳」で後述したい.ちなみに,彼は1888年に日本を経由して朝鮮に入国し,後に『韓英字典』を横浜で出版する（1897年）など,日本と朝鮮とを頻繁に行き来していた.

この問題に関する論争は激しいものであった．ある時点ではアンダーウッ
ドは一人で「チョンジュ」（天主）を支持した．そして休暇から戻ってき
たギフォードも彼の側に立った．モフェットとゲールは「ハヌニム」を支
持した．もっとも，彼らの発音は「ハナニム」という方言的なものであっ
たが．一応この問題〔の論点〕は，中国語由来の言葉を採用するか，それ
とも朝鮮語由来の言葉を採用するかという点にあった．聖公会は近くで活
動する中国北部の宣教師たちがそれを用いていた，という理由から，「チ
ョンジュ」（天主）という翻訳語を採用することとした．彼らがこの言葉
をより好んだ背景には，おそらくこれがすでに高い成果を上げていたロー
マ・カトリック教会の宣教活動において用いられていたこともあっただろ
う．そして，これこそまさに，プロテスタントの宣教師のほとんどがこの
翻訳語を用いてはいけないと決断したことの理由であった，と推測せざる
をえない．[10]

　すなわち，朝鮮語訳聖書においてGodを指す用語を「텬쥬」（天主）にする
か「하ᄂ님」（ハナニム）にするかをめぐって，宣教師間で論争があった．在朝
鮮宣教師たちのうち，特にアンダーウッドは「텬쥬」（天主）という漢字音読
語を支持し，ゲールは「하ᄂ님」（ハナニム）という朝鮮固有語を支持してい
た[11]．前述のアンダーウッドの自伝にあった，朝鮮で最高の神を指す用語とは，
この「하ᄂ님」（ハナニム）であろう．
　さて，ここで朝鮮における「텬쥬」（天主）と「하ᄂ님」（ハナニム）という言
葉の歴史について，簡単に触れておきたい．「天主」は17世紀の初め頃，当時
の明との間を往来していた朝鮮の学者たちによって西学とカトリックが受容さ
れるにつれて，マテオ・リッチの『天主実義』を紹介する際に用いられたのが

---

10) Richard Rutt, *James Scarth Gale and His History of the Korean People*, Seoul: Royal Asiatic Society, 1972, p. 26.
11) 朝鮮語における語源と表記は以下の三つの類型に分けて考えることができる．(1) 漢語かつ漢字表記，(2) 漢語かつハングル表記，(3) 固有語かつハングル表記である．たとえば，「텬쥬」（ティョンジュ，天主）は，(2) 漢語かつハングル表記にあたり，「하ᄂ님」（ハナニム）は(3) 固有語かつハングル表記にあたる例である．本書では，それぞれを便宜上「漢字音読語」及び「朝鮮固有語」と呼びたい．ちなみに，朝鮮語では日本語の訓読みにあたるものはない．

始まりである．18世紀末頃からカトリック宣教師たちによってカトリックの書物がハングルで翻訳され始め，「텬쥬」（天主）のように表記された．たとえば，『天主実義』も「텬쥬실의」というハングル表記で広く流布したのである．つまり，「텬쥬」（天主）はカトリックの翻訳語として広く使われていたのだ．

「하ᄂ님」（ハナニム）のほうは，昔から用いられていたと考えられるが，ハングルで表記されたのは1443年に訓民正音（ハングル）が創られてからである．全澤鳧の先行研究によると，「竜飛御天歌」（1445年），「釈譜詳節」（1447年），「月印千江之曲」（1447年）で「하뉼」（ハヌル）という言葉が登場している．ここで，「하뉼」（ハヌル）は自然界の天を意味する用例も見られるが，おもに人格神を意味している．また，「하뉼」（ハヌル）に「님」（ニム）をつけて「하ᄂ님」（ハナニム）で使われたのは，明聖王后（顕宗妃，1642-1683）の諺簡（手紙）や朴仁老の『蘆渓集』（1800年）以降である[12]．

他方，金敬琢は先行研究において，高麗時代の「十訓要」（943年）の例などを挙げながら「中国人の天帝・上帝及び天という神ではなく，我が国が古代から崇拝してきた太陽神がこのハナニムである」と述べ，訓民正音（ハングル）で表記される前から朝鮮民族は最高の神，人格神として「하ᄂ님」（ハナニム）の概念を持っていたという[13]．そこで，「하ᄂ님」（ハナニム）は朝鮮の古代から朝鮮民族が崇拝してきた最高の神を指す言葉であるというのが定説となっている．

では，アンダーウッドが「텬쥬」（天主）を支持し，「하ᄂ님」（ハナニム）の採用に反対した理由を考えてみよう．第一に，朝鮮人は一つの神だけを崇拝することに慣れていないため，「하ᄂ님」（ハナニム）という朝鮮固有語は唯一神の概念を含んでいないとアンダーウッドが判断していたことが，前述の自伝か

---

12) 전택부，前掲論文596-597頁．ここで，一つ指摘しておきたい点は，「釈譜詳節」及び「月印千江之曲」は漢文で翻訳された仏典に基づいているので，そこで「天」の訳語としてあてられているもの以外に，朝鮮の独自の人格神として使われている用例があるかについては検討を要するということである．また，「竜飛御天歌」の歌詞のうちで，漢文で書かれたほうを見ると，内容及び表現ともに中国の古典からの引用が多いので，古代中国の「天」の概念が影響しているのではないかとも考えられる．

13) 김경탁「하ᄂ님 観念発達史」『韓国文化史大系Ⅵ』（高麗大学民族文化研究所，1970年）137頁．

らわかる．

　第二に，アンダーウッドは非キリスト教的な神を指す用語にキリスト教の神の属性を持たせてはいけないと考えた．彼は「하ᄂ님」（ハナニム）という翻訳語の採用によって，キリスト教以外の神を同時に崇拝する，いわゆる多神教の考えを引き起こすことを恐れたのである．彼には是が非でも唯一神を表す翻訳語が必要であった．そこで，アンダーウッドは中国での宣教において「上帝」と「神」はその地域の神の概念が強く影響して，キリスト教の唯一神の概念を呑み込む恐れがある一方，「天主」はローマ・カトリックによる中国宣教の時代からキリスト教の唯一神を指す概念として定着するようになったことに注目した．そして，彼はその「天主」をハングルで音読した「뎐쥬」（ティョンジュ）という漢字音読語の採用を，最善ではないにせよ次善であると判断したのだろう．

　これは，アンダーウッドに宋德祚（ソンドクジョ）という朝鮮語教師が付いていた事実によっても裏付けられる．宋德祚は1880年に在朝鮮のカトリック宣教師たちの朝鮮語教師として『韓仏字典』の出版にも参加した人物である．すでに李德周は先行研究において，朝鮮語にいち早く翻訳を行ったカトリック宣教師たちによる「뎐쥬」（天主）という翻訳語の採用を，アンダーウッドが宋德祚の影響で支持した可能性を述べている[14]．

　第三に，アンダーウッドは東アジア漢字圏の言語的な共通点に注目し，朝鮮語の漢字音読語で翻訳を試みた．「뎐쥬」（天主）か「하ᄂ님」（ハナニム）かをめぐる論争は，唯一神の思想を表すに相応しいかどうかという問題にとどまらず，漢字音読語か朝鮮固有語かという問題とも絡み合っている．前述の自伝で確認したように，アンダーウッドはGodの翻訳問題を単に朝鮮語の問題ではなく，中国と日本を含む漢字圏におけるGodの翻訳問題の延長線上にあるものとして理解していた．したがって，朝鮮語訳に臨む彼の翻訳態度は，東アジアの言語的な共通点，すなわち漢語の採用を重んじる結果となったのではないだろうか．

　第四に，アンダーウッドは朝鮮宣教の責任者として，朝鮮におけるプロテス

14）이덕주「초기 한글성서 번역에 관한 연구」『한글성서와 겨레문화』483頁．

タント宣教をローマ・カトリックとのかかわり,東アジアの国々とのかかわりから考えなければならなかった.前述のように,彼は正式にプロテスタント宣教師として朝鮮に入国した最初の人物である.そこで,彼はすでに朝鮮で活動していたローマ・カトリック宣教師たちの成果及び,中国や日本におけるプロテスタント宣教師の活動を参考にしつつ,在朝鮮宣教師間の連合を率先していく.こうした立場から彼はローマ・カトリック宣教師の翻訳語である「텬쥬」(天主)を支持し,東アジアにおける言語的な共通点である漢語を用いたとは考えられないだろうか.

一方,ゲールが「하ᄂ님」(ハナニム)の採用を支持した理由を考えてみたい.第一に,ゲールは「하ᄂ님」(ハナニム)という翻訳語に唯一神の概念があると理解していた.*The Korean Mission Field* に載っている彼の報告書(1912年)を見てみよう.

> 私は特筆すべき五つの点について述べていこうと思う.
>
> 一つ目は,「ゴッド」を表す「ハナニム」という語のことである.これは,唯一の偉大なもの,至上にして絶対の存在を指すものであり,ヘブライ語における「私はある.私はあるという者だ」という神秘的な呼称に通ずるものである.「ハナ」は「一つの」,「ニム」は「偉大な」を意味する.
>
> 我々のサクソン語に由来する「ゴッド」は複数形でも使われ,異教徒の神々を指して用いられる語であり,望まれる目的で使用するためには,大幅な調整を施さねばならなかった.ギリシア語の「デウス」や日本語の「カミ」は,中国の「上帝」など多くのいわゆる「神なるもの」にそのまま適用できるが,それらは単に多数の中で最も聖なるもの,という語意にすぎない.しかし,「ハナニム」は,他の言語における名称が長い調整を施された後にようやく到達できるような指示内容を,その語自体でそのまま正確に言い尽くすことができるのである.
>
> 「ゴッド」あるいは「ヘブン」を表す「天」という漢字は朝鮮語の「ハナニム」にそのまま対応する中国語であるため,それを結節点として,「チョンジュ」(天主)の語を用いる人々とも意を通ずることができる.したがって,今日では我々はこの素晴らしい呼称の理解を通じて,団結を訴

えることができる．この呼称によって，朝鮮では聖書を受容する準備ができているのだ．[15]

　ここでゲールは朝鮮語「하느님」(ハナニム) は唯一神という意味を含んでいると同時に，最高の者という意味も含んでいるので，キリスト教の神を表すのに相応しいと判断している．
　第二に，ゲールは朝鮮の固有の神を表す用語を採用し，その意味の中でキリスト教の神観を成り立たせていくことを主張した．前述のアンダーウッドの自伝の中で「하느님」(ハナニム) の採用を支持した宣教師たちは，布教の対象となる朝鮮人に異質さを感じさせない翻訳語を採用しようと思った．たとえば，古典に用いられている，あるいは庶民の生活に親しまれている言葉をキリスト教の神の翻訳語に用いることによって，朝鮮でのキリスト教宣教を障害なく行おうと考えた．つまり，God の翻訳語の問題を考える際，どうすれば効率的に朝鮮でキリスト教が布教できるかという点を考慮していた．
　第三に，ゲールは朝鮮固有語で朝鮮語訳を試みた．彼は東アジア漢字圏における God という唯一神の翻訳の問題を，中国，日本，朝鮮のそれぞれにすでに存在していた概念である「上帝」，「かみ」，「하느님」(ハナニム) で理解していた．ここでゲールが God に対する日本語訳を「かみ」，すなわち漢字「神 (しん)」ではなく，その訓読みである「かみ」で理解していることに注目したい．つまり，ゲールは東アジア三国の言語的な相違点に注目し，God をそれぞれの固有語で，すなわち中国なら漢字，日本なら仮名，朝鮮ならハングルで翻訳しようとしたのではないだろうか．特に，日本と朝鮮においては，漢語と固有語という言語的な二重構造が成り立っていた．したがって，朝鮮語では漢字音読語である「텬쥬」(天主) より，朝鮮固有語である「하느님」(ハナニム) で God を翻訳しようと考えたのであろう．
　しかし，彼は東アジア漢字圏の共通点である漢語を視野に入れていなかったわけではなく，「天」という漢字に「하느님」(ハナニム) に等しい意味があることを認識していた．「텬쥬」(天主) という翻訳語の採用を主張する宣教師た

---

[15] James Scarth Gale, "Korea's Preparation for the Bible," *The Korean Mission Field*, vol. 8, March, 1912.

ちの根拠を理解していたといえる．にもかかわらず，唯一神の概念を表している朝鮮語の「하느님」（ハナニム）という言葉の歴史は，英語のGodが唯一神を表すことになった歴史より長いと主張しつつ，「하느님」（ハナニム）が最も優れたGodの翻訳語であると強調している．それゆえ，「하느님」（ハナニム）と「텬쥬」（天主）に分かれているGodの翻訳語を，「하느님」（ハナニム）に統一しようとしたのである．

　第四に，ゲールは原文よりは目標言語（target language）である朝鮮語における自然さに重きを置いた．第二章で後述するが，彼は朝鮮宣教初期から聖書翻訳委員として活躍している．しかし，他の翻訳者との見解の相違のために，1922年に聖書改訳委員長を辞任する．原文にこだわらず朝鮮語の自然さを重んじた彼の翻訳文体は，他の宣教師たちから「原文を短縮している」と非難されていた．結局彼は自分のスタイルで翻訳を続け，1925年に聖書委員会の公認を受けずに『新訳新旧約全書』を個人訳で出版した．こうした朝鮮語の翻訳文を重視する彼の姿勢は，「하느님」（ハナニム）という朝鮮固有語を支持する背景になっていた．

　さて，Godの翻訳語をめぐる用語論争は，1894年にアンダーウッドが賛美歌の歌詞集を出版する際に最も激しい対立を見せている．アンダーウッドの死後，彼の妻が朝鮮での経験を綴った，回顧録 *Underwood of Korea*（1918年）を見てみよう．

> 翻訳を改変するやり方やまた，ほとんどの宣教師たちが好んでいた，「ゴッド」を指す現地語である「ハナニム」を用いていなかったという事実によって，大きな不満が引き起こされた．彼が翻訳を作成したすべての賛美歌において，「ゴッド」を指す語として用いられているのは，「エホバ」と「御父さん」のみである．彼はいずれも問題を含む語と見なされた「ハナニム」という名と，中国語由来の「シン」（神）という用語を注意深く削除していったのである．なぜなら彼は，合同教会の賛美歌の書はすべての宣教師に受け入れられるものでなければならない，と考えていたからである．誰も抵抗を示すことのないであろう，「御父さん」及び「エホバ」の語のみを使うことによって，アンダーウッドは，すべての人々の心に適う

賛美歌の書を人々に与えることを望んだのである．[16]

　アンダーウッドは「하느님」（ハナニム）という朝鮮固有語には唯一神の概念がないと判断し，自分が編纂した賛美歌の中ではGodの翻訳語を省略したり，「여호와」（ヨホワ，エホバ）や「아바지」（アバジ，御父さん）という表現に入れ替えたりした．彼はGodの翻訳をめぐる激しい用語論争のために在朝鮮宣教師たちが分裂していた状況に鑑み，Godを「여호와」（ヨホワ，エホバ）や「아바지」（アバジ，御父さん）のように反対を招かない用語で翻訳し，両派に受け入れられる賛美歌集の出版を企画したのである．しかし，その時点ですでに多くの宣教師たちは「하느님」（ハナニム）という翻訳語の採用を支持していたので，むしろアンダーウッドの賛美歌集は「하느님」（ハナニム）を用いていないという理由で他の宣教師たちの非難を招く結果となった．

　アンダーウッドは後に朝鮮語研究を進めていき，結局「하느님」（ハナニム）という翻訳語に対する認識を変えることになる．

　　ようやく光が訪れ，彼はこれまで誤った認識のもとに苦悶を続けていたことを悟った．中国語文献，及び古代の朝鮮の宗教に関する文献を徹底的に調べた結果，古代朝鮮の一部であった「高句麗」の帝国で唯一神が信仰されていた際，その神が「ハナニム」と呼ばれていたことを知った．「ハナニム」とは，唯一絶対である神を記述する言葉だったのである．これは，彼がその時に至るまで朝鮮の人々の「ハナニム」という言葉の用例に関する理解とは異なるものであった．しかし，明らかにそれが「ハナニム」のもともとの意味であり，現在の用法がそこから逸脱して派生したものである以上，アンダーウッド博士はこの語は本来の意味で正しく用いられうるはずだと結論するに至った．その元来の意味を，朝鮮の人々の心に容易に呼び起こせるはずだと考えたのである．この発見をふまえて，彼は，かつては否として退けたこの用語を使うことを，まったく矛盾なく妥当なことであるとみなすようになったのである．彼がそれほどにあっさりと認めた

---

16)　Lillias Horton Underwood, op. cit., p. 123.

のは，これまで提案されてきたそれぞれの語には使用に際して困難があったからである．[17]

アンダーウッドは当初，中国で採用された「天主」のような一般的な訳語のほうが，朝鮮語で固有の神を指す「하느님」（ハナニム）を使うよりも危険が少ないと考えていた．そこで，賛美歌の翻訳に「하느님」（ハナニム）を使わなかった．しかし，「하느님」（ハナニム）が他の宣教師間で広く浸透し，もはや収拾のつかないところまできていたので，さらに研究を進め，「하느님」（ハナニム）という言葉は高句麗の記録に登場し，最高かつ唯一の神として用いられていたことを突き止めることができた．

結局，前述の朝鮮宣教の責任者という彼の立場は，ローマ・カトリックや東アジアとの統合より，在朝鮮宣教師間の連合の方向に働いたともいえよう．こうして，アンダーウッドは「하느님」（ハナニム）を God の翻訳語として使うという最終的な結論を出したのである．

三　God の朝鮮語訳

次に，God の翻訳語をめぐる用語論争を聖書翻訳史の観点から探ってみよう．李萬烈は先行研究において，プロテスタントの聖書翻訳における God の翻訳語の時代的な変遷を表1のように辿っている[18]．

表1における I の分類には，朝鮮固有語である「하느님」（ハヌニム），「하나님」（ハナニム），「하ᄂ님」（ハナニム）が入っている．II の分類には，漢語と朝鮮固有語の混用として「神」，「춤신」（チャムシン）がある．「춤신」（チャムシン）は，「真神」の意味で「춤」（チャム）は「真」を意味する固有語であり，「신」（シン）は「神」の音読語である．そして，III には漢字を音読した翻訳語として，「샹뎨」（上帝），「샹뎨님」（上帝様），「텬쥬」（天主）がある．「샹뎨」（サンディェ）は「上帝」の音読語であり，「샹뎨님」（サンディェニム）は「上帝」の音読語と「님」（ニム）という「様」を意味する固有語の組み合わせで

---

17)　Ibid., p. 126.
18)　이만열，前掲書 127 頁．

表1　朝鮮における God の翻訳語の変遷

分類	名称	年代(1882-) 82	87	90	91	92	93	94	95	96	97	98	99
I	하느님	-											
	하나님		-	-	-	-	-	-	-	-			
	하ᄂ님						-	-	-	-	-	-	-
II	神				-	-	・	・	・				
	춈신								-				
III	상데			}									
	상데님			}			-	-					
	텬쥬											-	-

ある．そして，「텬쥬」(ティョンジュ)は「天主」の音読語である．ちなみに「神」という翻訳語は日本で訳された李樹廷訳で用いられたということも付け加えておきたい．

　このように，God の翻訳語をめぐって様々な論争と試みがあったのだが，1900年の聖書委員会による新約全書の刊行を契機に「하ᄂ님」(ハナニム)という翻訳語に統一されていった．前述の李萬烈の研究によると，1900年から1950年代までは「하ᄂ님」(ハナニム)，「하나님」(ハナニム)，「上帝（상데）」のみが使われており，大韓聖書公会に保存されている聖書を，表2のように整理することができる[19]．

　ここでは特に1900年以後，「上帝（상데）」という翻訳語が，漢字ハングル交じり文体で書かれた聖書に現れることに注目したい．聖書の翻訳に関する在朝鮮宣教師の初期の方針は，庶民向けのハングル専用文による翻訳であったが，1900年以後，漢文素養を持つ知識人階層を意識し，漢字ハングル交じり文体を採用する聖書も並行して出版するようになった．漢字ハングル交じり文体による聖書は，文体のみならず，翻訳語の変化を伴ったと考えられる．つまり，中国古典の文章に慣れている知識人階層を意識した結果，God に対する翻訳語として朝鮮固有語「하ᄂ님」(ハナニム)の代わりに「上帝」が採用されることになったのである．

　以上のように God の翻訳語をめぐる論争を概観すると，1900年以前には表

---

19) 이만열, 前掲書128-129頁.

表2　1900年以後のGodの朝鮮語訳

称　　号	刊行年度	翻　　訳　　本
하ᄂ님	1904	新約全書
	1908	詩　篇
	1911	旧約全書
	1925	聖書全書，新訳新旧約全書
	1926	鮮漢文貫珠聖書全書
	1938	聖書改訳
	1939	新約全書付詩篇
	1949	新約全書
	1953	貫珠聖書全書
하나님	1919	新約全書（ペンウィック訳）
	1924（ママ?）	聖書全書
	1937	簡易鮮漢文旧約
	1939	新約全書付詩篇（改訳）
	1952	聖書全書ハングル改訳版
	1954	簡易国漢文新約
	1956	改訳ハングル版聖書全（現行本）
上帝　샹뎨	1906	新約全書（国漢文）
	1910	新約全書（国漢文）
	1921	新約全書（国漢文），付表貫珠新約全書
	1922	旧約全書

記はハングルで統一されていたが，「하ᄂ님」（ハヌニム），「하나님」（ハナニム），「하ᄂ님」（ハナニム）という朝鮮固有語と，「춤신」（チャムシン）という朝鮮固有語と漢字音読語の合成語，そして「샹뎨」（上帝），「샹뎨님」（上帝様），「텬쥬」（天主）という漢字音読語の並存というあり方で進んでいった．1900年以後は「하ᄂ님」（ハナニム），「하나님」（ハナニム）と「上帝（샹뎨）」という翻訳語のみが残る．

興味深い事実は，いまだに韓国でGodの翻訳語をめぐる用語論争が続いていることである．ただし，キリスト教宣教の初期のように，朝鮮固有語と漢字音読語の対立ではなく，同じ朝鮮固有語の中で起きている．宣教初期には「하ᄂ님」（ハナニム），「하나님」（ハナニム），「하ᄂ님」（ハヌニム）という三つの朝

鮮固有語の翻訳語があったが，前述の表1にも確認したように1890年に入ってから「하ᄂᆞ님」（ハナニム）という翻訳語に統一されていく．しかし，1912年の普通学校用諺文綴字法や1930年の諺文綴字法に伴い，「・」という母音の使用の停止が決まった．したがって，「하ᄂᆞ님」（ハナニム）という言葉を改訂しなければならなくなった．既存の「・」という母音は「ㅏ」（ア）か「ㅡ」（ウ）という二つの母音の両方によって発音できたことから，「하ᄂᆞ님」は「하나님」（ハナニム）か「하느님」（ハヌニム）のいずれかで改訂しなければならなかったのである．結果的に朝鮮のキリスト教界は，「하나님」（ハナニム）と改訂するが，その理由は「하나님」（ハナニム）は「하나」（ハナ，一つ）である「님」（ニム，様）という意味で唯一神を強調することができるというものであった．

　ところが，「하나님」（ハナニム）はその語源を考えると問題を孕んだ言葉である．「하늘」（ハヌル，天）の古語は「하ᄂᆞᆯ」（ハヌル）であるが，「하나」（ハナ，一つ）の古語は「ᄒᆞ나」（ハナ）であるので，「唯一」の意味を持つためには「하ᄂᆞ님」（ハナニム）ではなく，「ᄒᆞ나님」（ハナニム）とするべきである．さらに，数字を表す言葉に「님」（様）を付けた前例がないことも看過できない．先行研究[20]によると，「하ᄂᆞ님」（ハナニム）は元来唯一神という意味よりは「至高」という意味で天を指す「하늘」（ハヌル，天）と「님」（ニム，様）の組み合わせから出発した可能性が高い．語源を考慮すると，「하ᄂᆞ님」（ハナニム）から「하느님」（ハヌニム）へ改訂すべきであった．にもかかわらず，朝鮮のキリスト教界は唯一神を表す「하나님」（ハナニム）に改訂したので，今でも語源を考慮して「하느님」（ハヌニム）へ改訂するべきであるとの非難の声も強い．したがって，1971年の『共同翻訳新約聖書』や1977年の『共同翻訳聖書』では「하느님」（ハヌニム）と書き直されるなど，いまだに「하나님」（ハナニム）か「하느님」（ハヌニム）かをめぐる論争は継続されている．現在の韓国ではGodの翻訳において，唯一神の概念を強調するか，最高の神として「天」という固有神の概念を許すかをめぐり，再び論争しているといえよう．

---

20) 전택부, 前掲論文 637-638頁.

四　漢字に対する仮名とハングルの異なる位相

　在日，在朝鮮の宣教師たちは，漢字圏固有の翻訳の方法論を活用するにとどまらなかった．たとえばGodの朝鮮語訳をめぐる用語論争の例が示すように，彼らは改めてそれぞれ和語，朝鮮固有語で翻訳しようと苦闘しながら聖書の翻訳に臨んだといえよう．

　では，同じく19世紀に中国経由でキリスト教文献を翻訳した日本ではなぜ朝鮮で見られたようなGodの翻訳をめぐる用語論争が起こらなかったのであろうか．中国渡来の漢字「神」と固有の大和言葉「かみ」とは実は異なる概念を指していることを考えれば，「かみ」をすべて「神」と表記し，「神」の字を常に「かみ」と訓むことには問題があるはずであり，それをめぐって用語論争が起こった可能性も考えられよう．

　たとえば，津田左右吉は日本語の「神」について次のように言っている．

>　ところが，今日でも日本の民衆が用ゐているカミの語の示すところはそれとは違ふ．シナ語の神とも同じでない．神といふシナ文字は古くからカミの語にあてられて来たが，それには当つてゐるばあひもゐないばあひもある．カミには無い用ゐかたが神にはあり，神には無い意義がカミにはあるからである．従つてカミをすべて神と書くのも，神の字をいつでもカミと訓むのも，誤りである．この誤りを犯したために，カミの語または神の文字の意義に無用の混乱が少なからず生じた．〔中略〕遠い昔からのカミの観念，実生活におけるその現はれとしてのいろいろの行事には，今日まで続いてもち伝へられてゐることが多く，民衆の間において，特に村落生活において，さうである．村々の鎮守の神社が村落生活の中心となつてゐることも，その一つである．〔中略〕ただ多くの知識人においては，上にいつたやうな事情から，カミといへば，神といふ文字を用ゐる訳語によって，思ひ出される唯一神としての「神」をすぐに連想し，または何となくそれと同じやうなものであるかの如く思ひなされる傾向さへもある．日本の上代に神権政治（セオクラシイ）が行はれてゐたといふ俗説が知識人の間に

生じたのも，一つはそのためであるまいか．[21]

　津田左右吉の指摘どおり，伝来の大和言葉である「カミ」と，もとは中国語の漢字，「神」とが実は違っているのだが，このことはふつうほとんど気づかれていないのである．特に日本の知識人は，翻訳語の意味，つまりここでいえばGodの意味をモデルとして，翻訳以前の日本語の「カミ」や「神」の意味を切り捨てるという傾向がある．津田はそこを突いているわけである．この例の場合，言葉のズレは二重で，もとの大和言葉「カミ」と，中国の渡来の「神」と，そして近代以後やってきたGodの翻訳語の「神」と，それぞれの間で問題となる．

　にもかかわらずGodの日本語訳に際して用語論争がなかった理由を，「神」と「かみ」の相違をよく理解していない米国系宣教師たちの翻訳態度の安易さのみに求めることは妥当ではないだろう．たとえば，「神(かみ)」，「하ᄂ님」という異なった対応がなされたことは，漢字と仮名，漢字とハングルという類似した言語の二重構造を持っていた日本と朝鮮において，それぞれの言語構造の中での漢字に対する仮名とハングルの位置は異なっていたことを示唆するのではないだろうか．日本では日本語のシンタクスに合わせて漢文の語順を変え，形態素を補ったいわゆる読み下し文が近代の翻訳文体として採用されたので，「神(かみ)」という振り仮名付きの漢字語が翻訳語として定着できたのである．

　明治初期の新約聖書の場合，翻訳の出発点において，「仮名」を本文とするか，「漢字」を本文にするかについて，外国人翻訳委員と日本人補佐者との間に激しい論争があった[22]ことはよく知られており，当時のGodの翻訳をめぐる問題もまた，翻訳文体をめぐる論争を視野に入れた上で検討する必要があると考えられる．そうした差異については今後の検討を必要とするが，その解明には振り仮名付きの翻訳文体の形成や出版・印刷物の普及といった諸問題も深くかかわってくるものと考えられる．

　それに対して，朝鮮は同じ漢字圏であっても，日本のような読み下し文のスタイルを定着させないで，ひたすら漢文が独裁的な地位を占めた．こうした言

21)　津田左右吉「日本語雑感」『津田左右吉全集』第21巻（岩波書店，1965年），69-70頁．
22)　井深梶之助「新約聖書の日本語訳に就いて」『福音新報』1088号，1916年5月4日．

語的環境で漢文は日常の言葉を越えた，知的世界のための独占的言語として機能した．この状況はまた固有文字である「訓民正音」(ハングル) が1443年に作られた後も変わらなかった．むしろ「訓民正音」創制以後は，言語エリートと非エリートの境界がはっきりと定まり，まったく異なったそれぞれの専用言語としての使用が定着した．つまり，言語エリートのための表記技術に適用される専用文字，すなわちそれ自体が意味を表す漢字のみが「真書」と呼ばれ，「訓民正音」は「諺文」という蔑称を貼り付けられ補助的な地位にとどめられた．こうして賤しめられてきた「訓民正音」は19世紀後半から近代朝鮮語として生まれ変わり，「ハングル」と呼ばれるようになったのである．

　前近代の朝鮮の両極化された言語的環境の中でGodの翻訳語もまた漢字語で翻訳するか朝鮮固有語で翻訳するかを選択しなければならなかった．朝鮮固有語で翻訳するのであればハングルで表記するしかないとされ，「하느님」という朝鮮固有語かつハングル表記が行われた．「神」という漢字で表記し，また和語を振り仮名で「かみ」と付けることによって，結局翻訳語の曖昧さをもたらした日本語の例とは対照的である．

　ところで，「神」と「하느님」は漢字とハングルという表記面では対照的であるが，固有語で翻訳を試みたという点からは共通点を持つ．現在韓国では「하느님」はGodを庶民に親しみのある固有語で表現した翻訳語として，朝鮮宣教を成功に導いた要因になったと評価されている[23]．「하느님」は翻訳語として採用された後，宣教師のたゆまぬ教育と努力によって朝鮮固有語にキリスト教の唯一神の意味が上塗りされ，現在韓国で「하느님」はキリスト教の唯一神を指す言葉として定着している．それに対して日本では固有語である「かみ」の採用が神道の「かみ」，多神教の「かみ」の意味と混同され，むしろキリスト教布教の妨げになっているとの批判の声が高い．

　同じくGodの翻訳語として固有語を採用しようと努力したにもかかわらず，なぜ日本と韓国では異なる布教の結果をもたらしたのかについては今後日韓の研究者がともに取り組んでいく課題だと考える．

---

23) 옥성득「초기 한글성경 번역에 나타난 주요 논쟁연구 (1877-1939)」, 42頁.

第二章　文学：宗教小説の翻訳

一　二つの漢訳——文言訳『天路歴程』と官話訳『天路歴程官話』

『天路歴程』はバニヤン（John Bunyan, 1628-1688, イギリスの清教徒説教者，著述家）の宗教小説 The Pilgrim's Progress（1678）の翻訳である．The Pilgrim's Progress は，キリスト教信徒の信仰の歩みを夢物語の形式で語った寓意小説であり，英文学史の中でピューリタニズムの本質と核心を鮮やかに著した不朽の宗教文学として評価されている．

『天路歴程』は世界でもっとも多くの言語に翻訳された書物の一つでもあるが，その背景には全世界を舞台とした宣教師の布教活動があり，聖書とともに翻訳されたことはいうまでもない．東アジアではまず 1853 年に中国でバーンズ（William Chalmers Burns, 賓恵廉, 1815-1868, English Presbyterian Church）によって『天路歴程』という書名で翻訳され[1]，さらにそれは日本語と朝鮮語へ重訳されることになる．すなわち，日本では村上俊吉訳「天路歴程意訳」として『七一雑報』という新聞に，明治 9 年（1876）4 月 14 日（第 1 巻 15 号）から明治 10 年（1877）8 月 27 日（第 2 巻 34 号）まで連載され，朝鮮ではゲール[2]訳『텬로력뎡』という，漢訳『天路歴程』のハングル音読の書名で，1895 年に単

---

[1] 厳密にいえば，中国における最初の翻訳は 1851 年のミュアヘッド（William Muirhead, 慕維廉, 1822-1900, London Missionary Society）による『行客経歴伝』であるが，全訳ではなく学童向けのダイジェスト本であり，版を重ねることもなかった．これとほぼ同時に翻訳され，1853 年に厦門で出版されたのが，バーンズによる『天路歴程』であった．この翻訳はミュアヘッドのものとは異なって第一部の全訳であり，今日でも The Pilgrim's Progress の中国語訳及び日本語訳のタイトルを『天路歴程』と称するように，版を重ねて広く流通した．

[2] 第一章の注 9（本書 20 頁）を参照されたい．

行本として刊行された．東アジア三国において『天路歴程』は宣教師たちの宣教活動を通して盛んに読まれたのである．

詳細は後述するが，このバーンズの漢訳『天路歴程』は中国国内でも文言訳，官話訳，広東訳などに改変されながら出版が続く[3]一方，文言訳と官話訳は，後にそれぞれ日本と朝鮮に受容され，日本語訳「天路歴程意訳」と朝鮮語訳『텬로력뎡』の原本となる．バーンズ訳は東アジアにおける『天路歴程』の伝播と流通を考えるに欠かせない漢訳といえよう．にもかかわらず，聖書の翻訳という大きな研究テーマの陰に隠されたためか，これまで東アジア三国におけるバーンズ訳『天路歴程』の伝播と受容のプロセスを明らかにした研究はほとんど存在しない．

先行研究を見ると，日韓両国における『天路歴程』の翻訳研究は，原本との比較にとどまっており[4]，東アジアにおける『天路歴程』の伝播と受容という見取り図が欠けている．しかし，19世紀東アジア宣教におけるキリスト教文献の翻訳の問題は，単なる訳文の比較だけでは見えてこない．そこには，キリスト教宣教の歴史，特に東アジア三国の宣教師たちの交流史が，深くかかわっている．それゆえ，キリスト教文献の翻訳は，宣教師たちの記録や東アジア三国の翻訳文献の相互作用を抜きにしては論じられないのである．

本章ではこのような問題意識に基づき，『天路歴程』の翻訳の問題を中心に，当時の在清，在日，在朝鮮の宣教師たちの記録と彼らによる翻訳文献を総合的に検討しながら，近代東アジアにおける宣教戦略としてのキリスト教文献の翻訳の問題を考えてみたい．そのために，まず，朝鮮語訳が依拠した原本を明らかにする作業を行い，その上で，東アジアにおける受容という観点から日本語

---

[3] 詳細は齋藤希史「Burns訳『天路歴程』の伝播と変容」[『超域文化科学紀要』第14号（東京大学総合文化研究科，2009年），123-140頁］を参照されたい．氏は『天路歴程』の翻訳について，文言訳，官話訳，広東訳のそれぞれの歴史的意義を中心に述べている．

[4] 日本では主に高村新一の「『天路歴程』邦訳史（一）-（三）」(1979-1981年)など，明治初期における日本語訳『天路歴程』の出版経過を辿る方面や，村上訳，ホワイト訳，池訳をそれぞれ中国語訳と比較する方面で，研究が進められてきた．他方，韓国での『텬로력뎡』の研究は近年始まったばかりで，김동언『텬로력뎡과 개화기 국어』（한국문화사，1998年）は，近代朝鮮語の成立期である19世紀末から20世紀初めまでの朝鮮語の変遷を考察するとともに，朝鮮語訳と漢訳とのテクストの比較を試みている．

訳との比較を試みたいと思う．

二　官話訳から朝鮮語訳『텬로력뎡』へ

在朝鮮の宣教師たちが刊行した最初の英語雑誌である*The Korean Repository*は，1895年版の朝鮮語訳『텬로력뎡』について以下のように紹介している．

> 텬로력뎡 *The Pilgrim's Progress*—By JOHN BUNYAN. Translated by Mr. and Mrs. J. S. GALE. Illustrated. L. 8vo, 93 leaves. KOREAN RELIGIOUS TRACT SOCIETY. Chinese paper, paper covers, 1 nyang 40 poun each. Also in 2 vols., L. 8vo, 113, 102 leaves, Korean paper, stiff covers, 5 nyang each; 450 nyang per 100.
>
> 　The holiday season of 1895–96 has proved unprecedentedly rich in the output of vernacular Christian literature from the Trilingual Press.[5]
>
> 〔ティョンロリョッディョン．ピルグリムズ・プログレス．ジョン・バニヤン著．ゲール夫妻によって翻訳される．挿絵有り．八折．九三丁．朝鮮耶蘇教会書会．中国紙，紙表紙．一両四〇プン．二冊本も有り．八折一一三丁，一〇二丁，朝鮮紙，厚表紙．一冊五両．一〇〇冊四五〇両．一八九五年から九六年の年末年始の休暇の間，三文(サンムン)出版社からかつてないほど多量の現地語のキリスト教文献が出版された．（引用者訳，以下同）〕

この記録からは，1895年版の朝鮮語訳は中国と朝鮮で出版され，中国のものが93丁，朝鮮のものは2冊でそれぞれ113丁と102丁になっていることがうかがえる．

また，韓国に派遣された英国聖公会の神父でゲールの研究家でもあるラット（Richard Rutt）は，ゲールについての伝記で，初版は同じ内容の本が二種類存在していたと述べている．すなわち一つは木版挿絵入の本であり，もう一つは鉛活字本挿絵入の本であるという[6]．金東彦の『天路歴程と開化期国語』によ

---

5) Charles Vinton, "Literary Department," *The Korean Repository*, Seoul, January, 1896, p. 38.
6) Richard Rutt, op. cit., p. 27.

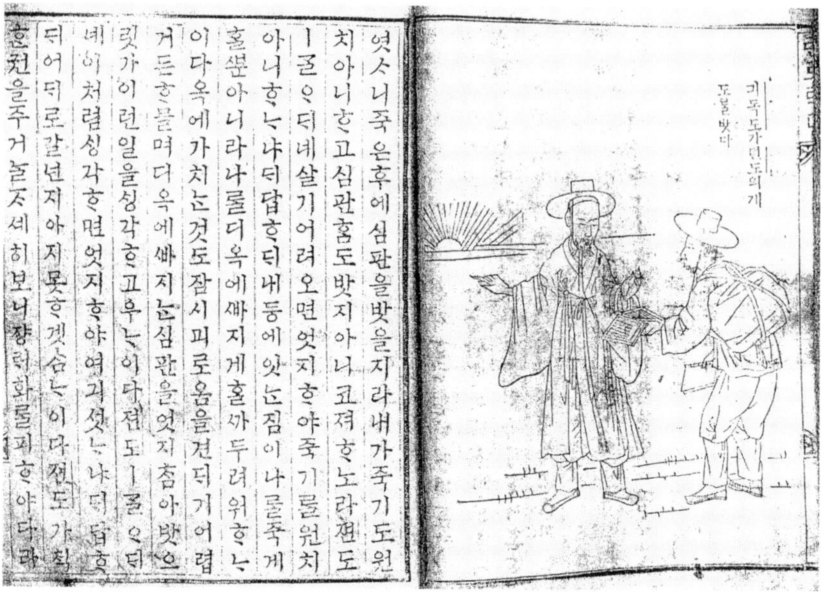
엿ᄉᆞ니죽은후에심판을밧을지라내가죽기도원
치아니ᄒᆞ고심판ᄒᆞᆷ도밧지아니ᄒᆞ려ᄒᆞ노라젼도
ㅣ골ᄋᆞᄃᆡ네살기어려오면엇지ᄒᆞ야죽기를원치
아니ᄒᆞᄂᆞ냐ᄃᆡ답ᄒᆞᄃᆡ내등에잇ᄂᆞᆫ짐이나를죽게
ᄒᆞᆯ뿐아니라나를디옥에빠지게ᄒᆞᆯ까두려워ᄒᆞᄂᆞ
이다옥에가치ᄂᆞᆫ것도잠시피로옴을견ᄃᆡ기어렵
거든ᄒᆞ믈며디옥에빠지ᄂᆞᆫ심판을엇지참아밧으
릿가이런일을싱각ᄒᆞ고우ᄂᆞ이다젼도ㅣ골ᄋᆞᄃᆡ
네이처럼싱각ᄒᆞ면엇지ᄒᆞ야여긔섯ᄂᆞ냐ᄃᆡ답ᄒᆞ
ᄃᆡ어ᄃᆡ로갈넌지아지못ᄒᆞ겟ᄉᆞᆸᄂᆞ이다젼도ㅣ가칙
ᄒᆞᆫ권을주거ᄂᆞᆯᄌᆞ셰히보니장ᄅᆡ화를피ᄒᆞ야다라

図 1　朝鮮語訳『텬로력뎡』The Trilingual Press, 1895 年（東京大学韓国朝鮮文化研究室小倉文庫蔵）.

ると，1895 年に朝鮮で出版されたとされる木版本は，現在韓国では基督教文社，ソウル大学の奎章閣，延世大学の図書館，培材中高校の博物館，イエス長老会の韓国教会百周年記念展示室でその所蔵が確認できるが，鉛活字本についてはいまだ所蔵は確認できていないとされている[7]．

ところで筆者は，東京大学の韓国朝鮮文化研究室の小倉文庫にも，1895 年版の朝鮮語訳『텬로력뎡』（木版本）が所蔵されていることを確認した．また，筆者はこの小倉文庫所蔵本は延世大学の図書館所蔵本と，その体裁と内容が一致していることを確かめた．したがって，本書では小倉文庫に所蔵されている 1895 年版の朝鮮語訳をテクストとする[8]（図 1 参照）．そこで，小倉文庫所蔵本の書誌事項について確認しておきたい．

7）　김동언，前掲書 29 頁．

8）　Gale『天路歴程』The Trilingual Press, Seoul, 1895 年東京大学韓国朝鮮文化研究室小倉文庫蔵．

図2　文言訳『天路歴程』上海美華書館，1869年（東京大学教養学部人文漢文学研究室蔵）．

Seoul, The Trilingual Press, 1895. 不分巻2冊. 木版本. 28.5×19.7 cm. 四周双辺，半郭21.6×16.7 cm，有界11行20字，上下花紋魚尾．巻頭に続いて，第5～11丁まで，訳語解説あり[9]．

　朝鮮語訳には，金俊根（キムジュングン）の描いた挿絵が42枚入っている．朝鮮人をモデルとした人物を描き，当時の朝鮮の状況を反映している点が特徴的である．
　さて先行研究によると，朝鮮語訳『텬로력뎡』は宣教師ゲール夫妻と彼の朝鮮語の教師である李昌植（イチャンジク）（1866-1936）が，英語原文とバーンズの文言訳『天路歴程』（図2参照）を原本として翻訳したとされている．ここで，付け加えておきたい点は，バーンズの中国語訳には文言訳『天路歴程』（廈門，1853年初版）と官話訳『天路歴程官話』（北京，1865年初版）（図3参照）の2種類がある

---

9)　福井玲「小倉文庫目録」［『朝鮮文化研究』第9号（東京大学朝鮮文化研究室，2002年），145頁］．

第二章　文学　39

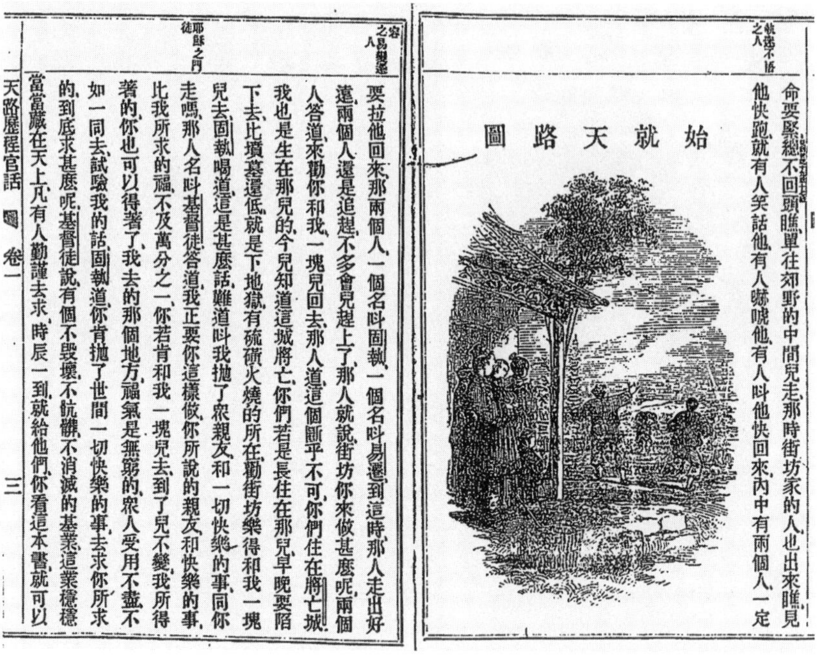

図3 官話訳『天路歴程官話』上海美華書館，1872年（The Bodleian Library, The University of Oxford 蔵）．

ことである．本書では中国古典文を基礎に成り立ち，古典的な語彙とリズムを重んじる文章を文言と呼びたい．また，文言より一般の人々にわかりやすく口語に近い文体であると同時に，『三国志演義』などの白話小説の文体とも通じると，当時の在清宣教師たちによって認識されていた文章を官話と呼びたい．

現在の韓国では，1895年当時，ゲール夫妻と李昌植が参照したという英語原文や文言訳については，まださしたる研究が進められていない．唯一見るべきものは金東彦の論であり，金東彦は韓国語学者の立場から，英語原文としては Oxford Standard Authors Series（1966）を，文言訳としては韓国の東国大学にある1907年版の上海美華書館本を用い，それらと1895年版の朝鮮語訳との比較を試みている．それによると，朝鮮語訳の人名・地名の翻訳語や文体は，英語からの直訳とは思えず，全体的に漢文からの翻訳文体に近いという[10]．最近の研究の傾向を見ても，たとえば朴・キソンの「「天路歴程」異本の国語学

的な研究」(2005) や曺永仁の「「天路歴程」異本間の表記様相研究」(2007) で金東彦の研究が代表的な先行研究として取り上げられるなど[11]，バーンズの文言訳が朝鮮語訳の原本であるという前提で研究が進められている．

それに対し，本書では朝鮮語訳の原本として，バーンズの文言訳ではなく，バーンズの官話訳が参照された可能性を，テクストの比較を通して提示してみたい．具体的には，官話訳と朝鮮語訳の影響関係が人名と地名の翻訳語に目立つことに着目し，テクストの中の人名と地名を中心とした翻訳語を比較し，その翻訳語が英語原文や文言訳とは異なり，官話訳と一致していることを確認していく．このような翻訳語の問題は，*The Pilgrim's Progress* が寓意小説であり，固有名詞をもって登場人物や場所の善悪を表している特徴を考慮すれば重要な意味を持つといえよう．さらに，翻訳における本文の再編成を比較し，官話訳との異同を確認したい．

(1) 人名・地名の翻訳語

1895年版の朝鮮語訳をバーンズの文言訳及び官話訳と比較した[12]結果，表1のとおり，29個の人名・地名の翻訳語が文言訳ではなく，むしろ官話訳のハングル音読語と一致していることがわかった．1895年版はハングル専用文であるが，その再版である1910年版はハングル訳語の後に漢字を補っており，参考になるだろう．ここには，1895年版の刊行当時は聖書翻訳をはじめとす

---

10) 김동언，前掲書 21-27 頁．
11) 박기선「텬로력뎡 異本의 國語學的 硏究」(한국외국어대학교대학원박사논문，2005年)，3-4頁．조영인「천로역정 이본간의 표기양상 硏究」(서경대학교대학원석사논문，2007年)，4-5頁．
12) 初版である1853年版の文言訳と1865年版の官話訳は木版本であり，流通範囲も狭かった．それに対し，1869年版の文言訳と1872年版の官話訳は，上海美華書館の活字本であり，東アジア全域に流通した．実際，美華書館版の文言訳 (1869年版) が，村上訳「天路歴程意訳」の原本であることは，吉野作造と益本重雄の先行研究によって明らかになっている．したがって，本書では美華書館版の文言訳 (1869年版) と官話訳 (1872年版) を用いる．一次資料の所蔵は次のとおりである．Burns『天路歴程』(蘇松上海美華書館蔵板，1869年) 活字版，五巻一冊，東京大学教養学部漢文学研究室蔵，Burns『天路歴程官話』(蘇松上海美華書館鎸，1872年) 五巻一冊，The Bodleian Library (The University of Oxford) 蔵．

る出版物をハングル専用文で出版することが宣教師たちの方針であったが，1900年代に入って，漢文の素養のある知識人のために漢字ハングル交じり文体も採用することになったという事情がある．なお下線を引いた箇所は，官話訳の漢字をハングルで音読しているにもかかわらず，官話訳とは異なる漢字があてられていることを示す．

　たとえば，表1の例2，"Interpreter"は文言訳では「釈示」，官話訳では「曉示」という翻訳語になっている．1895年版の朝鮮語訳は，後者の翻訳語である「曉示」をそのまま音読して「효시」として，1910年版の朝鮮語訳もこれを踏襲して「효시（曉示）」と漢字を付している．この「효시」という翻訳語は，文言訳の「釈示」からは，連想できない翻訳語である．文言訳の「釈示」を朝鮮語で音読すると，「석시」になって「효시」とは異なるからである．

　もちろん，バニヤンの原文の"Interpreter"から「효시」という翻訳語が出てきた可能性も，一応考えてみる必要があるだろう．1895年版の朝鮮語訳の翻訳当時，ゲールが参考にすることができた英韓字典には，1890年にアンダーウッドとゲールが共同で編纂した，*A Concise Dictionary of the Korean Language* がある．そこで，例2の"Interpreter"を引いてみると，「interpreter, noun. 통사」（通詞）になっており，ここから1895年版の「효시」という翻訳語は連想できない．他の例から考えても，英語からの翻訳語ではなく，官話訳の翻訳語である「曉示」をそのまま音読した結果であるといえる．

　例10では，官話訳の「沽名」が1895年版ではそれをそのまま音読した「고명」になり，1910年版で「고명（顧名）」と表記され，「沽名」の代わりに「顧名」をあてているが，これは1910年版の刊行時に1895年版のハングル翻訳語の後に漢字をあてる過程の中で起きたミスではないかと考えられる．無論こうした1895年版の「고명」は文言訳「世驕」からは連想できない音読である．文言訳「世驕」をそのまま音読すると「세교」になるからである．表1の中で下線を引いた箇所は，例28を除いては以上のような原理で説明できると考える．

　例28の場合，1895年版は官話訳「慳客」を音読して「견인」と訳しているが，1910年版では漢字は官話訳と同じものを借用しつつも，その漢字をそのまま音読した「견인」ではなくて，「간린（慳客）」と読んでいる．さらに，

表1　翻訳語の比較

	英語原文[注] (1869年版)	文言訳 (1869年版)	官話訳 (1872年版)	朝鮮語訳 (1895年版)	朝鮮語訳 (1910年版)
1	Good-will	恵慈	仁慈	인자	인자 (仁慈)
2	Interpreter	釈示	曉示	효시	효시 (曉示)
3	Salvation	拯救	禦侮	어모	어모 (禦侮)
4	Simple	愚戇	愚蒙	우몽	우몽 (愚蒙)
5	Sloth	懶惰	懈惰	해타	해타 (懈惰)
6	The Valley of the Shadow of Death	死蔭	陰翳	음예	음예 (陰翳)
7	Wanton	淫婦	蕩婦	탕부	탕부 (蕩婦)
8	The Lust of the Flesh	世慾	好色	호색	호색 (好色)
9	The Lust of the Eyes	世貪	貪利	탐리	탐리 (貪利)
10	The Pride of Life	世驕	沽名	고명	고명 (顧名)
11	Worldly Glory	世栄	誇富	과부	과부 (誇夫)
12	Pickthank	市譽	釣譽	조예	조예 (助譽)
13	The Lord Luxurious	貪華	奢華	샤화	샤화 (奢華)
14	My Old Lord Lechery	淫樂	淫佚	음일	음일 (淫佚)
15	The Lord Desire of Vain Glory	驕奢	傲慢	오만	오만 (傲慢)
16	Sir Having Greedy	刻剝	貪贓	탐장	탐장 (貪贓)
17	Mr. Blind-man	瞽者	盲心	맹심	맹심 (盲心)
18	Mr. No-good	絶善	棄善	기션	기션 (棄善)
19	Mr. Malice	怨恨	匿怨	익원	익원 (匿怨)
20	Mr. High-mind	驕傲	高傲	고오	고오 (高傲)
21	Mr. Implacable	恒怨	長恨	장한	장한 (長恨)
22	My Lord Time-server	附時	趨時	츄시	츄시 (追時)
23	Mr. Facing-both-ways	両向	隨和	슈화	슈화 (隨和)
24	Mr. Any-thing	悉可	俱可	구가	구가 (具可)
25	Mr. Two-tongues	両舌	百舌	백셜	백셜 (百舌)
26	My Lady Feigning	佯儀氏	諂諛	첨유	첨유 (諂諛)
27	Mr. Hold-the-world	固財	據財	거재	거재 (巨財)
28	Mr. Save-all	珍物	慳客	견인	간린 (慳客) (간인)
29	Atheist	罔天	目無天	목무텬	목무텬 (目無天)

注　原文はBunyan, John. *The Pilgrim's Progress*. Philadelphia, Claxton, Remsen & Haffelfinger, 1869（国会図書館蔵、畠山義成の旧蔵書）に拠る。

1910年版の本文の中では「간인」と読んでいる箇所も見られる．これは当時の朝鮮語の変遷過程で発生した問題であると考えられるが，本書では事実の指摘にとどめておきたい．

　以上のように，1895年版の朝鮮語訳における人名・地名の翻訳語は，官話訳の漢字をそのまま音読した結果であるといえる．こうした官話訳の翻訳語の踏襲は1895年版のみではなく，1910年版や，さらに後の1926年版まで続いている．さらに，朝鮮で英語原文 *The Pilgrim's Progress* からの直訳を最初に試みた，1939年刊呉天泳(オチョンヨン)訳『쵸역쳔로역졍』(抄訳天路歴程)も，人名と地名は依然として官話訳からの翻訳語を踏襲している．

(2)　本文の再編成

　次に，翻訳における本文の再編成を比較し，官話訳との共通点と相違点を検討してみたい．

　第一に，翻訳文の中で翻訳語の一致が見られる．いくつかの例を挙げよう[13]．以下の引用文の下線は引用者による．

　　　原　　文：because this is to reject the counsel of God for the sake of the
　　　　　　　　counsel of a Worldly Wiseman. (p.39)
　　　文　言　訳：蓋従其言，是軽棄主宰之諭，転重世智之言，（巻一，五オ）
　　　官　話　訳：你這樣行，是順從世人的意思，違背真神的命令了，（巻一，九オ）
　　　朝鮮語訳：네가이러케한거시셰샹사람의뜻을순종함이오하ᄂᆞ님의명령을배
　　　　　　　　반함이니라
　　　　　　　（君がこのようにしたのは世人の意思に順従したことであり，ハナニムの命令
　　　　　　　に背反することである．）（十八ウ）（引用者訳，以下同）

　上の例が示すように，朝鮮語訳の翻訳文の中では官話訳の漢字を音読した翻訳語との一致が目立つ．こうした翻訳語の一致はこの引用文に限ったことでは

---

13)　以下，すべての引用は本文中に頁数のみ略記する．

なく，朝鮮語訳の全文に一貫して多数見られる．
　第二に，このような官話訳との一致は翻訳語のレベルに限らず，翻訳文の形式にも反映されている．

　　原　　　文：and have left my country for whither I am going.（p. 236）
　　文 言 訳：今又已舍本邑，欲往天城．（巻四，三十七オ）
　　官 話 訳：今兒又捨了我的本郷，要到天城去，<u>難道進不去嗎</u>，（巻四，十六ウ）
　　朝鮮語訳：이제또내고향을버리고텬셩으로가랴하니<u>가기가무어시어려오리오</u>
　　　（今また私の故郷を棄て，天城に行こうとしているのだが，<u>どうして行くことが困難であろうか</u>．）（百五十二オ）

　原文と文言訳では「天城に行こうと思う」という平叙文で終わっている文章が，官話訳ではその文章の後に「まさか入れないことがあろうか」のような反問の形式が書き加えられており，朝鮮語訳でも反問の形式が踏襲されている．
　第三に，文言訳に比べ官話訳でより具体的に意訳されている箇所が，朝鮮語訳でもそのまま踏襲されている例がいくつかある．

　　原　　　文：Faith. Well, I see that saying and doing are two things, and hereafter I shall better observe this distinction.（p. 150）
　　文 言 訳：尽忠曰，由此観之，方知言行有二致，今宜弁別，（巻三，二十三ウ）
　　官 話 訳：尽忠道，這樣就知道有聖徒的言談，<u>未必有聖徒的行為</u>，我起初聴人的言談，<u>就信他的行為</u>，如今聴人的言談，<u>還要査他的行為</u>，（巻三，八オ）
　　朝鮮語訳：진츙이갈아대<u>그러면셩도의말만알고행위는업는지라</u>내처음에말만듯고행위를밋엇더니이제는그말하던거슬듯고행위를생각하겟노라
　　　（尽忠曰く，<u>それでは聖徒の言葉を知っているだけで，行為がない</u>．私は最初

第二章　文学　　45

は言葉のみを聞いて行為を信じたが，今はその話すことを聞いて，行為を考える．）(九十三ウ，九十四オ)

　第四に，語り手の表出において，原文と文言訳は一致しているが，官話訳と朝鮮語訳が異なる箇所がある．

　　　原　　文：So I continued praying, until the Father showed me His Son.
　　　　　　　　CHR. And how was He revealed unto you ?
　　　　　　　　HOPE. I did not see Him with my bodily eyes, but with the eyes of my understanding; Eph. 1: 18, 19. and thus it was: (pp. 272-273)
　　　文 言 訳：我故祈禱不已，後天父果以子示我．基督徒曰，以子示爾，其情若何．美徒曰，以子示我，非我目能視，乃以吾心視之，（卷五，四十二ウ）
　　　官 話 訳：故此我祈禱不歇，到了兒天父叫我認得耶穌，不是我肉眼裏看見，是我心眼裏瞧見，（卷五，六ウ）
　　　朝鮮語訳：하ᄂ님끠셔예수를알게하셧스니이처럼뵈신거슨그육신으로내눈에뵈신거시아니라내심즁에은밀히뵈시기로
　　　　　　　　（ハナニムがイエスを悟らせて下さったが，このように見せて下さったのはその肉身で私の目に見せて下さったのではなく，私の心中で隠密に見せて下さった．）（百七十六ウ）

　この例文を見ると，原文と文言訳では「美徒」という登場人物の対話文の間に「基督徒」の質問が挿入されている一方，官話訳と朝鮮語訳では「基督徒」の質問は省略され，「美徒」の対話文はまとめて一つの文になっている．
　第五に，原文と文言訳には含まれない，官話訳の注の内容が朝鮮語訳の本文に反映されている箇所がある．

　　　原　　文：Then Christian began to gird up his loins, and to address himself to his journey. Then said the Interpreter, "The Comforter

　　　　　　be always with thee, good Christian, to guide thee in the way
　　　　　　that leads to the City."（pp. 67-68）
　文　言　訳：時基督徒復束身将往．釈示祝之曰，基督善徒，天城之路，願保
　　　　　　恵師，導爾直行．（巻一，九ウ）
　官　話　訳：那時基督徒再打起精神，要往暁示祝頌他道，基督的良徒，願保
　　　　　　恵師常常和你在一児，引道你直走天城的路，<u>保恵師即聖霊別号</u>
　　　　　　<u>（頭注）</u>（巻一，十八オ）
　朝鮮語訳：긔독도ㅣ그졔야졍신을차려길을가랴하매효시ㅣ긔도하며보내여
　　　　　　갈아대어진긔독도야보혜사―<u>셩신이라하는뜻시라</u>―가항샹녀
　　　　　　와함끠하야텬셩가는길을인도하기를바라노라하더라
　　　　（基督徒はようやく精神を取り戻し，道を行こうとすると，暁示は祈りながら
　　　　送って曰く，慈悲の保恵師―<u>聖神という意味である</u>―がいつも君と共にあり，
　　　　天城に行く道を導いて下さるように望むと言う．）（三十七ウ，三十八オ）

　上の例が示すように，原文の"The Comforter"を，文言訳と官話訳では「保恵師」と翻訳している．しかし，官話訳は「保恵師」という言葉が読者に馴染みのない表現であることに配慮し，「保恵師即ち聖霊の別号」という頭注によって説明している．そして，朝鮮語訳では頭注はないものの，本文の中に割注を入れる形式で「셩신이라하는뜻시라」（聖神という意味である）という注を入れている．

　以上の例が示すように，朝鮮語訳における人名・地名の翻訳語及び本文の再編成は，本文の最初から最後まで一貫してほとんど官話訳と一致している．そこで，そのことから官話訳が朝鮮語訳の原本として用いられたことは確かであるといえよう[14]．

14）ちなみに，官話訳とともに英語原文や文言訳も同時に参考にした可能性も，考えられるだろう．下の例文が示すように，文言訳と朝鮮語訳が一致し，官話訳が異なっている場合もいくつかある．
　　原　　文：But he held his peace, and set a good face on it, and so went by and <u>catched</u>
　　　　　　<u>no hurt</u>. Then sang Christian-（p.124）
　　文　言　訳：基督徒黙然不答，悠然而過，<u>卒不被其害</u>，時欣然吟曰．（巻二，十九オ）
　　官　話　訳：基督徒不答理他，慢慢児的過去，就口中唱詩．（巻二，十七オ）

三　東アジアにおける『天路歴程』の受容

(1)　官話訳の受容の意義

　朝鮮語訳の原本の問題は，東アジアにおける受容という観点から，日本語訳『天路歴程』との比較にまで発展させることができる．中国の場合，バーンズ訳『天路歴程』はまず文言で翻訳されたが，庶民にもわかりやすい文体で読ませるためにに官話でもう一度翻訳された．

　たとえば，バーンズは官話への再訳を行った動機について，訳書の序文である「天路歴程官話自書」において一般の読者へのわかりやすさを向上させるためであると明らかにしている．

　　『天路歴程』という書を，咸豊三年〔一八五三〕に中国語に訳した．原文の素晴らしい意味をすべて伝え尽くすことはできなかったが，原書の中の重要な内容は悉く明らかになり，十余年以来，何度も出版し，各所に分けて配った．およそ我が教の仲間，あるいは教外の朋友など，この書を読んだ者は，この書は人において有益であるという．然るにこの書は最初は文語〔文言〕で訳され，高明の士なら自ら文章を読んで，意味を考えることができ，一目瞭然である．しかし，大衆は，文字が読めるだけでいまだに内容がわからない．やはり私は人のために善いことをしたという気持ちにはならない．そのために，これをもう一度原文に照らし合わせて，官話で訳し，志があって天路に行こうとする者が，士民を問わずすべて意味がわか

　　　朝鮮語訳：긔독도ㅣ대답지안코낫빗츨평안히하고쳔쳔히지나가매해하지못하더라글을지어
　　　　노래하여갈아대
　　　　　(基督徒は答えもせず顔色を平安にして，その前をゆっくり通ると，害することはできなかった．歌を作って歌って曰く，)（七十五ウ）
　　　しかし，このような場合でも，文言訳は英語原文とほとんど一致しており，官話訳と朝鮮語訳との翻訳文の差異が，文言訳を参照したことによるのか，それとも英語原文によるのかは，判断できない．全体として見るならば，やはりおもに官話訳が原本として使われたことは確かであるといえる．

るようにした．官話があまりわからない地方でも，細かくこの編を読めば，初訳〔文言訳〕よりわかりやすい．この書は初めから終わりまですべて喩えを用いるゆえ，初訳のように注がないままでは，おそらく読者は理解することができなかったであろう．が，今回は白文の傍らに小注を加え，そして，聖書何巻何章何節を明示し，考究の便宜を図った．この書を読む時には，机の上に新旧約聖書を置いて，双方を照らし合わせることができるようにしておくべきである．そのように読み進めていけば，聖書の意味が自然と胸の中に溶けてくるだろう．私は煩瑣を厭わずもう一度この書を訳したのである．本当にこの書は人々が読むべき書であり，この路は人々が行くべき路である．もし基督徒を学び，将亡城を離れ，窄門に進み，十字架の傍らで重任を脱ぎ，艱難山のためにその志を失うことなく，虚華市のためにその心を動揺させることがなければ，ついに郇山に至り，永生を手に入れることができるだろう．このような人の幸せを私は厚く望むところである．ここに序文を記す．
同治四年乙丑〔一八六五〕季夏〔六月〕中旬北京の客舎において記す．（引用者訳）

バーンズは，庶民にとって文言を理解するのは難しいため，改めて官話に翻訳したといっている．それによって，「士民を問わずすべて意味がわかるようにした」のである．しかもバーンズは，ただ文言を官話に移し替えるのでなく，「これをもう一度原文に照らし合わせて，官話で訳し」，つまり再度原文と照らし合わせて翻訳するという方針を採用した．そのため，文言本と比較すると，官話本の訳文は原文により忠実である．また，官話訳では注を加えて本文の比喩に対する読者の理解を助けると同時に，聖書とともに読めるように工夫した．そして，二度にわたって原文の通読作業を経ているので，原文に対する新たな理解と感覚が生まれたのであろう．齋藤希史は官話訳について，英文の四行詩の翻訳文を取り上げ，官話への改訳によって詩として意味が通じやすいようになっていると指摘しつつ，「Burnsにとって官話訳は，庶民にわかりやすくするための改訳である以上に，訳文をさらによいものにした，言わば決定版であった」[15]と官話訳の意義を評価している．

つまり，官話という文体の平易さ，英語原文への忠実さ，読者の理解を助ける注，そして翻訳文としての完成度，という四つの要因によって，『天路歴程官話』は文言訳より高く評価できる．

そこで第一に注目したい点は，朝鮮語訳の翻訳者も官話訳の優れた点に注目して，文言訳ではなく官話訳を原本として選んだのではないかという点である．特に庶民にわかりやすい文体という点で，官話は，当時の朝鮮語におけるハングル専用文体と相通じるものがある．また，すでに確認しているように，官話訳の注は朝鮮語訳では本文の中に編入され，朝鮮の読者の理解を助けている．さらに，官話訳の英語原文に対する忠実さは，官話訳から朝鮮語訳へ翻訳する際に，常に英語原文と照らし合わせることを容易にしただろう．最後に官話訳の翻訳文としての完成度は朝鮮語訳の翻訳者にとって規範になったのではないだろうかと考えられる．これについては後述するが，朝鮮語訳の翻訳者であるゲールの翻訳観は，原文よりは目標言語 (target language) である朝鮮語としての自然さに重きを置くものであったからである．

第二に，当時の朝鮮では，官話文が白話小説の文体と認識されていたという点にも注目したい．朝鮮王朝の文学においては，中国白話小説からハングル翻案小説へ翻訳される，という流れがすでにあり，『三国志演義』や『水滸伝』などの白話小説が漢文とハングルの両方で翻案され，広く読まれていた．特に『水滸伝』の翻案は朝鮮王朝の小説界に影響を与え，17世紀には許筠（ホギュン）の『洪吉童伝（ホンギルドンジョン）』を誕生させる．この『洪吉童伝』は朝鮮の文学史においてハングル小説の嚆矢とされる．

おそらく，朝鮮語訳の翻訳者は，こうした朝鮮王朝の小説界における白話小説からハングル小説への翻案の流れを知った上で，官話訳から翻訳することにしたのではないか．当時白話小説からハングル小説への翻案はすでに頻繁に行われていたので，官話訳『天路歴程官話』から朝鮮語訳『텬로력뎡』への翻訳作業は難しくはなかったであろう．また，官話文からハングル文への翻訳文体は，当時の朝鮮人読者に違和感を持たせず，ハングル翻案小説をそれまで読んできたのと変わらない効果をもたらしたとも考えられる．すなわち，中国語訳

---

15) 齋藤希史，前掲論文 135–136 頁．

『天路歴程官話』から朝鮮語訳『텬로력뎡』への翻訳は，この白話小説からハングル翻案小説へ，という既存の翻訳の方法にそのまま沿ったものだったといえるだろう．

朝鮮語訳の翻訳者であるゲールは，すでに第一章の注9（本書20頁）で紹介したとおり，在朝鮮宣教師たちの中でももっとも朝鮮文学に造詣が深かった．彼は翻訳者として，新旧約聖書，『天路歴程』，『ロビンソン漂流記』などを朝鮮語に翻訳したほか，英語から朝鮮語への翻訳だけではなく，『春香伝』や『九雲夢』など，朝鮮王朝のハングル小説の英語への翻訳も手がけた．こうしたゲールの活動は，彼の朝鮮王朝の小説界に対する理解と，朝鮮語訳『텬로력뎡』の翻訳における官話訳の採用の意義を裏付けている．

ここで付け加えておきたい点は，この頃のキリスト教文献の翻訳において，官話訳からハングル翻案小説文体への翻訳の例は稀であるということである．この時期の朝鮮語訳聖書は，中国語の文言訳を原本として用い，中国の古典を朝鮮語で翻訳する従来の方法論を採用している．だから先行研究では官話訳を視野に入れず，文言訳との比較のみを試みたのであろう．おそらく朝鮮語訳『텬로력뎡』における官話訳の採用の特殊性は，ゲールという翻訳者の翻訳観によって説明できる．

ここで第三に，ゲールが原文への忠実さより翻訳文の自然さを目指して翻訳を行ったことに注目し，官話訳の受容の意義を述べてみたい．まず，ゲールの伝記から彼の翻訳観を探ってみたい．

> 彼は1923年まで，聖書翻訳委員の地位にとどまっていたが，しかし次第に，当時採られていた方針に対する不満を強めるようになっていた．彼の草稿は，朝鮮聖書公会の常任委員会により批判を受けていた．常任委員会はゲールの翻訳を，翻訳委員会によって是認されてはいるものの，充分に文字通りのものではないとみなしていたのである．彼の主張はこうであった．「私の最大の望みは，聖書自体にその思想を語らせることであり，それ以上でもそれ以下でもない．耳に快く，自然に流れ込んでくるような朝鮮語で語らせること，それだけが悲願なのである．」意見の衝突があまりに烈しくなったため，1921年の9月に，創世記の32頁分が手書きで写さ

れ，すべての宣教師に配られて，意見が求められた．多数派の意見は，ゲールは文体のために意味を犠牲にしてしまっている，というものであった．なぜならば，ゲールは必ずしも英語の文体上の構造に忠実な訳し方はしていなかったからである．中には彼が，朝鮮語としてこなれた文章を書いているとして評価する者もいたが，しかし「原文を短縮している」点については不満を唱えた．致命的だったのは，ヘブライ語においては必要だが，朝鮮語の構文では必要のない名詞の反復を，ゲールが徹底的に避けたことである．とりわけ，創世記の第一章において，「神」を指す語のうち二十数個を削除したことに，この方法は適用された．ある宣教師は，ゲールは神を聖書から追い出したと断言した．批判の声があまりにも強かったために，ロンドンの大英聖書公会当局は，「翻訳はその受容言語が許容する限り逐字的であるべきである」という規範を適用せねばならないものと意を決した．ゲールは 1922 年の 3 月に，聖書改訳委員長の座を退くに至ったが，復帰するように説得された[16]．

　伝記が示すように，ゲールは初期から聖書翻訳委員として活躍したが，他の翻訳者との見解の相違のため，1922 年に聖書改訳委員長を辞任した．彼の翻訳文は，ゲールの言葉によると「聖書自体にその思想を語らせることであり，それ以上でもそれ以下でもない．耳に快く，自然に流れ込んでくるような朝鮮語で語らせる」ようなものであったが，「原文を短縮している」という宣教師たちの非難と「翻訳はその受容言語が許容する限り逐字的であるべきである」という大英聖書協会の原則論によって公認されなかった．しかし，ゲールは自分のスタイルの翻訳を続けて，その後，李源謨（イウォンモ）などの助力を得て 1925 年に『新訳新旧約全書』を翻訳・刊行した．
　ちなみに，ゲールのこの姿勢は，God に対して「하ᄂ님」（ハナニム）というハングル翻訳語を採用したこと，及びハングル専用文体を採用したことに現れている．たとえば，前述の 44 頁の「第一，翻訳語の一致」の引用文の中で，原文の God を官話訳では「真神」と訳しているのに対して，朝鮮語訳は「하

16）　Richard Rutt, *James Scarth Gale and His History of the Korean People*, p. 72.

ᄂᆞᆷ」と翻訳している．この例が示すように，朝鮮語訳における God の翻訳語は一貫して「하ᄂᆞᆷ」である．これに関連しては God の朝鮮語訳をめぐって，アンダーウッドが「텬쥬」（ティョンジュ，天主）という漢字音読語の採用を，ゲールが「하ᄂᆞᆷ」（ハナニム）というハングル固有語の採用を主張したことは，第一章で前述したとおりである．結局，ゲールの意見が他の多くの宣教師たちの支持を獲得し，God の朝鮮語訳は「하ᄂᆞᆷ」（ハナニム）で統一されていったのである．

しかし文体の問題は，より複雑であった．在朝鮮宣教師たちの間では，表記文字はハングル専用文で統一され，わかりやすさが目指されたが，ゲールを除いた他の宣教師たちには，翻訳文体の自然さや洗練度の問題までは手が届かなかった，といえるだろう．

いずれにしても，こうしたゲールの翻訳観は，『텬로력뎡』というキリスト教小説の翻訳の場で，より自由に具現化されたと考えられる．唯一神の言葉である聖書を翻訳することは，翻訳文の自然さだけを考えてはいけない．聖なる神の言葉である原文への忠実さが優先されるからである．それに対して，『天路歴程』という宗教小説の翻訳においては，聖書ほど原文にこだわらず，洗練された訳語と文体で翻訳することができたのではないだろうか．そこで，この朝鮮語訳は「その思想を耳に快く，自然に流れ込んでくるような朝鮮語で語らせる텬로력뎡（ティョンロリョッデイョン）」になったのである．

訳文の自然さを重視する彼の態度は，翻訳において官話訳を原本としたことにも現れている．前述したように，当時の在清宣教師たちによって，官話は文言より一般の人々にわかりやすく口語に近い文体であると同時に，『三国志演義』などの白話小説の文体とも通じると認識されていた．また，古典的な語彙とリズムを重んじる文言文より，官話訳の方が文章の規範意識も強くないはずである．そこで，ゲールは官話訳を原本として採用し，翻訳文の自然さを優先させるとともに，白話小説からハングル翻案小説へという，既存の翻訳の流れにそのまま沿い，朝鮮の読者に朝鮮語訳『텬로력뎡』をハングル翻案小説として読ませる効果をもたらしたといえよう．

(2) 日本語訳との比較

他方，日本ではどうだったのであろうか．明治9年（1876）『七一雑報』に連載された「天路歴程意訳」は，佐藤喜峰によってわずかに手を加えられ，明治12年（1879）に単行本『意訳天路歴程』となった．日本語訳の文体については第三章「メディア：キリスト教新聞における言文一致と読者層」で詳しく後述するので，ここでは例文を省略するが，日本語訳も，キリスト教布教のために，振り仮名付きの漢字平仮名交じり文という平易な文体を用いた（図4，図5参照）．

すでに本章注12（本書41頁）で紹介したとおり，日本語訳はバーンズの文言訳『天路歴程』（上海美華書館，1869年）を原本にして翻訳している．まず，漢語の翻訳において，文言訳の漢語をそのまま借用した上に，和語や俗語の振り仮名を付けている．文言訳の漢語がどんなに難解であろうと，振り仮名により和語や俗語を付けるため，意味を汲み取ることは容易になる．

このような漢語の受け入れ方の例が示すように，日本では，中国の古典を訓読によって理解する，従来のやり方の延長として，文言文から漢字平仮名交じり文への翻訳が行われたといえよう．

とはいえ，文体を検討してみると，日本語訳の文体は文言文を口語的に意訳した部分もある．文言訳の漢語を受け入れながらも口語的に翻訳しようとする試みが，日本語訳では66回の連載の中で12回目まで頻繁にうかがえる．振り仮名と平仮名のみを読めば完結した口語体の文章になっており，漢語がむしろ「振り漢字」の役割を担っているといえよう．日本語訳の文体が文語体と口語体の間で揺れている点については，高村新一もすでに指摘している[17]．

こうした日本語訳における文体の問題は，朝鮮語訳における官話訳の受容の問題と比較することができる．小澤三郎の報告[18]によると，佐藤喜峰には『続天路歴程』という未刊の原稿があった．これは漢訳『続天路歴程官話』を写し取り，それに訓点や送り仮名を付けたものであるという．ここから，佐藤喜峰

---

17) 高村新一「『天路歴程』邦訳史（一）」，2-4頁．
18) 小澤三郎「『天路歴程』の日本版について」『比較文学』第2号（東京女子大学付属比較文化研究所，1956年）10-11頁］．

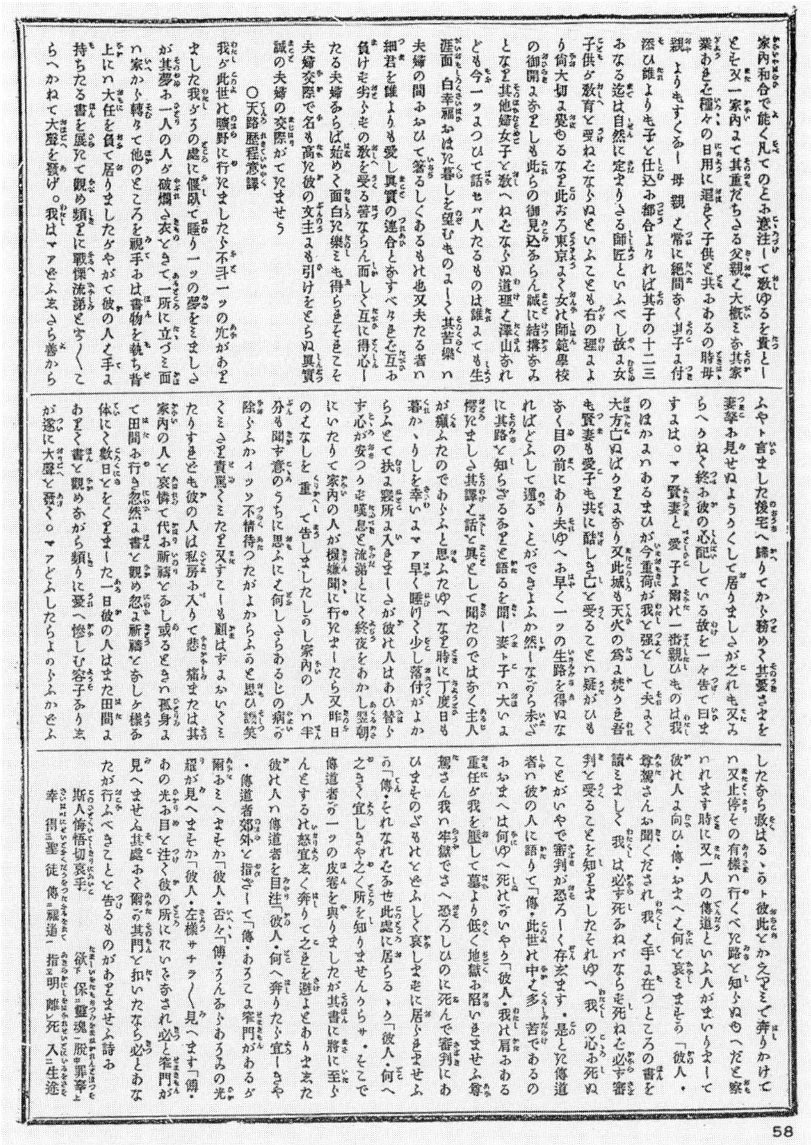
家内和合で能く凡てのことに意注して教ゆるを貴としとぞ又一家内にて其重だちたる父親と大概には其家業あきて種々の日用に追されて子供と共にある時母親よりもすくなし 母親と常に絶間なく其子に付添ひ誰よりも子と仕込む都合よければ其子の十二三になる迄は自然に定まりたる師匠といふべし故に女子供が教育と要ねばならぬといふことも右の理により尚大切に覺へるなり此ごろ東京にて女の師範學校の御開きになりしも此らの御見込ならん誠に結構なることなり其他婦女子と教へねばならぬ道理も澤山なれども今一ッにつひて話せバ人たるものは誰にても生涯面白幸福なはなし暮しを望むものにして其苦樂は夫婦の間になひて巻るしくあるもの也又夫たる者は細君を誰よりも愛し眞實の連合となすべきを互に負けぬ劣らぬの教を受る筈ならん而して互に得心したる夫婦ならば始めて面白き樂みも得られるそそこそ夫婦交際で名も高き彼の文主にも引けをとらぬ眞實誠の夫婦の交際がでけませう

○天路歴程意譯

我が此世の曠野に行きましたら不斗一ッの穴がありました我がその處に偃臥て睡り一ッの夢をみましたが其夢に一人の人が破爛たる衣をきて一所に立つて面は家から轉りて他のところを觀手には書物を執ち背上には大任を負て居りましたがやがて彼の人は手に持ちたる書を展きて觀め頻りに戰慄流涕となくしてらへかねて大聲を發げ。我はマアどふしたら善からふやと言ました後宅へ歸りてから務めて其憂さをを妻拏に見せぬやうにして居りましたがこれも又たらへられなく終に彼の心配している故を一々告て曰ますには。マア賢妻と愛子よ聞け一番親ひものは我のほかにはあるまひが今重荷が我と强として夫よく大方亡ぬばかりよなり又此城も天火の爲に焚れる吾も賢妻も愛子も共に酷しき亡と受ることは疑がひもなく目の前にあり夫ゆへに早く一ッの生路を得ねなればどふして遁るゝとができよふか然しながら未だに其路と知らざるなりと語るを聞し妻と子は大いに愕きました其譯も話と眞として聞たのではなく主人が癲ふたのであらふと思ふたゆへなり時に丁度日も暮かゝりしを幸いにマア早く睡りて少し落付がよからふとて扶て寢所に入きましたが彼の人はなひ替らず心が安らかならぬ嘆息と流涕とにて終夜をあかし翌朝にいたりて家内の人が機嫌聞に行きましたら又昨日のそなしを重て告しましたしかし家内の人は半分も聞ず意のうちに思ふにも何しらあるしの病ひの除ふふかイッソ不情待つたがよからふかと思ひ譏笑くさる責罵くさたり又すこしも顧はずにおいてみたりすれども彼の人は私房に入りて悲み痛または其家内の人と哀憐て代に祈禱となし或るときは孤身にて田間に行き忽然に書と觀め忽に祈禱となしヶ樣な体にて數日をくらしました一日彼の人はまた田間にありて書と觀めながら頻りに憂へ慘しむ容子なりましたが遂に大聲と發く。マアどふしたらよのふかぞふしたなら救はるゝのと彼此とかえりみて奔りかけては又止停その有様は行くべき路と知らぬものへだと察られます時に又一人の傳道といふ人がまいりまして彼の人に向ひ・傳・なぜへそ何と哀みまするの「彼人・貴駕さんお聞くだされ 我は手に在つところの書を讀みまして 我は必ず死なねばならぬ死ねば必ず審判と受ることを知りましたそれゆへ 我の心に死ぬことがいやで審判が恐ろしく存じます・是とき傳道者は彼の人に語りて「傳・此世は中にも多 苦であるのになぜへは何ゆへ死るがいやか「彼人・我は肩にある重任が我を壓して墓より低く地獄に陷いりませぬ貴駕さん我は牢獄でさへ恐ろしひのに死んで審判になひまそのざもれとどふして哀しまずに居られませふの「傳・それなればなぜ此處に居らるゝか「彼人・何へ之きて宜しきや之く所を知りませんからサ・そこで傳道者が一ッの皮卷を與りましたが其書に將に至らんとする怒宜しく奔りて之きを避よとかゝりました彼の人は傳道者を目注「彼人・何へ奔りたら宜しきや・傳道者郊外と指ざして「傳・あそこに窄門があるが爾にはへますか「彼人・否々「傳・そんならあそこの光耀が見へますか「彼人・左様サナラー見へます「傳・あの光に目と注ぐ彼の所にれいをなされ必と窄門が見へませふ其處に爾が其門と扣いたなら必とあなたが行ふべきことを告るものがありませふ詩に

斯人悔悟切哀手　欲下保二靈魂一脱中罪率上
幸得二聖徒傳二福道一　指二明離レ死入二生途一

58

図４　日本語訳「天路歴程意訳」『七一雑報』雑報社，1876 年．

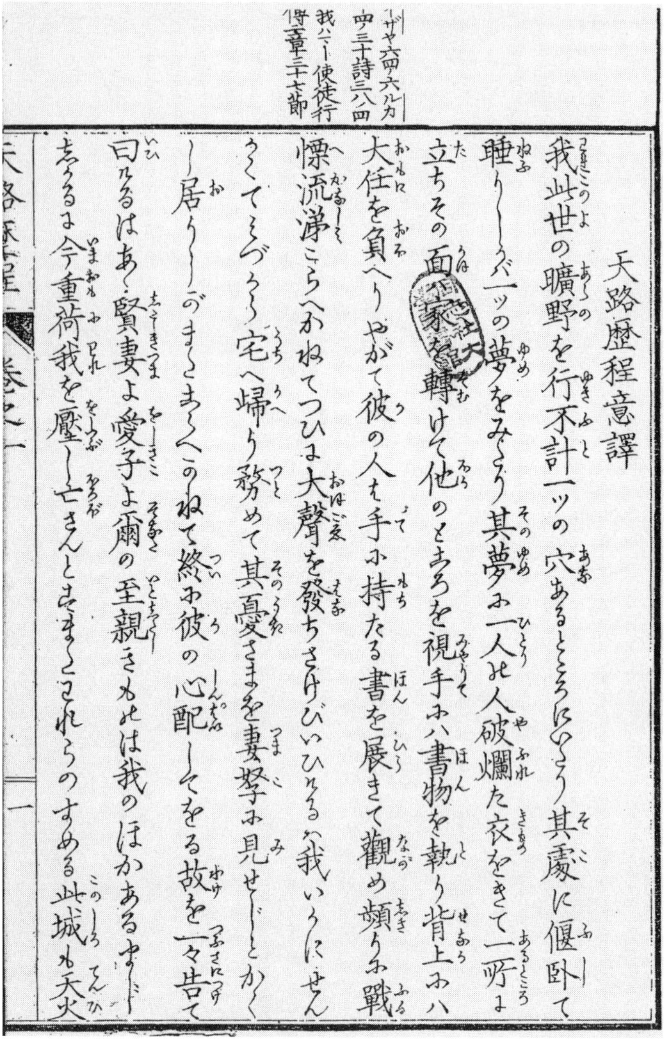

天路歴程意訳

イザヤ六四・六ノ九
中三十詩三八四
我ハニ十便徒行
哥前章三十七節

我此世の曠野を行不計一ツの穴あるところにのぞみ其處に偃卧て睡り〲一ツの夢をみたり其夢み一人此人破爛たる衣をきて一所に立ちその面を家を轉けて他のところを視手ゝ八書物を執り背上ゝ八大任を負へりやがて彼の人も手ゝ持たる書を展きて觀め頻り戦慄流涕こらへかねつひま大聲を發ちさけびいひけるハ我いうにせん居り〲のまさまくこの宅へ帰り務めて其憂さまを妻孥み見せじと欲く曰ルはあゝ賢妻よ愛子よ爾の至親さめ此は我のほかある中に去るは今重荷我を壓し七さんとさきるまされらのすゝある此城ゝ天火

図5　日本語訳『意訳天路歴程』十字屋書舗，1879年
（同志社大学図書館蔵）．

が口語に近い官話訳『続天路歴程官話』を原本として用い，もう一度『意訳天路歴程』を口語体で翻訳しようとしていたことは十分考えられる．しかし，その試みは未完のままに終わったようである．

四　前近代の翻訳論の活用

　これまで東アジア宣教におけるキリスト教文献の翻訳に関する議論は，「漢字と仮名」や「漢字とハングル」のような文字表記の問題に集中してきたが，実は文体とジャンルの問題も絡み合っているのではないか．

　本章では，朝鮮語訳の原本が官話訳であるという発見から出発して，漢字圏でまず中国古典の文言文，そして白話小説の官話文というジャンルに編入されたキリスト教文献が，さらに日本語の訓読をベースにする漢字平仮名交じり文の文体や朝鮮語のハングル翻案小説というジャンルに，どのように編入されていったのかという問題を辿ってきた．

　この『天路歴程』の翻訳における文体とジャンルの問題は，漢字圏に従来から根づいていた翻訳の方法論を視野に入れることで，近代東アジアでの宣教における翻訳の問題に重要な手がかりを提示しうると思う．つまり，在清，在日，在朝鮮の宣教師たちは，その地域にキリスト教を布教するために，漢字圏の言語・ジャンルにおける既存の翻訳方法を積極的に活用して，宣教活動を成り立たせていった．

　こうした工夫は，中国では文言訳から官話訳への改訳を生み出し，その後日本と朝鮮ではそれぞれ文言訳から日本語訳へ，官話訳から朝鮮語訳への改訳へとつながった．まず，中国の場合，バーンズの漢訳『天路歴程』は最初に文言で翻訳されたが，より多くの読者，すなわち庶民にもわかりやすい文体で読ませることができるように，官話でもう一度翻訳されている．

　文言訳は，中国古典文という当時の東アジアの共通書記言語で書かれたゆえに，日本でも受容された．日本では既存の中国古典を日本語の書き下し文へ翻訳したように，文言訳『天路歴程』から日本語訳『天路歴程』への翻訳が行われた．前述のように，日本における『天路歴程』の初訳は1879年であり，西洋小説の日本語訳としては，かなり初期のものである．これは，文言訳が存在

したからこそ速やかに日本語訳の刊行ができたといえよう．そもそも漢訳聖書がなければ，キリスト教が明治日本にあれほどの文化的作用を及ぼすことはなかったであろう．

　朝鮮では官話訳が受容され，白話小説の文章と認識された官話文から朝鮮語のハングル専用文へ翻訳される．当時の朝鮮王朝時代の文学史の中では中国白話小説からハングル翻案小説への流れがあり，官話訳『天路歴程』から朝鮮語訳『텬로력뎡』への翻訳は，その白話小説のハングル翻案小説というジャンルに編入されたのである．このように，文体とジャンルと小説の内容とが緊密に結びついたことで，翻訳者は苦労を減らすとともに，読者は既存のハングル翻案小説を読むように違和感を抱かずに朝鮮語訳『텬로력뎡』を読むことができたといえよう．

　このように，日本と朝鮮にキリスト教を布教するために，漢字圏における既存の翻訳方法を積極的に活用した宣教師の戦略は，翻訳文献の伝播と受容のための重要な成功要因になったと考えられる．

第三章　メディア：キリスト教新聞における言文一致と読者層

一　小新聞における「俗談平話」的な志向

　それでは日本語訳「天路歴程意訳」の文体について詳しく論じたいと思う．野村剛史氏は明治初年期の口語体の印刷物を大きく二つに分類している[1]．一つは，西周『百一新論』をはじめとする，開化啓蒙ものグループである．もう一つは，明治 7 年（1874）の『読売新聞』創刊に始まる小新聞談話体[2]である．

　また，氏は以上の二潮流以外の口語体として，洋学書，小学教科書などに注目し，たとえば洋学書の中でキリスト教の「天路歴程意訳」（『七一雑報』明治 10-11 年）は，開化啓蒙ものの系譜の中に入れてよいように思われると述べている．

　本章ではこの「天路歴程意訳」が連載された『七一雑報』における言文一致と読者層を考えてみたい．特に，「小新聞談話体」との関係に注目し，明治初期のキリスト教新聞における文体の特徴を明らかにしたいと思う．

　そのために，まず第一節では明治初期の小新聞における「俗談平話」的な志向について探ることにする．「俗談平話」とは，『読売新聞』が明治 7 年（1874）11 月の創刊にあたって，宣言した文体のことである．

---

[1]　野村剛史「明治スタンダードと言文一致（2）──言文一致を中心に」［『言語情報科学専攻紀要』第 6 号（東京大学総合文化研究科，2007 年 3 月），35-38 頁］．

[2]　小新聞の文章を最初に「談話体」と名づけて研究したのは進藤咲子である．参考：進藤咲子「明治初期の小新聞にあらわれた談話体の文章」［『明治時代語の研究──語彙と文章』（明治書院，1981 年）306 頁］・［初出］同『国立国語研究所論集　ことばの研究』（秀英出版，1959 年）．

> 此新ぶん紙は女童のおしへにとて為になる事柄を誰にでも分るやうに書
> てだす旨趣でござりますから耳近い有益ことは文を談話のやうに認て御名
> まへ所がきをしるし投書を偏に願ひます．(1874年11月2日，第1号「稟告」)

 これは『読売新聞』が基本的な方針を明らかにした発刊の辞と受け取ることができる．「女童」という読者層を想定して，「文を談話のやうに認」た文体を採用したのである．
 また，創刊時には，「隔日」刊だったが，翌年5月からは日刊に移行する．その日刊への移行を伝えた明治8年 (1875) 4月30日の稟告欄では，この文体を「俗談平話」[3]と命名している．以下の引用文中の下線は引用者による．

> いよ〳〵此つぎより毎日に改ためまするが五月二日よりとかねて申上げ置
> ました通り来月一日は定式の休日なれどもこのたびにかぎり明日も摺た
> て配達をいたさせます
> 何とぞ皆さん相替らず御もとめ御覧下されたくまた以後は投書もおのづと
> 沢山出ますゆゑ婦子供に分りやすきやう俗談平話のごとく御認め御送り
> 下さりまし　　　　　　　　　　　　　　　　　　　　　　　　　社中拝

 津金沢聰廣はこのような"小新聞"が，明治新政権の開明政策による民衆教化・統制の一環として現実に機能し」ていたと論じて，小新聞が日本の新聞の発展を支えたと指摘している[4]．
 事実，明治政府は明治4年 (1871) の新聞紙条例以後，積極的に活版技術を導入し，活字を払い下げたり，新聞を官庁で買い上げたりして，新聞発行を奨励した．欧米諸国のような文明国になるためには，活版印刷技術により大勢の人にすばやく正確な知識や情報を伝える方法，すなわち新聞・雑誌という定期刊行物が必要であると考えたのである．
 とはいえ，初期の新聞には長続きせず短命に終わった新聞が多く，また『横

---

3) この「俗談平話」文体は『読売新聞』記者の鈴木田正雄が創始したとされる（「仮名読珍聞」『仮名読新聞』1879年2月9日）．
4) 津金沢聰廣『現代日本メディア史の研究』（ミネルヴァ書房，1998年）50頁．

浜毎日新聞』や『東京日日新聞』のようにうまく定着した新聞でも，明治5年（1872）から7年（1874）頃の一号あたりの発行部数は1000部から7000部程度で，当時3500万といわれた日本の人口のうち，ごく一部の人々にしか読まれない状況であった[5]．

新政権には，当時の新聞の不振を公文書や大新聞の難解さによるものだと嘆いた人々が少なからずいた．彼らは漢字廃止論など，新聞の表記や文体をわかりやすくすべきだという主張を繰り広げた．たとえばその一人，前島密は，全文仮名綴りの新聞『まいにちひらかなしんぶんし』を明治6年（1873）に創刊した．

だが，これらの試みは程なく挫折する．土屋礼子はその原因として，当時の日本語の言語状況における二つの根深い問題を挙げている[6]．一つは，漢字は廃止できても漢語を排除しきれないという語彙と文体の問題である．非知識人層を読者とするためには，漢字廃止論のように文字だけを問題にするのではなく，語彙と文体を問題の中心にすべきだという認識が教訓として残されたのである．

もう一つは，漢字は男が学ぶべき権威のある文字であり，漢字をくずした仮名は女子ども用の文字であるという考え方である．漢字という特権を得ている知識人男性はこれを手放そうとしないし，また新たに文字を学ぼうとする男性も仮名ばかりでは物足りなさを感じる．

まして，当時の新聞は高価で，それを買う余裕がある階層は漢字をある程度知っており，わざわざ平仮名で読む気にはならず，逆に仮名で新聞を読むべき階層には購買力がない．そのため『まいにちひらかなしんぶんし』は，実際には無料で配られ，事業としては失敗に終わった．

これに対し小新聞は，総振り仮名という方法を全面的に採用し，この問題を解決した．では，なぜ総振り仮名だったのか．進藤咲子は日本社会のリテラシイについて，まったく文字の読み書きのできない非識字層と，仮名の読み書きはできるが漢字の読み書きがあまりできない準識字層，そして漢字と仮名の両方を読み書きできる識字層という三層を設定している[7]．

---

5) 土屋礼子『大衆紙の源流——明治期小新聞の研究』（世界思想社，2002年）42頁．
6) 土屋礼子，前掲書64-65頁．

明治における近代的な新聞は，まず識字層向けの大新聞から出発し，次に小新聞が準識字層を読者に取り込もうとした．また錦絵新聞は，準識字層ないしは非識字層を読者に想定したと推定できる．

　そのため，明治7年（1874）『読売新聞』の創刊に始まる小新聞は，それまでの新聞が採用していた漢字片仮名交じり文体ではなく，漢字平仮名交じり文体を採用し，さらに漢字には振り仮名を付した．いかにして準識字層を読者に取り込むかというこの「リテラシイ」問題は，小新聞の文体を考察するにあたって重要な鍵になる．

　ここで第一に注目すべき点は，小新聞がほとんど仮名だけで表記する戯作のような文体を採用しなかったことである．振り仮名によって漢字の知識のない準識字層を読者に取り込む一方，漢字を捨てずに用いることで，ある程度漢字の知識を持ち，大新聞と小新聞をともに嗜む識字層をも読者に取り込んだのである．

　矢野文雄は，小新聞に見られる振り仮名付きの文章を「両文体」と名づけて，これを仮名だけの「仮名体」と漢字仮名交じりの「雑文体」とを比較して，次のように評価した．

　　抑モ両文体ナル者ハ実ニ意外非常ナル便利ヲ世人ニ与ヘシ者ニテ就中其ノ功ノ今日ニ大ナルハ振リ仮名新聞ニ及フ者ナシ是等ノ諸新聞ハ日々ニ幾十万枚ヲ発兌シテ広ク世ニ行ハレシムルハ世人ノ知ル所ナリ〔中略〕故ニ両文体ハ仮名体ト漢字体トヲ兼ネタルモノニテ甲ニ対シテハ仮名体ト為リテ通用シ乙ニ対シテハ雑文体ト為リテ通用シ同ジ一人ノ身ニ取リテモ始メハ仮名体ト見エ後ニハ雑文体ト見ユ斯ル一種ノ便利ナル文体ヲ世ニ盛ナラシメシガ故ニ昔ナラバナカ〻漢字ヲ読ミ得ザル婦人子供迄モ今ハ容易ク日々是ヲ学ビ得ルノ世ト為レリ是則チ両文体ニ圧セラレテ仮名体ノ世ニ行ハル〻ヲ得ザル所以ノ一ナリ8)

---

　7)　進藤咲子「明治初期の言語の生態」[『明治時代語の研究──語彙と文章』（明治書院，1981年）156頁]・[初出] 同『言語生活』90号（筑摩書房，1959年3月）．
　8)　矢野文雄『日本文体文字新論』（報知社，1886年）[斉藤利彦・倉田喜弘・谷川恵一（校注）『教科書　啓蒙文集』（新日本古典文学大系明治編11，岩波書店，2006年）441-442頁]．

準識字層の甲は振り仮名を読み，識字層の乙は漢字仮名交じり文を読む．また同一個人の場合でも，まだ学習が進んでいない若年者は振り仮名を読み，知識の進展とともに漢字仮名交じり文に移行してゆく．このような様子を矢野文雄は的確に指摘している．

第二に注目すべき点は，小新聞が口語的な談話体を採用したことである．俗語の傍訓と「ます」という文末で語りかける小新聞の文体は，読者にとって記者の話を聞くような感覚で理解できる．文字に習熟しない読者にも理解できるという点から，これは第一の「リテラシイ」問題とも関わっている．

ここでいう俗語の傍訓とは，漢字に振り仮名を振ることで，日常的な言葉として理解させる工夫がなされていたということである．その振り仮名は音読みや訓読みを示すばかりではなく，たとえば「旨趣（つもり）」「有益（ためになる）」(『読売新聞』創刊号稟告) のように，より日常的な俗語による傍訓も施され，文字に習熟しない読者にも理解できる文字面を創り出していた．

振り仮名を読む時には意味が通っても，振り仮名を取った時には読みがぎこちなくなる部分も見られる．これは，もともと振り仮名を読むように書かれた文章だったからだろう．話し言葉が主で，文章は従なのである．

このような口語性の重視は，国立国語研究所が行った語種の調査によって確かめられる[9]．この調査は，明治10年（1877）11月から明治11年（1878）10月までの1年分の『郵便報知新聞』紙面から標本調査した約3万語と，明治11年（1878）7月から明治12年（1879）6月までの1年分の『読売新聞』『東京絵入新聞』紙面から標本調査した約8000語を分類したものである．その分析によれば，大新聞では漢語が和語の倍以上見られ，小新聞では逆に漢語より和語の方が多い．漢語に同音異義語が多く，耳で聞いただけではわかりにくいという日本語の問題点になっていることを考えれば，和語の多さは音声言語にした時の理解のしやすさを高める工夫の現れである．

---

9) 国立国語研究所（編）『明治初期の新聞の用語』(国立国語研究所，1959年)，同「明治時代語の調査研究」『国立国語研究所年報』12号（国立国語研究所，1961年10月)，同「明治時代語の調査研究」同13号（国立国語研究所，1962年10月)，同「明治時代語の調査研究」同15号（国立国語研究所，1965年1月)，梶原滉太郎「大新聞・小新聞の語彙」[佐藤喜代治（編）『講座日本語の語彙　第六巻　近代の語彙』(明治書院，1962年)] を参照されたい．

小新聞は，古語に縛られた訓読みや漢文の古典訓読による音読みを避けて，日々の暮らしの中で口にされる俗語を漢字と引き合わせて，新たな訓を生み出そうとした．このような試みが小新聞の書き手にも十分意識されていたことを『仮名読新聞』の仮名垣魯文は次のように語っている．

> 抑新聞に傍訓を添ふる者は字音も共に俗訓とすべきは勿論なるをナンボ漢語流行の時世なりとて漢語に漢語の仮名をふらば文字は読めても義が解らず解らぬ者を訓くが即ち傍訓新聞の依て来る所ならん歟[10]

　当時，新聞は音読するのが通例であり，新聞縦覧所での音読や解話会での読師の存在に見られるように，自分で直接読まずに耳から新聞を聞く読者が多数存在した．路上で声を張り上げて新聞を売る呼び売りの時代に小新聞が登場したことも興味深い．この呼び声に釣られた一枚買いの「聞く」読者が，小新聞の大きな収入源になっていた[11]．

　以上のような小新聞の成功要因は，二つにまとめられる．一つは，リテラシィの問題の解決，すなわち識字層と準識字層をともに読者に取り込んだことである．もう一つは，口語性を重視した小新聞には，識字層，準識字層のほかにも，読み上げられるニュースを聞く「読者」もいたということである．

　これにより，当時小新聞の波及力は小さくなかった．その発行部数は大新聞を凌駕して，『読売新聞』創刊翌年の明治8年（1875）には1万部に達していた．また，当時の新聞は決して安い品物ではなく，新聞縦覧所の存在に見られるように，共同購入の対象になっていたほどなので，購入された新聞の読者は当然ながら一人ではなかった．その上，毎日発行され続けることに鑑みると，当時の小新聞の波及力は想像できる．

---

10)　「東京顕微鏡」『魯文珍報』第16号，1878年5月30日．
11)　山本武利『近代日本の新聞読者層』（法政大学出版局，1981年）71頁．

二 『七一雑報』の編集方針——平易な文体への志向

『七一雑報』は日本のキリスト教界における最初の定期刊行物として，明治8年（1875）12月27日から明治16年（1883）6月26日までその名のとおり毎週1回発行された．その内容はキリスト教についての記述ばかりではなく，海外情報や西欧文物を紹介するものもあり，文明開化の先駆けをなしたとされる．特に初期の『七一雑報』にはキリスト教精神に基づく文明開化思想を広めようとする意図が強く表れていることはすでに先行研究によって指摘されている[12]．

『七一雑報』はそもそもアメリカン・ボード（The American Board of Commissioners for Foreign Missions）[13]の神戸在留宣教師 O. H. ギューリック（Orramel Hinckley Gulick, 1830–1923）[14]が企画し，経営・編集しようとしたものであった．ところが，明治8年（1875）6月28日公布の「新聞紙条例」（第4条）で，外国人の新聞発行が認められなくなったため，日本人の名義で出願され，「口上」に見られるように官許を得たわけである．

> 私し共此度七一雑報といふ新聞を出版せんと志ざせしに，既に官許を得たれば，今試みに第一号を印刷し，第二号よりは年を改ため，第一月中旬を始めとし毎週一度出版致し，広く諸人の求めに備へんことを冀ふ
> 　　社長　敬白（明治8年（1875）12月27日第1号「口上」）

---

12) 笠原芳光「週刊紙としての「七一雑報」」［同志社大学人文科学研究所（編）『「七一雑報」研究』（同朋舎，1986年）23, 43頁］．竹中正夫「「七一雑報」の論説の研究」［同志社大学人文科学研究所（編），前掲書55頁］．

13) ABCFM．会衆派系の外国伝道局．1810年米国ニューイングランドにおいて外国伝道を支援するために作られた教団．日本では日本基督伝道会社（1877年）と日本組合基督教会（1886年）の設立をもたらし，学校教育や社会事業に力を入れ，同志社，神戸女学院，梅花学園などを創立させた．参考：日本キリスト教歴史大事典編集委員会（編）『日本キリスト教歴史大事典』（教文館，1988年）以下同．

14) アメリカン・ボード派遣の宣教師．1871年（明治4）3月妻とともに来日，72年京都博覧会に際して京都に赴き，滞在を策したが失敗した．神戸中山手に移住，75年（明治8）12月から『七一雑報』を創刊，これを主宰し，83年（明治16）6月（第8巻25号）まで文書伝道を展開した．同紙の廃刊後新潟伝道を始め，さらに岡山，熊本に移り，92年7月離日するまで地方伝道にあたった．

また，新聞紙条例（明治8年（1875）6月28日公布・第6条）に定められた新聞発行機関の所在地ならびにスタッフを創刊号の紙尾で以下のように示している．

　　本局　神戸中山手通六丁目一番　雑報社
　　　　　　　　社長兼　印刷　　今村謙吉
　　　　　　　　編輯長　　　　　村上俊吉

　神戸バンド[15]と呼ばれる今村謙吉と村上俊吉については後述することにしたい．こうして『七一雑報』は文明開化思想の普及を目指し，誰にでも理解できるように平易な文体を旨とした．たとえば，明治8年（1875）12月27日の創刊号の「論説」に編集方針として，「いろは四十八文字さへ知ていれバ後は読手の考かへにて解るやうに致します趣向故 向 裏の七兵衛さんでも 隣 町の八兵衛さんでもお松さんでもお竹さんでも亦は僻ひの 百 姓 衆でも此新聞しをよんで 開 化の仲間入をなさる様にお 頼 申します」とあることはよく知られている．

　『七一雑報』についての研究は，日本の近代史研究や新聞・雑誌研究，キリスト教史研究など多方面から行われている[16]にもかかわらず，その文体につい

---

15) アメリカン・ボード派遣のグリーン（Daniel Crosby Greene, 1843-1913），ディヴィス（Jerome Dean Davis, 1838-1910），ギューリックなどの「神戸ステーション」につらなる松山高吉，今村謙吉，村上俊吉，前田泰一らをその人脈および活動の広がりの質と量との点で，他の「横浜バンド」「札幌バンド」「熊本バンド」に負けずとも劣らぬ一大集団として「神戸バンド」と名付けている．神戸を中心として宣教師団の周りに英語や海外事情などを学ぼうとした青年たちが集まり，1872年（明治5）12月1日にそのうちの有志8名が各自金3円也を出し合って，宇治野村（現在の神戸市下山手通2丁目）に一軒の借家を借りて学校をつくった．そのメンバーとは，岡田実，阿部昇三，堀希一，須川二郎，倉谷藤平，前田泰一，松山高吉（関貫三），影山耕三（松山高吉の兄で元スパイ）で，主任教師はディヴィス，聖書講義にはグリーン自身があたった．いわゆる宇治野村英語学校である．グリーンたちは宇治野村英語学校や神戸女学院の前身である私塾を始め，さらに1873年（明治6）2月のキリスト教禁制の高札撤去を契機として，積極的に日本人を対象とした宣教活動に着手した．そこで学んだ生徒たちの数名はディヴィスにしたがって京都へ行き，同志社英学校の最初の学生となる．ディヴィスの新島襄への協力は，アメリカン・ボードの宣教師団の決定に基づいた行動であったわけである．参考：山口光朔「解説──「七一雑報」刊行の歴史的意義」『七一雑報』復刻版（不二出版，1988年），解説・総目次・索引8頁］．

16) 同志社大学人文科学研究所（編）の『「七一雑報」の研究』（同朋舎，1986年）に主な先行研

ての研究は竹中正夫が「「七一雑報」の論説の研究」の中で部分的に取り上げた[17]にとどまっている．しかし，文明開化思想の普及という『七一雑報』の趣旨と，その文体との密接な関連性に鑑みると，『七一雑報』の研究において文体研究は欠くことのできないテーマではないか．

そこで，第二節では『七一雑報』の文体の特徴を明らかにするために，論説欄と投書欄を読んでいきたい．特に，その編集方針及び文体について論じた言説を中心に探ることによって，『七一雑報』の文体研究への糸口にしたいと思う．

ちなみに，こうした論説と投書は具体的にどのような文体で綴られているのか，また，投稿している読者はどのような階層や地域に属しているのかも扱うべき問題であろう．それに関しては第五節で後述することにし，ここでは編集方針及び文体について論じた論説と投書の内容を中心に探りたい．

まず，『七一雑報』は創刊にあたってどのような文体を旨としたのであろうか．明治8年（1875）12月27日の創刊号の「論説」を見てみたい．

日本国中の男も女も平均したら其中で新聞紙やお布告書なぞを差支なく読通例の字読が何程ありましよふか七分三といふたいが少と六ヶ敷ございましよふ而て見ると是から先の小供は追々稽古して字読になるとした処が今差当り稽古の時節が遅れた多くの人〳〵が草双紙や浄瑠り本は読でも為になる教へだの外国の模様だの先生方の論説だのを聴ことが出来ませんでは文明開化の仲間はづれにて世間せまい斗かりでなく報国トか申す赤心も起らねば子を教しゆるの愛心もかへない訳でございましよふ夫故此新聞紙には投書の外成る丈解りよく平たい語で先生方の高談やら世の人の為になるコトもかきいろは四十八文字さへ知ていれバ後は読手の考かへにて解るやうに致します趣向故向裏の七兵衛さんでも隣町の八兵衛さんでもお松さんでもお竹さんでも赤は僻ひの百姓衆でも此新聞しをよんで開化

究が収録されている．具体的に「日本近代史における「七一雑報」」「週刊紙としての「七一雑報」」「「七一雑報」における教育観」「「七一雑報」の保健衛生・レクリエーション関連記事について」「「七一雑報」における東京伝道」などがある．

[17] 竹中正夫「「七一雑報」の論説の研究」前掲論文51-81頁．

の仲間入をなさる様にお頼申します然し日本には今迄をつな解かあつて彼の漢学先生が仮名交りの物を俗だトかいつて忌らいましたが其僻か残つていて未だに僻郵の書生さんなんぞには此様な連中がありますか夫は誠に開けぬこと元来文字は己の意を向の人へ達せる機械でありますゆへ解りよいのが注意でごございます然し一方なら申せばチンフンカンの漢語交りは語が広つて文章か簡易書よいばもありませふが仲間はづれの出来のか本意でもあり升まい併し亦平たい語で六ヶ敷道理か書ぬといふ筈もありませんからこの新聞紙はいろはッこ斗りでなく字議りのおかたが御覧になつてもご損にはなりますまい

　ここで論者は，当時準識字層——草双紙や浄瑠璃本を読む読者層——が新聞紙やお触れ書きなどを読めないので，有益な情報，外国の様子，先生の論説に触れる機会がない現実を嘆いている．そのために『七一雑報』は文明開化の情報をわかりやすい文体で伝え，準識字層を啓蒙しようとしたのである．
　また，わかりやすい文体とは，具体的には「仮名交じり」のことであり，その文体を俗だと嫌うのは開化されていない態度だと非難しつつ，文字は意味伝達のための道具であるから，わかりやすさが最も肝心だという言語観を表明している．とはいえ，最後に字知りの識字層にも『七一雑報』の読者になってくれるように呼びかけることも忘れてはいない．
　創刊号に続いて文体についての編集方針をうかがうことができるのは，社長である今村謙吉（1842-1898）[18] の第1巻5号（明治9年（1876）2月4日）の論説「文字改正の説」である．

---

18) 福音社社主．金沢藩に生まれる．慶應義塾卒業後，高知で英語教師をしたのち大阪に出，1874年（明治7）大阪梅本町公会で宣教師ゴルドンより受洗．神戸で75年（明治8）12月『七一雑報』を創刊，83年（明治16）『福音新報』と改題．80年（明治13）福音社を創業，84年（明治17）大阪に移転し，印刷・製本も兼業し，キリスト教書の出版販売を営む．大阪教会，梅花女学校のためにも奉仕．97年（明治30）病に倒れ，社業を矢部外治郎に譲り，翌年東京で死去．福音社社員であった福永文之助は1888年（明治21）東京福音社を興し，警醒社書店主となり，今村の遺業を継いだ．

文字改正の説　今村謙吉

其主意は漢語交じりの文章は余り六ケしきゆへ最少し簡便にしたひといふ意にて実に人々知識を開くには尤とも肝要のことなりなぜなれば結構な書籍やめづらしき新聞紙が沢山できても漢字を知らぬ人々には少しも益に立ず赤漢字を学ぶには時間もかゝり骨も折れますゆへ稽古のできる者は学費に差つかへぬ日間人ばかりにて御布告や新聞紙に仮名づけがないなれば中からい下の人々には大てい読みかねますよしや仮名付けが在れば読まれるにもせよ我が思ひを人に告るには仮名でなければ書けぬゆへ文字改正の始まらずは国中の人民が普ねく読み書するやうには何程おかみの命せが厳くても学校のお世話が行届ひてもなか〳〵六ケしいことでありませふ

今村はここで，漢語交じりの文章は難しいので，より簡便にすべきだと，当時盛んだった「文字改定の説」に賛成している．御触れや新聞紙に仮名付きがなければ，平均以下の教養しか持たない人々は読むのが難しいと，当時のリテラシイとメディアの対応関係の問題点を指摘している．

引用文では省略したが，今村はその解決策として西洋文字を用いるのは時期尚早であるので，平仮名を捨てずに日本語の辞書を作り，文体を定めるとともに，師範学校や小学校で西洋文字の読み書きを教え，徐々に書籍を西洋文字に改めることを提案している．

こうした編集部の文体論に対する読者の反応はどうだったのであろうか．今村の論説と同紙面の投書欄では松山高吉（1847-1935）[19]が「七一雑報第一号論

---

19) 聖書邦訳者，教育者．新潟県糸魚川に松山忠章の子として生まれる．幼少より国学および漢学を学び，1869年（明治2）には京都白川家学館で国史，律令，格式を修め，71年（明治4）東京で黒川真頼につき国学を学ぶ．平田派神道の立場からキリスト教に反対し，72年（明治5）関貫三と変名し神戸でグリーンの英学塾に潜入して聖書を学ぶうちにキリストの救いに目が開かれ，74年（明治7）4月グリーンより受洗，摂津第一公会（現・神戸教会）を設立した．同年S. R. ブラウン，ヘボン，グリーン，奥野昌綱らとともに米国聖書協会から聖書翻訳委員に任命され横浜で新約聖書の日本語訳に着手し84年（明治17）完了．のち神戸教会牧師となる．84年旧約聖書翻訳委員となり87年（明治20）に邦訳完了．漢文体，雅文風また俗文体は聖書にふさわしくないと考え，中庸を得た荘厳な文体を工夫した．87年京都の平安教会牧師に就任．91年（明治24）同志社教授．96年（明治29）平安学院で倫理，国史を教える．組合教会内に自給独立運動が起こった時宣教師に非礼であると97年（明治30）聖公会に移った．

説の贅言」という題目で投稿している．

　　○七一雑報第一号論説の贅言　越後　松山高吉
　さいはひに貴社の高見こゝにあれば余と憂をおなじうする者の如し．わが
　鄙懐を慰ることはなはだし．それ世におこはるゝところの新紙を閲る
　に平易の普通文なきにはあらざれどもその平易のところはをほく犯姦
　賊盗などの事にして旨要なる論議にいたりては漢語なかばにすぐ剰さへ故
　事の語などひきゝたてり飾れるさへあればすこしく漢字をよみうるものも
　尚よみきたりてその意を了るあたはず遂に全論をむなしうをるあり況や漢
　字を解ざるものにをいてをや惟目にとゞまるところは瓦石の碎屑のみ
　金王の光はかくれてみることを得せしめず．このゆへに人のあるひは
　世道をあやまらんことを恐る．願くは世の仁人おもひを茲に細うし筆を高
　閣にとるの際つとめて文字を平易し文詞を普通にとり議論を精確にし智
　なるも愚なるもともに益あらしめんことをせよ

　ここでは省略したが，投書者は当時の新著書や新聞は人々に知恵を与えて，世を開化に至らせる道具であると認める一方，その文体が難解であるせいで，内容を読み取れるのは10人の中で2人，3人に過ぎないと指摘している．こうした状況において，識字層はますます知識を増やしていき，それの以外の人々はますます愚かになると，その格差を嘆く．

　その後引用文が示すように，『七一雑報』は自分の憂いに同感しているようだと喜んでいる．『七一雑報』にはわかりやすい文体で文明開化の議論を明瞭にしてほしいと，松山は述べている．

　松山高吉の投書は次の号（第1巻6号，明治9年（1876）2月11日）に続く．ここで松山は，より具体的に自分の言語観を表明している．すなわち，欧米のように文明を成し遂げた国も26字しか持っていないのだから，学問においては文字の多さではなく知識の多さが重要であり，わかりやすい文体で多量の知識を伝えることを目指すべきだということである．また，文字を宝倉の鍵に喩えて意味伝達の道具とみなし，そのわかりやすさを重視する態度は『七一雑報』創刊号の論説と相通じるといえよう．

彼が洋学を広めるに適切だと判断した文体は具体的に二つである．まず一つ目に関して「我(わが)いま望(のぞむ)ところは一向に〇いろは〇文字(もじ)をもて文章(ぶんしょ)をつゞるを可(よし)とし人の常(つね)ゞもちいるところの漢字(かんじ)をも併(あはせ)すてんとにはあらず惟(た)をほくの目(め)にふれやすきをもとむるのみ」と述べている．これは漢字平仮名交じり文体を指すのであろう．
　もう一つに関しては「如此(かくれば)あなかちに古(いにし)へに雅言(よきことば)をもとめずとも人のよくしれるとこころの鄙俚(いやしげ)ならざるもさをゑらまば難なかるべし」のように，古い言葉ではなく，当時通用している言葉に基づいた文体が望ましいと主張している．
　松山高吉はその後も第1巻13号（明治9年（1876）3月31日），14号（同年4月7日）で「仮名づかひとでにをははたゞしくせねばならぬ事」（ママ）という題目で横浜から投稿している．2回にわたるその投書では，仮名文字を漢字や英語と比較しながら，著書新聞雑誌等で重要なのは文章であり，文章で重要なのは語法辞格の正しさであると，より発展した仮名論を述べている．当時彼は米国聖書協会から聖書翻訳委員に任命され，横浜で新約聖書の日本語訳に着手していたので，仮名の使用を増やすためには，文法を整備する必要があると痛感していたのであろう．
　松山高吉の他にも，明治9年（1876）9月1日（第1巻35号）の雑話欄に「改革論」，同日の投書欄に「文字ノ説」，明治9年（1876）10月13日（第1巻41号）の投書欄「当時の文章に古文古語を用い可らざるの論」など，当時の文字論，文体論をふまえた上で『七一雑報』の文体を論じた記事は多く見られる．
　さて，こうした編集方針と，それに対する投書者の意見は，『七一雑報』の実際の紙面でどのように実現されていたのか．次の節では「天路歴程意訳」の連載を分析していきたいと思う．

三　漢語の借用と俗訓

　「天路歴程意訳」は『七一雑報』に明治9年（1876）4月14日（第1巻15号）から明治10年（1877）8月24日（第2巻34号）まで連載された．第三節ではその翻訳文体について論じたい．
　「天路歴程意訳」が連載された時期の『七一雑報』の記事はおもに「雑話」

と「投書」によって構成されている．開化への参加を庶民に呼びかけた論説は，創刊号（明治8年（1875）12月27日）から14号（明治9年（1876）4月7日）まで続けられたが，偶然にも第1巻15号から第2巻37号まで，72回にわたって中断されていた（第1巻30号，36号，37号を除く）．

論説のない『七一雑報』は，諸外国の事情や最新の文明の知識を紹介する開化論に始まり，多少の見解を述べた小論が「雑話」の中に繰り込まれている．さらに，第1巻15号から「天路歴程意訳」が連載されている．

翻訳者については『七一雑報』には明記されていないが，吉野作造と高村新一の調査により，編集長の村上俊吉（1847-1916）[20]であったことが明らかにされている[21]．

さて，「天路歴程意訳」第1回の掲載にあたって，次のような説明が付されている．

　天路歴程といふ書は千七百年代英人のジョンバンヨンと云人が宗教のために苦しみを受け十弐年のあいだ獄につながれしとき獄のうちにて著はしたる書にして原名を「ピルクレムス・プログレス」と名づけたる夢物がたりの書なり　抑此書は世界各国の信者が最も愛顧ところの者にして既に四十余ヶ国の国語に翻訳せられたる程の古今まれなる珍書なれば出

---

20) 相模国小田原の藩医，村上貸庵の末子に生まれる．15歳の時摂津国三田藩士村上恒庵の養子となった．同藩主，九鬼隆義は西洋化を歓迎し，俊吉を福沢諭吉のもとに学ばせる．三田帰郷後，神戸の宣教師らと交友．1875年（明治8）5月，新島襄の京都の同志社英語学校の創設に協力したディヴィス（Jerome Dean Davis, 1838-1910）から受洗．同年12月『七一雑報』の発行に際し編集長となり，ギューリック（Orramel Hinckley Gulick, 1830-1923）と今村謙吉（発行人）に協力する．1876年（明治9）聖書講義所（のちの兵庫教会）が発足すると，その伝道師となり，翌年按手礼を受けて，日本組合基督教会では澤山保羅に次ぐ2人目の牧師となる．「神戸基督教青年会」（神戸YMCA）の発起人の一人でもある．また彼が司牧する摂津第四公会（のちの日本組合兵庫基督教会，現在日本基督教団兵庫教会）は神戸YMCAのモデルともいえる青年信徒による伝道活動の成果の一つとして生まれた教会であった．『福音新報』の編集にもあたり，さらに日本組合須磨基督教会（現在日本基督教団須磨教会）を創設し，大正5年（1916）に没した．組合教会の指導者として終生新島襄らに協力した．自伝『回顧』がある．
21) 吉野作造「天路歴程の邦訳に就て」[『閑談の閑談』（書物展望社，1933年）121-123頁]・[初出]「天路歴程の邦訳に就て」『愛書趣味』（愛書趣味社，1929年1月），高村新一「『天路歴程』邦訳史（一）」4-7頁．

版ごとに壱章づゝ意訳して婦女子の御覧に備へませふ（第 1 巻 15 号, 明治 9 年（1876）4 月 14 日）

　この引用文が示すように，「天路歴程意訳」の連載にあたって，『七一雑報』は婦女子の読者でもわかるような平易な文を目指しており，その方針は雑誌の編集方針と相通じている．そのため，「天路歴程意訳」は漢字平仮名交じり文体と総振り仮名になっている．

　この連載は明治 12 年（1879）に佐藤喜峰によってわずかに手を加えられた形でまとめられ，単行本『意訳天路歴程』として出版された．その単行本の緒言にも「原稿モト婦女子ノ為メニ訳セルモノナレバ俗耳ニ入リ易キヲ本旨トス故ニ俚語ヲ用ヒ又，」とあり，『七一雑報』の啓蒙的志向は引き継がれている．

　ちなみに，『七一雑報』では，明治 12 年（1879）11 月 14 日と 11 月 21 日に 2 回にわたって『意訳天路歴程』の刊行について「広告」を出している．

> 天路歴程　平かな文　〔前略〕今和訳するもの婦女子にも読み易からん為に意訳にしてかな文なれバ何人も競ふて之を閲し給へ其天道に歩まんとするものになくてハならぬ訓導の益書なり願ハ各都各郷声を伝へて御購求早くも其有益の分福を得給ハん事を

　いずれにしても，婦女子を読者層にして漢字平仮名文体と俗語を用いることを心掛けている様子がうかがえる．

　それでは，「天路歴程意訳」の例文を挙げたいと思う．ただし，日本語訳は中国語訳である文言訳『天路歴程』（上海美華書館，1869 年）を原テクストにして翻訳しているので[22]，以下の文言訳の引用はこれによる．また，日本語訳の場合，『七一雑報』の訳文を引用し，〔　〕の中で『七一雑報』と異なる単行本の訳文を表示した．単行本は明治 12 年（1879）版[23]を用いる．第二章で前述したように，原文は Bunyan, John. *The Pilgrim's Progress*. Philadelphia, Clax-

---

22) 美華書館の文言訳（1869 年版）が村上訳「天路歴程意訳」の原テクストであることは，吉野作造の前掲論文によって明らかになっている．
23) 『意訳天路歴程』（東京，1879 年）同志社大学図書館蔵．

ton, Remsen & Haffelfinger, 1869 による．

原　　文：The neighbours also came out to see him run, Jer. 20: 10. and, as he ran, some mocked, others threatened; and some cried after him to return. Now, among those that did so, there were two that resolved to fetch him back by force: the name of the one was *Obstinate*, and the name of the other *Pliable*. (p. 16)

文 言 訳：時隣右亦出観之，見其疾走，或有譏誚之，或有怒喝之，亦有呼之返者，中有両人，決欲力強之返，其名即錮執易遷，（巻一，一ウ）

日本語訳：時に近隣の人達も共に〔共に〕出て観て〔みて〕おりましたが彼の人の疾走を見て〔みて〕譏誚ものもあれば〔ハ〕怒喝者もあり亦は呼かへすものもありましたが其うちの両人の人が〔か〕何でも呼かへさねばならぬとて後から追かけました此両人ハ一人は錮執一人は〔ハ〕易遷といふ名の人なり〔．〕（第1巻16号，明治9年（1876）4月21日）

第一に，この引用文における「錮執」と「易遷」という人名の翻訳語に注目したい．『天路歴程』の訳者が最も苦労した問題の一つは，人名・地名の訳語であろう．これらはアレゴリーであるから，表す意味が正確に伝えられることが求められる．日本語訳における人名・地名の翻訳語は概ね文言訳の漢語にしたがっているが，すべてそのまま踏襲しているわけではない．たとえば原文の"Mistrust"は文言訳では「懐疑」であるが，日本語訳では「疑の助」と日本の人名らしくしてあり，"Timorous"の文言訳は「心驚」であるが，日本語訳は「臆病左衛門」である．ただし，このように大胆に日本風に直した例は稀であり，大概は文言訳にしたがいつつ，時に振り仮名で和語化している程度である．たとえば，上の引用文のように"Pliable"の文言訳「易遷」に「うつりぎ」，また"Talkative"の文言訳の「唇徒」に「くちばかり」と振り仮名をつけている．これを俗訓といえるだろう．

そこで，日本語訳『天路歴程』の人名・地名のうち，1869年の文言訳の人

名・地名をそのまま音読みしたものを除いて，訓読みと俗訓を工夫したものに注目したい．なお，村上訳の訳語傾向を明らかにするために，明治19年（1886）のホワイト訳『天路歴程』[24]の訳語を参考として対照させた．＊は単行本や『七一雑報』の縦書きの左訓である．

次の表1が示すように，村上訳においては，50個の人名・地名に関して，文言訳の訳語の音読みなど単純な借用を避け，訓読みや俗訓を施している．たとえば，例4の"Mr. Worldly Wiseman"は文言訳では「世智」であるが，村上訳では「世智助(せちすけ)」のように日本の人名らしくしてあり，前に例を挙げた「臆病左衛門(びょうきえもん)」，「疑の助(うたがいすけ)」などと同様である．

こうした日本式の人名化の工夫はホワイト訳においてはより顕著である．たとえば，例2の文言訳の「易遷」は村上訳では単に「易遷(うつりぎ)」のように，同じ漢字に振り仮名を付けただけであるが，ホワイト訳では「柳太郎(りうたろう)」のように，より日本式の人名で訳している．例7の「懶介(らんすけ)」，例20の「高助(たかすけ)」，例31の「酷兵衛(こくべえ)」，例32の「難右衛門(なんうえもん)」なども同様であるといえよう．

また，例5のように，村上訳は"Salvation"の文言訳「拯救」に，その二つの漢字のうち重要なほうを訓読みして，「すくい」と振り仮名を付けている．例6の「愚戇(おろか)」も同様である．

次に，例7，例8，例17のように，同じ人名に場面によって異なる振り仮名を付けているケースもある．つまり，文言訳の「懶惰」は村上訳では「懶惰(ぶせう)」と「懶惰(なまけ)」という二つの訳語が混在している．また，文言訳の「自恃」も村上訳では「自恃(かうまん)」と「自恃(じまん)」という二つの訳語が混在している．そして，例17のように，文言訳の「居謙」を場面によって「居謙(きょけん)」と音読みの振り仮名を付けたり，「居謙(へりくだり)」と訓読みの振り仮名を付けたりする場合もある．

訓読みは単語に限るものではない．例14の「死蔭」が「死蔭(しのかげ)」へ，例21の「世栄」が「世栄(よのさかえ)」へ翻訳された例のように，振り仮名が句の形になっている．さらに，例24の「悪善」から「悪善(ぜんをにくむ)」へのように，一つの文章になっている場合もある．

さて，第一節で述べた，小新聞における日常的な俗訓の使用の例を，表1の

---

24) W. F. White『天路歴程』初版（倫敦聖教書類会社，1886年），国立国語研究所貴重書庫蔵．

表1　人名・地名の比較

	英　　　語	文言訳	七一雑報（単行本）	ホワイト訳
1	Obstinate	鋼執	鋼執(かたや)	頑六(ぐわんろく)
2	Pliable	易遷	易遷(うつりぎ)	柳太郎(りうたらう)
3	Christian	基督徒	基督の徒(きりすとのと)（キリストノト 基督徒）	従道(じゆうだう)
4	Mr. Worldly Wiseman	世智	世智助(せちすけ)	浮世才助(うきよさいすけ)
5	Salvation	拯救	拯救(すくひ)	救済(きゆうさい)
6	Simple	愚戇	愚戇(おろか)	鈍六(どんろく)
7	Sloth	懶惰	懶惰(ぶせう), 懶惰(なまけ)	懶介(らんすけ)
8	Presumption	自恃	自恃(かうまん), 自恃(じまん)	慢八(まんぱち)
9	Danger	危険	危険(あやうし)（危険＊あやうし）	厄難(やくなん)
10	Destruction	敗亡	敗亡(ほろぶ)（敗亡＊ほろぶ）	亡滅(ぼうめつ)
11	Timourous	心驚	臆病左衛門(おくびょうざえもん)（臆病左衛門(おくびょうざえもん)）	臆助(おくすけ)
12	Mistrust	懐疑	疑の助(うたがひのすけ)	疑介(ぎすけ)
13	Apollyon	亜波淪	亜波淪(アポロ)（アポリオン）	アポリオン
14	The Valley of the Shadow of Death	死蔭	死蔭(しのかげ)（死蔭(しのかげ)）	死蔭(しいん)
15	The Lust of the Eyes	世貪	世貪(むさぼり)	観欲(くわんよく)
16	The Pride of Life	世驕	世驕(おごり)	齢傲(れいごう)
17	The Valley of Humility	居謙	居謙(きよけん), 居謙(へりくだり)	謙遜(ゆづり)
18	Discontent	難足	難足(あしまく)	難平(なんぺい)
19	Arrogancy	驕傲	驕傲(おごり)	傲蔵(かうざう)
20	Self-Conceit	自高	自高(たかぶり)	高助(たかすけ)
21	Wordly Glory	世栄	此栄(このよのさかへ)（世栄(よのさかえ)）	栄治(えいぢ)
22	Talkative	唇徒	唇徒(くちばかり)	弁蔵(べんぞう)
23	Vanity Fair	虚華	虚華(から)	虚楽(きよらく)
24	Lord Hate-good	悪善	悪善(ぜんをにくむ)	嫌善公(けんぜんこう)
25	Mr. Blind-man	瞽者	瞽者(めしい)	盲蔵(もうぞう)
26	Mr. Malice	怨恨	怨恨(うらみ)	無理作(むりさく)
27	Mr. Live-loose	恣肆	恣肆(きまま)	蕩六(たうろく)
28	Mr. Heady	急悍	急悍(きみじか)	気三(きざう)
29	Mr. Enmity	怨妬	怨妬(ねだみ)	怨平(えんぺい)
30	Mr. Liar	説謊	説謊(うそつき)	虚七(うそしち)

	英語	文言訳	七一雑報（単行本）	ホワイト訳
31	Mr. Cruelty	残忍	残忍（むごき）	酷兵衛（こくべゑ）
32	Mr. Implacable	恒怨	恒怨（ごうえん）	難右衛門（なんうゑもん）
33	Fair-speech	巧言	巧言＊コトバヲヨクス（巧言）（こうげん）	巧言侯（かうげんこう）
34	My Lord Turn-about	機変	機変＊タクミニヤワル（機変）（きへん）	応変侯（おうへんこう）
35	My Lord Time-server	附時	附時＊トキニツク（附時）（ふじ）	随時侯（ずいじこう）
36	Mr. Smooth-man	令色	令色＊イロヲヨクス（令色）（れいしょく）	令色君（れいしょくくん）
37	Mr. Facing-both-ways	両向	両向＊リョウホウム（両向）（りょうほう）	両面君（りゃうめんくん）
38	Mr. Anything	悉可	悉可＊ミナヨシトスル（悉可）（しつか）	皆可君（かいかくん）
39	Mr. Two-tongues	両舌	両舌（にまいした）	両舌（りゃうぜつ）
40	Mr. Hold-the-world	固財	固財（固財）（にぎりて）	世利蔵（せりぞう）
41	Mr. Money-love	嗜金	嗜金（嗜金）（かねつき）	金吉（きんきち）
42	Mr. Save-all	珍物	珍物（ものずき）	貯介（ちょすけ）
43	Mr. Gripe-man	漁利	漁利（漁利）（かぶせとり）	高利（かうり）
44	Coveting	貪心	貪心（貪心）（むさぶり）	貪欲（たんよく）
45	Love-gain	好利	好利（よくふか）	射利（しゃり）
46	Ease	安逸	安逸（やすらか）	安気野（あきの）
47	Lucre	財山	財山（たからのやま）	宝山（ほうざん）
48	Demas（Gentleman-like）	底馬	底馬（底馬）（でます）	デマス（礼貌者）（にせのきにん）
49	The Flatter	黒漢	黒漢（くろはん）	黒僕（くろものこ）
50	Atheist	罔天	罔天（てんなし）	無神太（むしんだ）

なかで探してみると，例22の「唇徒」が「唇徒（くちばかり）」へ，例27の「恣肆」が「恣肆（きまま）」へ，例28の「急悍」が「急悍（きみじか）」へ，例30の「説謊」が「説謊（うそつき）」へ，翻訳された例などがあたる．

したがって，日本語訳「天路歴程意訳」の人名・地名は，文言訳の漢語にその意味を汲んで付けられた俗訓を通して読めば，婦女子にも読みやすい文体になっていたといえるだろう．

第二に，再び74頁の引用文に戻って，「疾走(はしる)」「譏誚(そしる)」「怒喝(わめく)」のように，文言訳の漢字二字語に振り仮名を付けている翻訳語に注目したい．これらのケースでは，二つの漢字のうち，片方の意味をとるか，もしくは一字一字の漢字には対応させずに全体から意味をとって，振り仮名を付けている．「疾走(はしる)」と「譏誚(そしる)」は訓読みであり，「怒喝(わめく)」は俗訓といえるだろう．

　人名・地名の翻訳と同様に，この漢字二字語は文言訳の漢語の形をとりながらも，日常的な俗語の振り仮名によって容易に読める．こうした例は，文言訳の漢語が難しければ難しいほど目立つ．たとえば，「唇徒」や「怒喝」を『佩文韻府』25)で調べてみると，見あたらない．それは「唇徒」や「怒喝」が中国古典の語彙に出典を持たず，翻訳のために創られた造語であることを示唆してくれる．この翻訳語は漢語として定着していないために，一つ一つの漢字の意味に縛られずに，俗語の振り仮名を付けることが可能であったとも考えられる．

　第三に，翻訳文の次元から検討してみると，「天路歴程意訳」の文体は文言文を非常に口語的に意訳しており，漢語を和らげただけにとどまらない部分もある．次の例を挙げたい．

原　　文：But he said, "That can by no means be; you dwell," said he, "in the City of Destruction, (the place also where I was born), I see it to be so; and, dying there, sooner or later, you will sink lower than the grave, into a place that burns with fire and brimstone: be content, good neighbours, and go along with me." (p.16)

文 言 訳：其人曰，<u>此万不可</u>，爾輩居将亡城，我亦生於斯，今知其将亡矣，爾倘長居是処，死必堕落更低於墓，即入地獄，硫黄火焼之所，賢隣乎，宜聴我，與我同往．(巻一，一ウ)

日本語訳：「彼人〔彼〕<u>此万不可(とてもいけません)</u>．〔句読点なし〕爾輩(あなたがた)の居(おすみ)なさる将亡城〔将亡城(シヤウバウジヤウ)〕は私も彼所(あそこ)で生(うまれ)ましたが今彼所の必(かなら)ず亡(ほろ)び〔ひ〕ねバ〔ハ〕ならぬことを知(し)りました爾(あなた)〔爾〕も若し長(なが)く彼所(あそこ)

---

25) 中国清代の蔡升元らが康熙帝の勅を奉じて編纂した韻書，106巻．元来は，漢詩の作詩の便に供せられたものではあるが，中国古典の語彙の出典を検索する上で便利な書物である．

〔彼所〕へ居る、なれバ〔ハ〕必ず〔必ず〕死んで地獄〔地獄〕に入り硫黄火にて焼かれませふ賢隣〔賢　隣〕宜く私の言ことを聴て私と同に往なされ（第1巻16号，明治9年（1876）4月21日）

　ここで，日本語訳は文言訳の「此万不可」を意訳し，「此万不可」のように，きわめて口語的な文章を振り仮名として付けている．この例が示すように，振り仮名と平仮名のみを読めば完結した口語体の文章になっており，漢語がむしろ「振り漢字」の役割を担っている．
　このように，「天路歴程意訳」は漢字平仮名交じり文体で翻訳され，さらに日常的な俗訓を振り仮名として施すことによって，当初の『七一雑報』の編集方針を十分に実現していたといえよう．翻訳の連載であり，しかも文言訳が原本になっているのだから，「天路歴程意訳」の文体が他の記事とは一線を画したものになっても，おかしくなかった．にもかかわらず，文言訳の漢語に縛られずに，俗語の振り仮名の方法を採用し，準識字層の読者を取り入れようと試みたのである．

四　言文一致の試み

　第四節では，「天路歴程意訳」における口語体の問題を考えてみたい．連載一回目の冒頭の訳文を挙げたい．

　　文　言　訳：我行此世之曠野，遇一所有穴，我在是処偃臥而睡，睡即夢一夢，夢見一人，衣甚破爛，立在一所，面転室而他視，手執書，背上有大任，又見其展書而観，戦慄流涕，不能自禁，遂大発哀声云，我当何為，其情形如是，後乃自帰，尽力強制，蓋不欲妻孥見其憂苦也，（巻一，一オ）
　　日本語訳：我が〔我〕此世の曠野〔曠野〕に〔を〕行きましたら〔行〕不斗一ツの穴がありました〔穴あるところにいたり〕我が〔なし〕その処〔其処〕に偃臥て睡り〔睡りしかバ〕一ツの夢をみ

ましたが〔みたり〕其夢に一人の人が〔一人の人〕破爛た〔破爛た〕衣をきて一所に立づみ〔立ち〕面ハ〔その面ハ〕家から〔家を〕転けて他のところを視〔視〕手には〔ハ〕書物を執ち〔執り〕背上にハ大任を負て居りましたが〔負へり〕やがて彼の人は手に持ちたる書を展きて観め頻りに戦慄流涕とう─〔なし〕こらへかねて〔つひに〕大声〔大声〕を発し．〔発ちさけびいひけるハ〕我はマアどふしたら善からふやト言ました後〔我いかにせんかくてみづから〕宅へ帰りてから〔帰り〕務めて其憂さまを妻孥に見せぬよう〔見せじと〕かくして居りましたが〔かくし居りしが〕（第 1 巻 15 号，明治 9 年（1876）4 月 14 日）

　全体として『七一雑報』の「天路歴程意訳」は「ます」調の口語文で綴られ，小新聞の談話体が採用されている．しかしながら，「手に持ちたる書を展きて観め」のような文語体も混在している．第 1 回の連載のために，翻訳者の戸惑いもあっただろうが，12 回目までこうした口語体と文語体の混在は見られる．さらに，第 12 回以降は文語体の傾向が強くなり，口語体は見られなくなるのである．

　たとえば，第 6 回の掲載の訳文を見てみたい．

時に基督徒は此語たりを聞猶予と決りかねましたが自思案をなして云よう若しも此人のいふことが真ならば之れに従がふにしくはなしト乃ち復問ねていひますには「基　尊　駕彼の賢人の家には何から往ればよろしうございますか（第 1 巻 20 号，明治 9 年（1876）5 月 19 日）

　この引用文は主人公である「基督徒」が「世智助」という人物から「修行」という村と「特法」という人の話を聞いて，心の中でもっともらしいと肯く場面である．ここで，基督徒の内語は文語体になっている．おそらく翻訳者はその内語を口語体で綴るのに躊躇したのであろう．

　次に，第 12 回の掲載の冒頭を見てみたい．

我又夢に基督徒を見れば背上にある重任は尚元のまゝにして若し之を助る者があらざりしならば此任は終に脱ぐことのならざる情態なり故に恵慈に問ていふよう「基　私のために此任を脱がしてくだされませふか（第1巻27号，明治9年（1876）7月7日）

　第11回の連載までは口語体が採用されたものの，12回の掲載では冒頭から地の文は文語体で会話だけ口語体になっている．
　さらに，第13回以後は地の文会話文ともに文語体を採用し，第66回の終わりまで文語体で書かれている．第13回の掲載を見てみたい．

　我また夢に釈示が基督徒の手を引て一小房のうちに入るを見たり其室内には二人の童子が各椅子に坐せり長子の名は情欲といひ季子の名を忍耐といふ情欲の状ハ甚だ不満足なれども忍耐ハ意甚だ恬なり「基　情欲の不満足なるハ何故なるか「釈　彼の管理者が彼が受べき幸を次の年の始に與へんとすれども情欲ハ之を今年のうちに得たく欲し夫ゆへ不満足の有様にたる然れども惟忍耐ハ甘んじて之をもつ故に意安恬なり（第1巻28号，明治9年（1876）7月14日）

　ところで，もう一つ注目したい点は単行本の文語体の傾向である．たとえば，79頁に挙げた連載1回目の冒頭の訳文に戻りたい．単行本の「穴あるところにいたり」「偃臥て睡りしかバ」「一ツの夢をみたり」「かくし居りしが」などは，『七一雑報』の連載の「穴がありました」「偃臥て睡り」「一ツの夢をみましたが」「かくして居りましたが」の口語体と対照的である．
　高村新一は単行本の文語体について，『七一雑報』の連載の中で口語体の部分は初めの2割足らずで，後は文語体であったから，連載中の後半の時期には，全部が文語体であったかのような錯覚にさえ陥りかねなかったろうと述べている[26]．そこで，佐藤喜峰は単行本の刊行にあたって，文体の不統一が目につき，圧倒的に多い文語体に統一しようとして少し手をつけたが，意外に労力と時間

26）　高村新一「『天路歴程』邦訳史（一）」8頁．

がかかったので，あとは連載のままで行くことにしようとしたと，高村新一はその状況を推測している．

しかしながら，単行本の文体が文語体に改められた理由はそれだけなのか．本書では小新聞の呼び売り廃止，また明治10年代（1877-1886）における口語体の自然停滞との関連から考え直してみたい．まず，小新聞の呼び売りが，社会的に無視できない影響力を持つ言論活動として，政府の監視対象となったのは，西南戦争がきっかけであった．明治10年（1877）2月初めに騒乱が起きると報道管制が敷かれたが，情報不足のためたちまち流言が飛び交い，新聞はそれらの噂を伝えるより他なかった．そこで政府は内務省警視局に東京横浜の各新聞社代表を呼び集め，事前検閲を開始した[27]．

西南戦争が終わると，小新聞は次々と呼び売りに関する自主規制を断行した．最初に『仮名読新聞』が明治10年（1877）12月5日東京での呼び売り廃止に踏み切り，ついで『読売新聞』も翌明治11年（1878）3月20日から呼び売りを禁止した．しかしこの自主規制は，街頭の一枚売りによる収入への依存が大きかった小新聞にとっては，かなりの犠牲を強いる改革であった．最終的には明治12年（1879）12月に東京と神奈川で，翌年1月には大阪でも政府機関によって公的に呼び売りは禁止され，街頭での声による小新聞の時代は終わりを告げた．

小新聞の文章には，それと関連した変化が現れた．いわゆる「談話体」が減少する．「だ」「です」「でございます」という文末表現が，明治11（1878），12年（1879）頃から減り，「なり」「けり」という文語調が目立ってくる[28]．

次に，言文一致史から見ると，明治初年期の口語体は，「言文一致論」なき「言文一致」，すなわち自然発生的ともいうる「言文一致」であった．その自然発生性の基盤には「開化啓蒙」の精神が求められた．開化啓蒙主体の著者らは教師のような存在であり，読者は生徒たちだったのである．これが明治初期の口語体の「易しさ」に関連するといえよう．

とはいえ，この種の「教師─生徒」関係は，小新聞にも波及して，大量の書き言葉口語体を生み出したわけだが，同時に一定の期間経過後の口語体文章の

---

27) 土屋礼子，前掲書153-176頁．
28) 山本正秀『近代文体発生の史的研究』（岩波書店，1965年）210頁．

停滞をもたらした．すなわち読者が「高級化」するにしたがって「平易さ」を好まなくなるのである．明治10年代（1877-1886）における口語体文章の停滞の原因として，従来からの学知と趣味の言語である文語体への，読者・著者双方の願望があったといえよう．

　また，福沢諭吉の実践を見ればわかるように，「俗談平話」の精神は口語体でない限り維持できないという性質のものではない．こうして口語体の文章は，従来の多数派，文語体の中に埋没していったというのが，明治10年代の趨勢であったと，野村剛史は述べている[29]．

　したがって，佐藤喜峰が単行本『意訳天路歴程』の刊行にあたって『七一雑報』の翻訳文を文語体に改めたことは，明治10年代（1877-1886）における小新聞の変化，及び口語体の自然停滞とも関連していると考えられる．

　それでは，単行本の緒言に「原稿モト婦女子ノ為メニ訳セルモノナレバ」という佐藤喜峰の意志はどこで見られるのであろう．高村新一は『七一雑報』の連載の訳文に比べられる単行本の特徴として「1，自ら緒言を書いている」「2，単行本のはじめの約一丁分を文語体に改めている」「3，詩形の部分で彼が読みやすくしたものがある」「4，この単行本に独特の欄外註があるが，たぶん佐藤がつけたものと思われる」「5，連載にはなかった彼による句読点の工夫が若干見られる」という五つを挙げている[30]．

　ここで，本書の論と関連して見るべき点は「5，連載にはなかった彼による句読点の工夫が若干見られる」ということだと思われる．とはいえ，高村新一も「全体の大まかな傾向を言うと，はじめのうちはさまざまな形式が試みられたが，後半へ進むに従って，読点はほとんどなくなり，〔中略〕ただし句読点のついた文章は全体としてはずいぶん少ない．〔中略〕これを要するに，単行本の方はパンクチュエーションにはさしてみるべきものはないと言わざるを得ない」と述べているように，婦女子の読者にわかりやすくするために，句読点を入れる試みはあったものの，一貫した工夫を施したとはいい難い．

　いずれにせよ，『七一雑報』の「天路歴程意訳」は最初は口語体を試みて「婦女子に読み易い文体」に徹しようとする努力がうかがえる．しかし，連載

---

29) 野村剛史，前掲論文40頁．
30) 高村新一「『天路歴程』邦訳史（一）」7-8頁．

第1回においてさえ文語体が混在しており，口語体への試みは66回の連載の中で12回目で終わってしまう．さらに，単行本の段階では文語体に統一される結果をもたらし，「婦女子のため」の口語体の努力は中断されたといえよう．

五　宣教師の啓蒙的編集方針と日本の知識人の読者との間の緊張関係

　実際に『七一雑報』の読者層は「婦女子」だったのだろうか．それを考えるために，この節では，創刊号で示された編集方針に関連する論説と投書に再び戻って検討したい．前述したように創刊号の論説からは「いろは四十八文字」を知っている準識字層を読者層として想定した編集部の意図がうかがえるが，読者は具体的にどのような階層の人々で，どのようなコミュニケーションを交わし，いかなる文体を創り，共有したのであろうか．

　その最大の手がかりは，読者参加の場として設けられた投書欄である．投書欄は『七一雑報』の呼び物の一つであり，小崎弘道，植村正久など，後にキリスト教界の重鎮になる知識人たちが登場した舞台でもあった．その内容は，今日のような意見中心の投書ばかりではなく，啓蒙的な教訓話，翻訳，説教の筆記，教義的な議論を含んだ多彩なものであった．

　これらについてはさしたる先行研究がないものの，唯一見るべき論文は第二節で前述した竹中正夫による「『七一雑報』の論説の研究」である．氏は論説の傾向を分析しながら，日本人の署名入り論説の特徴として，その教義的な内容と漢字片仮名交じり文を挙げている．本書ではこれをふまえ，投書及び論説に投稿している読者の実態を実証的に明らかにし，『七一雑報』の読者層を見極めたい．

　具体的に投書と論説を分析する前に，創刊当時の時代背景に触れておかなければならないだろう．明治7年（1874）1月に板垣退助，後藤象二郎，副島種臣らが「民選議院設立建白書」を提出し，明治10年代（1877-1886）の自由民権運動が華々しく展開されるきっかけをつくった．また，明治6年（1873）7月に加藤弘之，西周，中村正直，森有礼，福沢諭吉らによって結成された「明六社」が，機関紙『明六雑誌』の刊行などを通じた啓蒙活動を行い，後の自由

民権運動に影響を与えた．この二つの出来事はともに，「上からの近代化」であった明治維新の過程に欠けていた「下からの近代化」のためには，市民的自由と権利の獲得が必要であることを，人々に考えさせた出来事だといえよう．

　こうした時流の中で，『七一雑報』は「啓蒙」と「文明開化」を第一義にし，小新聞と大新聞の両方の性格を兼ねて，明治8年（1875）12月に出発した．つまり，婦女子の啓蒙を目指して総振り仮名，漢字平仮名交じりの文，口語体などを採用していることは小新聞的といえるし，文明開化を目指して海外の出来事を報道し，論説を掲載するのは，大新聞的であるといえる[31]．

　しかし，キリスト教を日本人に伝達するためには，単にわかりやすい文体を採用して，挿絵を入れるだけでは不十分であった．キリスト教とは何か，なぜ今の日本に必要なのかなど，より本質的な問題を読者に説かなければならなかったのである．

　編集部は1年半にわたって中断されていた論説欄を，第2巻38号（明治10年（1877）9月21日発刊）から復活させ，そこで，日本の状況の中で福音を検証しようとした[32]．編集部は論説欄の意義をその年の終わりの論説で次のように述べている．以下□は判読不明箇所を示す．

　　夫れ顧□□見るに七一雑報の発る其初めに当りては新紙上に載る美事善行は皆外国の事にして日本の事にあらず，其議論おほくは彼に見聞するに基けるものにして其源を本邦におこせし者は稀なりき是を樹木に譬へば恰

---

31)　小新聞という名称とそれが示す概念を，大新聞と対比しながら整理し，まとまった形で最初に提出したのは野崎左文である．『明星』明治38年（1905）五・六・拾号に上中下3回に分けて掲載された「昔の新聞談」と題する回想録がそれである．彼がインタヴューに答える形で書かれたこの文章を基にして，大正14年（1925）3月『早稲田文学』収録「明治初期の新聞小説」が成立する．後に校を改め同じ題目で昭和2年（1927）発行の著作『私の見た明治文壇』の中に収められる．野崎左文によると，この時期の新聞を区別して大新聞小新聞と呼んだのは，紙幅の大小に基づいたのである．その他に「振り仮名の有無」「政治を論ずる社説の有無」「海外ニュース記事の有無」「文体の差異」「価格差」などが，大新聞と小新聞の違いを決定する要素であった．

32)　その後論説は，明治16年（1883）6月25日（第8巻25号）の終刊号に至るまで毎号続けて掲載されるようになった．また，第2巻38号から『七一雑報』の編集形式が一変しており，「官令」，「七一」（論説），「雑報」，「教会新報」，「雑話並訳類」，「投書」という形体で編集をするようになっている．

かも接木のごとく他の美果樹を本木の上に按えたるも其本末は未だ合一ならずして此七一雑報は左ながら外国新聞のごとき姿なりしも，幸ひに主の恩恵は春雨のごとく道を任ずる諸兄の服務は善き農夫のごとく其培養おこたらざりしかば方今稍や本末合して水気樹心に一連せるがごとし視よ、崩芽は既に著じるしく二巻第三八号にあらはれ茲に新たに教会新報部となりたり．（第2巻52号，明治10年（1877）12月28日）

論説のない新聞は，外国産の果樹を接木したようなもので，この国の土壌に根を下ろして実を結ぶに至っていない外国の新聞のようなものであると編集部は悟り，それ以後，『七一雑報』は論説欄を復活させるとともに，新たに「教会新報」の項を設けて，全国の諸教会の動勢を逐一伝えるようになった．

ところで，論説欄の復活をきっかけに，編集部の外部から投稿する読者の署名入りの論説が多くなったのだが，彼らは漢字片仮名交じり文で知的な論議をした．それは，『七一雑報』が庶民層の読者から遠ざかり，漢文の素養のある知識人階層に親しまれる一つの要因になったと考えられる．次の論説を見てみたい．

〇耶蘇基督ハ神ノ才能アルヲ論ス
奇跡ト云ヒ異能ト云ヒ均ク人力ノ及ザルモノニシテ独リ神ノ才能アル者ノ能スル所ナリ．奇跡ニ二アリ．曰ク物質上ノ奇跡（元始ニ上帝天地万物ヲ創造セシハ物質上ノ奇跡ナリ）曰ク心霊上ノ奇跡是ナリ．然リ而テ心霊上ノ奇跡ハ本ニシテ難ク．物質上ノ奇跡ハ末ニシテ易シ．其難キヲ能スルノ力アル者ハ又其易キヲ能スベキハ素ヨリ理ノ当ニ然ルベキモノニシテ世人ノ能ク識ル所ナリ．今我輩世人ニ向テ明言セン．耶蘇基督ハ徒ニ物質上ノ奇跡ヲ行フノカアルノミナラズ．又心霊上ノ奇跡ヲ行フカアルト是レ我輩耶蘇ヲ崇ンデ神子トナシ基督教ヲ推シテ真教トナス所以ナリ．〔中略〕嗚呼生レナガラニシテ知ル能ザルハ開闢以来人生ノ定則ニシテ孔子「プレト」ノ大聖ダモ尚且ツ免レ難シ．然リ而テ耶蘇独リ生レナカラニシテ知リ学バズシテ識ルノ力アルハ則心霊上ノ奇跡ニ非スシテ何ソ．神ノ才能ニ非スシテ何ソ．其神ノ才能アルノ証一ナリ．

同志社一書生（第 3 巻 15 号，明治 11 年（1878）4 月 12 日）

　これは，「同志社一書生」と自称する読者が「七一」という論説欄に投稿したものであり，漢字片仮名交じり文でイエス・キリストの神聖さを論証している．引用文では略したが，この論者は具体的に福音書を引用しながら，イエスが無学だったにもかかわらず，生まれつきの神聖さによって「心霊上ノ奇跡」を行ったことを述べ，イエスは先駆者によって導かれた孔子やプラトンのような聖人とは異なるという教理を説いている．

　また，投書欄でも漢字片仮名交じり文で書かれた教義的な内容が紙面を占めていく傾向があり，同年 5 月 3 日の『七一雑報』の「社告」では投書者に向けて以下のような訴えがなされた．

　　此新聞ハ重に下賤の人にも読み得らるゝ事を望むなれバ投書の諸君ハ成るたけ仮名まじりの安き文章にて願ひたく尤も論意によりてハ漢字でなければ不都合の場合も之あるべけれバ必らず仮名文とかぎるにハ候はねど諸君も七一雑報のために筆を執たまふ時ハ我国に文字ある人の寡きことを忘れたまふな

　『七一雑報』の編集部は庶民を読者に取り込むという創刊号以来の方針から，その記事の文体を漢字平仮名交じり文とし，投書も同様にするように「社告」を通して度々訴えていた．ここで「仮名まじりの安き文章」とは漢字平仮名交じり文を指し，「漢字でなければ不都合の場合」というのは漢字片仮名交じり文を意識しているのであろう．しかしながら，こうした「社告」が出された背景として，この時点で漢字片仮名交じり文の投稿が多いという状況があったのではないかという推測が成り立つ．実際，論説と投書に限ってみると，漢字平仮名交じり文体に対して，徐々に漢字片仮名交じり文体の比率が多くなる傾向がうかがえる[33]．

---

[33] 例外として，明治 13 年（1880）から編集部は絵入りの海外事情を巻頭に掲載し，当時外遊中の宣教師 O.H. ギューリックの外遊報告文とともに掲載している．視覚的効果と振り仮名付きの漢文平仮名交じり文を通して世界の状況をわかりやすく伝えることを試みている．再び準識

こうした文体の混在は，平易な文章で多くの人にキリスト教的な文明開化思想を啓蒙することを目指す編集部と，漢字片仮名交じり文で信仰の表現を知的に行おうとする日本人読者との間の緊張関係を背景にしているとは考えられないだろうか．つまり，『七一雑報』の論説や投書に投稿した読者の多くは，漢文の素養があって，漢字片仮名交じり文体を操ることができる識字層であった．これは，『七一雑報』の読者層を考察するにあたって第一の鍵である．
　第二に，投書者の地域傾向も読者層を推定する手がかりになる．たとえば，『七一雑報』の明治8年（1875）12月から明治10年（1877）12月までの投書の署名とともに付されている住所，あるいは投書の時に滞在していた場所の地名から，投書者の地域傾向をまとめたのが，表2である[34]．
　投書者の7割が東京，横浜，大阪（摂津を含む），神戸（三田を含む），京都の在住者または在留者であることがわかる．これは，開港地を中心に展開された，宣教師の布教活動が最も活発な都市と一致するといえる．残りの3割の中でも宣教師との関わりを持つ学校のある地域，たとえば，東奥義塾のある弘前，愛憐舎及び静岡学問所のある静岡からの投稿が全体の2割近くを占めていることも注目に値する．
　このデータは紙面末尾の販売所の記載と一致する．

売捌所
大阪博路町四丁目三拾八番地　　浪花新聞社
東京小傳馬町三丁目馬屋新道　　吉岡重次郎
西京三条小橋上ル木屋町　　　　元井清兵衛
　　　　　　　　　　　（創刊号，明治8年（1875）12月27日）

字層の読者に呼びかけているといえよう．一方，難解であり，抽象的となりがちであった日本人の署名入りの論説は後尾に置かれるようになる．
　　とはいえ，明治14年（1881）末から『七一雑報』が経済的自立態勢を整えるにつれ，銅版画はすっかり姿を消している．それに反して，論説と投書はほとんど片仮名交じりの原稿となっており，その内容も開化論は少なくなり，むしろ教理を重んずるものが多くなっている．
34）『七一雑報』の投書の署名はふつう，住所あるいは投書時の滞在地や時には身分を表す表現が付けられているが，全部に付いているわけではない．表2にまとめた地名は明治8年（1875）12月から同10年（1877）12月までの投書全体（272件）の4.7割について明示されている地名である．

表2　投書者の地域傾向

地　域	投書掲載件数
東　京	41（原女学校7，原学校3）
横　浜	6
大　阪	16（摂津4）
神　戸	12（三田2）
西　京	10（同志社6）
東　北	16（弘前10[注1]）
東　海	13（静岡11[注2]）
信　州	5
越　後	2
四　国	2
中　国	2
九　州	3
その他	1
計	129

注1）　弘前からの投書が多いのは，東奥義塾という宣教師が関わっている私塾の存在によるものだと考えられる．菊池九郎は吉川泰次郎，兼松成言らと共同結社し，1872年（明治5）11月23日，開学許可を受け，青森県弘前に私塾を設立している．この私塾は，当初から外国人教師を招く方針であった．74年（明治7）12月に着任したジョン・イング（John Ing, 1840-1920）夫妻は，78年（明治11）3月まで学生を教えるかたわら，本多庸一と協力して伝道に努め，弘前公会の設立に貢献した．横浜，東京につぐ第3の公会であり，東北地方最初のプロテスタント教会であった．これら初期の信徒たちは「弘前バンド」と呼ばれることもある．やがて弘前公会はメソジスト派に加入し，同派から宣教師が派遣されて同校との協力関係を深めていったが，東奥義塾はミッションスクールとなることはなかった．宣教師の報告には「大名学校（Daimio School）」「東奥カレッジ」などと記されている．当時，東奥義塾は，東北地方においては，すべての面で進歩的・啓蒙的・先駆的活動の中心であった．参考：東奥義塾（編）『東奥義塾九十五年史』（東奥義塾，1967年），東奥義塾百年史編纂委員会（編）『開学百年記念東奥義塾年表』（東奥義塾，1972年）．

注2）　静岡からの投書が多いのは，ミッションスクールと思われる愛憐社及び静岡学問所の存在によるものだと推測される．在日宣教師クラーク（Edward Warren Clark, , 1849-1907）は，1871年（明治4）来日，静岡学問所に御雇教師として迎えられた．彼は自宅では学生を招いてバイブル・クラスを開き，カナダ・メソジスト教会の最初の宣教師マクドナルドと布教活動を行った．クラークが東京に去った後，マクドナルドの導きにより1874年（明治7）9月27日に英学生（ほとんど幕臣の子弟）が受洗，直ちにカナダ・メソジスト系最初の教会組織を創立（静岡教会）．これが静岡バンドの源流である．静岡バンドの著名な人物としては，山中笑，土屋彦六，平岩愃保，山路愛山，今井信郎，高木壬太郎らが挙げられる．クラークは1873年（明治6）に東京開成学校において化学を教え，傍らバイブル・クラスを開き中村正直に感化を与えた宣教師でもある．参考：日本キリスト教歴史大事典編集委員会（編）『日本キリスト教歴史大事典』（教文館，1988年）静岡バンド項目

　ここから，創刊当時の「売捌所」は京阪神地方のみならず，東京方面にもあったことがわかる．後にはさらにその数が増え，明治11年（1878）12月27日の紙面末尾を見ると，横浜や愛知県名古屋などを含む10ヶ所に増加している．
　また，東京，横浜，大阪，神戸，京都は開港地を中心に展開された宣教師の布教活動が最も活発な都市でもあった．それは，アメリカン・ボード（The American Board of Commissioners for Foreign Missions）派遣の最初の宣教師であ

表3　在日宣教師の活動地域

	Men	Married Ladies	Single Ladies	Total
At Yokohama	14	13	6	33
At Yedo, now Tokyo	10	3	3	16
At Osaka	9	6	1	16
At Kobe	5	5	2	12
At Nagasaki	4	4	—	8
At Aomori Ken	1	1	—	2

るグリーン（Daniel Crosby Greene, 1843-1913)[35]の書簡によって裏付けられる．明治6年（1873）に日本で働いていた宣教師の活動地域について，彼は表3のようにデータを報告している[36]．

さらに，こうした開港地に集まった日本人はどのような階級の人々だったのだろうか．ここで，在日宣教師ケーリー（Otis Cary, 1851-1932）の著書の中にある1874年（明治7）1月のグリーンの書簡を見てみたい[37]．

> 神戸で五人がキリストに従いたいと告白したと，1874年1月にグリーン氏は書いた．「私は特に彼らが自助と自己伝道に積極的であることを喜んできました．この青年たちの目的の一つは，教会を宣教法人として作りあげることです．そして私は事業の当初からそうなるだろうと信じます．〔中略〕神は日本で宣教の影響力を拡大してくださいました．特に最初は知識人階級に最も強く影響力を及ぼしました．これまでクリスチャンにな

---

35) アメリカン・ボード派遣の最初の宣教師．1869年（明治2）11月妻とともに来日．70年（明治3）3月神戸に移り，74年（明治7）摂津第一基督公会（現・神戸教会）の創立とともに初代仮牧師．同年新約聖書翻訳委員となり横浜に移り，ヘボン，S. R. ブラウン，フルベッキ，奥野昌綱，松山高吉らと協力して80年（明治13）翻訳完成．81-87年（明治14-20）同志社教授．90年（明治23）以降東京に在住し，聖書改訳委員として活躍．神奈川県葉山で没する．

36) *Mis. Herald*, 1874, p. 121（Otis Cary, *A History of Christianity in Japan*, New York: Fleming H. Revell Company, 1909, p. 105 による）．ケーリーはアメリカン・ボード派遣の在日宣教師である．1872年アーモスト大学卒業，続いてアンドーヴァー神学校に学ぶ．2年上級に新島襄が在学した．78年（明治11）3月妻とともに来日．79年（明治12）から約10年間岡山で伝道する．休暇帰国後，再び来日，大阪川口で伝道，92年（明治25）から同志社神学校で教会史，説教学，社会学を担当した．1919年（大正8）退職帰国．彼の著書である *A History of Christianity in Japan* は正確な資料に基づく日本基督教史であると評価される．

37) Otis Cary, *A History of Christianity in Japan*, p. 107.

った人々の多数は，知識人階級の人々です．ここ神戸でも横浜と江戸でも同様です．〔中略〕他の地で何が正しいかということはさておき，日本人自身が日本人の牧師を育て，最初からではないとしてもごく初期のうちから，自分たちの教会を立てるように仕向けていくことには疑いの余地はありません．」(引用者訳，以下同)

隅谷三喜男はこの個所を引用しながら，「当時における知識階級とは士族のことに他ならない」と指摘している[38]．とはいえ氏は，彼らが決して士族一般ではなく，佐幕派かつ開国派の士族であったことに注目している．氏によると，彼らもまた徳川封建制を修正せざるをえないことは自覚していたが，ただその変革を幕府主導のもとに行おうと欲したのである．しかし実際には，天皇を中心とする薩長土肥の藩閥政権が勝利を得たので，そのもとでは彼らの志を遂げることができなかった．さらに，明治維新によって武士階級という身分を喪失し，職業の転換を強いられたのである．

そこで，彼らは他日に備えるため，当時の文明開化の中心地であった横浜，東京，神戸などに来て英語を学び，西洋文化を摂取しようとしたのだが，そこでキリスト教の教説に出会ったのである．すなわち，明治初期のキリスト教徒において，新日本建設の志とキリスト教の信仰は不可分の関係を持っていたことになる．

ちなみに，新日本の建設のための近代的な市民倫理をキリスト教に見出すという傾向は，「熊本バンド」に顕著である．熊本バンドの大部分は同志社に学んで伝道者になった．たとえば，後に日本基督教青年会を組織し，機関誌『六合雑誌』を発行した小崎弘道は，熊本バンドの一人である．明治初期のキリスト徒に士族の比率が高いことは，彼の「日本に於ける基督教の現在及将来――明治二十六年市俄古の万国宗教教義に於いて」によっても裏付けられる．

> 尚爰に掲ぐべき一つの点は，士族がその多数を占むることである．彼等は昔時に於いて日本の脳髄であつたが，尚今日にても或る点まで左様である．

---

38) 隅谷三喜男『近代日本の形成とキリスト教』(新教出版社，1961年) 16-17頁．

彼等は有形上の富より云へば，大概乏しき者であれど，其の知識及び道徳の点よりすれば実に遠く他の人民に卓越したものがある．他の伝道地に於ては，通例基督教徒は下級民より起るを常とし，印度においては婆羅門徒の改宗したるは甚だ稀で，支那の学士に於ては殆ど之あるを見ないものである．然るに日本に於ては之に反し，他に先んじて基督教を受けた者は即ち彼の士族である．〔中略〕士族は一つの団体として従来殆ど何の宗教をも有せずして，大概儒教を採りたるも，維新の革命によりて彼等は其の生産の道と共に其の常識を失ひ，爾来安んずる所なきが故に，斯く各種の新たなる感化と真理とに近づき易いのである39)．

　また，在日宣教師ケーリーもグリーンの記録に基づいてこのような特徴を指摘している．

　この発言を読んで，D・Cグリーン牧師は，キリスト教化の進歩は有力階級の中で見られるという記事を書くに至った．彼は次の点を指摘している．士族は——彼らは以前武士階級に属しており，今は知識人の多数を含む．——人口の6％に至らないが，彼らは教会のメンバーの30％を占めている．〔中略〕彼の記録は何ヶ月の後のことであるが，その内容は1888年末ごろの状況をよく表している．グリーンが提示したとおり，有力階級に属しているクリスチャンの名簿は相当長くなってきていたのであろう．実際にそれは一部のクリスチャン聖職者たちに後悔の種になった．これまでの進歩はいわゆる中上流階級のみに不釣合いに集中された．そしてどうやって社会の下層階級の人々により効果的に布教するのかという疑問がしばしば提起された．40)

　「士族は全人口の6％を占めるに過ぎないのに，教会員の30％を占めている」というグリーンの報告書を引用しながらケーリーは，実際，一部のキリス

---

39) 小崎弘道「日本に於ける基督教の現在及将来——明治二十六年市俄古の万国宗教教義に於いて」『小崎弘道全集』第六巻（日本図書センター，2000年），333-334頁］．
40) Otis Cary, *A History of Christianity in Japan*, pp. 210-211.

ト教聖職者の間では，今日までの発展が普通「中上流階級」(upper-middle classes)と呼ばれる人々の間に偏って行われたということが後悔の種であり，社会のより下層に属する人々と，より効果的に接点を持つにはいかにすべきかがしばしば問題になったと，述べている．

小崎弘道と宣教師ケーリーの記録はそれぞれ明治22年（1889）と同21年（1888）のものであり，『七一雑報』の刊行時期（明治8年-同16年）とは若干時間差があるものの，明治初期のキリスト教会を構成した人々について示唆に富んでいる．

もう一つ考えなければならないのは，学制以前には，識字率及び教育の地域格差が大きく，初等教育が普及していた東京，大阪のような都市では，識字・準識字の層が，他の地域に比べて多かったという点である．『七一雑報』がそのような大都市で生まれ，影響力を持った理由は，識字率の高さにあるのではないかと考えられる．これは私塾等の分布や就学状況，あるいは出版業の動向からも推測できる[41]．

第三に，ミッションスクールとキリスト教新聞との関わり方について考察したい．『七一雑報』の投書者の中には，投書掲載件数の多い（6件以上の）常連投書者の存在を確認することができる．ここで注目したいのは，愛憐社（例15)，同志社（例11，例22，例27，例30），女学校などのミッションスクールの生徒からの投書が多いという点である[42]．『七一雑報』復刻版（不二出版，1988年）の付録である執筆者名索引から集計した常連投書者の投書掲載件数は表4のようになっている．

同志社の生徒と称する投書者の投書掲載件数を合わせると，常連投書者の投書掲載件数のうち，8.1％を占めていることがわかる．また，同志社だけではなく，例7，8の東奥義塾のように，宣教師との関わりを持つ私塾の生徒たちも，常連投書者のうち，9.5％を占めている．例15のように，ミッションス

---

41) 小木新造『東京庶民生活史研究』（日本放送出版協会，1979年）．
42) 例7や例8が示すように，東奥義塾は宣教師との関わりを持つ私塾であり，その生徒たちは『七一雑報』の常連投書者をなしていた．東奥義塾については表2の注1を参照されたい．また，表2の原女学校の例が示すように，女学校の生徒からの投書も少なくなかった．『七一雑報』の中では女学校の必要性を論説で論じたり，女学校の教師や生徒の募集のために広告を出したりするなど，女性教育に力を注いでいる様子がうかがえる．

表4

	執筆者名	投書掲載件数	全体に占める割合(%)
1	ギュリキ，オーエツチ（ギューリック）	33	7.9
2	伊勢時雄	31	
3	小田和民	29	
4	ベレー，ジョン・シー（ベレイ，ベレー，別礼）	25	
5	北村某（潜水主人）	23	
6	レールネド	21	
7	脇山義保［＊東奥義塾］	21	5
8	手塚新（小仏嶺西更新，更新主人）［＊東奥義塾］	19	4.5
9	坦庵主人	18	
10	加藤某	16	
11	同志社一書生（同志社一信徒，同志社一生徒，同志社生徒，同志社の一生，同志社のはば，同志社ノ一人）	13	3.1
12	クック，ジョーセフ（クック，ジョセフ）	12	
13	鈴木弘太	11	
14	遅々斎	11	
15	愛憐社ノ一生（愛憐舎一生，愛憐生，愛鄰生）	10	2.4
16	菊池広治	9	
17	東肥一学生	9	
18	松山高吉（関貫三）	9	
19	森田久万人	9	
20	容膝堂主人（森本容膝）	9	
21	宇野作弥	8	
22	金森通倫［＊同志社］	8	1.9
23	鎌田助	8	
24	桂時亮	7	
25	橋本一狼	7	
26	平岩愃保（平岩）	7	
27	山崎為徳（山崎）［＊同志社］	7	1.7
28	今村謙吉	6	
29	奥野昌綱	6	
30	小崎弘道［＊同志社］	6	1.4
31	鈴木舎定	6	
32	前田泰一	6	
	計	420	100

クールと思われる，静岡の「愛憐舎」の生徒たちも，2.4％をなしている．

　当時の文明開化の中心地である横浜，東京，神戸などに集まった青年たちの中には，宣教師に出会ってミッションスクールに入り，キリスト教の教師になる訓練を受けた者も多かった．ミッションスクールの中でもとりわけ同志社の設立は，『七一雑報』と同じくアメリカン・ボードによる宣教活動の一部であ

った[43]．そこで，杉井六郎は「「七一雑報」と同志社はまさに日本におけるアメリカン・ボードの「双生児」であり，「七一雑報」の論陣に多くの同志社英学校生徒，のちにはその卒業者が名を列ねるのは「摂理」ともいうべき現象といえよう」と述べている[44]．

たとえば，熊本バンドの一人としても有名な徳富蘇峰は自分の所属を同志社英学校と名乗りながら以下のような投書をしている．

○死後ノ用意
人生ノ終極ハ今世ニアリトセンカ将タ来世ニアリトセンカ若シ今世ヲ以テ人生ノ終極トセハ人生纔五十年果シテ之ヲ幸福ト云フ可キカ如此キハ決シテ造物主ノ目的ニ非ザルナリ然バ則チ人生ノ終極ハ来世ニアリトスルカ曰ク然リ夫レ造物主ノ人ヲ生スルヤ今世ニ生レ今世ニ成長シ今世ニ労作シ今世ニ死スルヲ以テ終極トスルニ非ス必ラス来世アリテ以テ人生ノ禍福ヲ定メ給フコト固ヨリ疑フ可キニ非ラス必竟スルニ人生ノ長路ハ猶数百ノ駅程アリテ今世ハ纔ニ三ヲ経過シタルカ如ニ過サルノミ是ヲ以テ真正ノ幸福モ来世ニアリ真正ノ禍災モ来世ニアルコト古ノ賢人君子之レヲ宣言シ上帝之

---

43) Letter from O. H. Gulick to N. G. Clark, Kobe, November 20, 1875, the American Board of Commissioners for Foreign Missions (ABCFM), Mission to Japan, documents in Houghton Library Archives, Harvard University, and portions of the Mission to Japan documents on microfilm at Doshisha University（杉井六郎「日本近代史における「七一雑報」」[同志社大学人文科学研究所（編）『「七一雑報」の研究』(同朋舎，1986 年) 20 頁] による）．

…The only way open for us…in which we can hope for success, in to conform to the law, by naming two of the members of the Kobe Church, one as proprietor, and the other as editor. Our application for permission to start the paper under the names of Imamura and Murakami, has this day been sent in to the Government. We hope for an answer in time to inaugurate the enterprise with the beginning of the new year.

You will not be favorably impressed with the indirect methods which we are compelled to follow in attaining any result. This is but one of the disabilities under which a man must labor in this as yet benighted land. If we wish to buy a piece of land on which to build a missionary dwelling house, or a boarding school-house, it must be done in the name of a Japanese. <u>If a missionary wishes to start a school in Kioto, he must enter into the employ of Mr. Neesima or of some Japanese subject or subjects. If our mission purposes to publish a newspaper, the nominal proprietor and editor must be Japanese subjects</u>…….

43) 杉井六郎，前掲論文 5 頁．

レカ証明ヲナシ給ヒ今日ニ至ル迄万古不易ノ真理タリ〔中略〕吾輩願クハ此ノ理ヲ覚リ　唎　士子ヲ以テ訓戒トシ慵々春氷ヲ蹈ムノ思ヲナシ小悪必ス戒メ小善必ス勧メ夙夜不解ハ或ハ来世ノ幸福ヲ得ルニ庶幾ン乎耶蘇曰クわれをよびて主よ主よといふものこと〲く天国にいるにあらずたゞこれにいるものはわが天にいます父の旨にしたがふもののみなりト吾輩豈ニ務メサル可ンヤ　西京同志社英学校　徳富猪一郎（第 4 巻 17 号，明治 12 年（1879）4 月 25 日）

本章では同志社の生徒たちが『七一雑報』の読者の多数を占めた背景として，ミッションスクールがキリスト教新聞を読み聞かせる場所として機能していたことに注目したい．たとえば，徳富蘇峰の弟である蘆花徳富健次郎は以下のように同志社生活を回顧している．

七一雑報！　なつかしい名である．此名を聞くと小生は忽ち十二の少年になる．明治十二年の同志社に徳健さんと呼ばれて今は熊の様な髯男，当時は小さな者だった．其年の或月石けりをやって居た小生を誰やらが手招く．其は小崎弘道先輩の令弟継憲君である．〔中略〕其七一雑報の合本を披いて，継憲君は一の物語を読み出した．〔中略〕何でも一回には読み切れず，三回ばかり例の教場に往って読んで貰ったと覚えて居る．〔中略〕其様な次第で継憲君が小生に其面白い七一雑報の物語を読んで呉れたこと〲思ふ．[45]

特に，明治 12 年（1879）6 月に，同志社英学校予科（神学課）から第 1 回の卒業生（15 名）が輩出されて以降，日本人の若い神学者，牧師たちによる論説，投書が多くなったことは，すでに竹中正夫によって指摘されている[46]．

このように，ミッションスクールの生徒や書生と自称する投書者が多数を占めている点から考えると，彼らの多くは士族出身の青年であったと思われる．このことは明治初期のキリスト教信徒の中心が青年であったという通説とも合

---

45)　徳富蘆花「七一雑報」［警醒社（編）『回顧二十年』（警醒社書店，1909 年）55-56 頁］
46)　竹中正夫，前掲論文 62 頁．

致する.

　又吾人の注意を促す所の他の事業は日本の教会に於いては青年が其の多数を占むることである. 卿等若し試みに我が国の教会に来て其の聴衆の如何なる人々であるかを窺はれたならば, 卿等は必ず青年の面顔の甚だ多きを見て一驚を喫せらるゝであろう. 吾人は未だ年齢によりて教会員の統計を作ったことがないが, 苟も我が国基督教の状態を熟知する人であれば孰れも皆よく此の特殊の事あるを記さざるは無い. 昨年彼の基督教徒共励会長クラーク博士が日本に来て同会の必要に就いて語られた折, 青年は之を導くこと甚だ難く, 又彼等は自から基督教の事業に関することを頗る躊躇するものであると言れた. 然れ共我が国の状態は全く之に異なり, 大概ね青年こそは近づき得べき唯一の者にて, 彼等は最も容易に事業に従ひ得る者である. 又日本の最も多くの教会に於いては, 青年は各種の事業に従事して最も活発に働き, 加之或は教会にては青年の数其の多数を占めて最も勢力を有し, 何事も皆な只彼等の手を以って為すが故に, 屢年長者をして不快の念を抱かしむが如き事さへ無いではない.[47]

　さらに,『七一雑報』の論説と投書から明らかになる, 青年の読者の大部分を学生が占めていたという事実は, 比較的リテラシイの高い人々が読者に多数含まれていたことを示唆する. 青年が多いということは, 後述のように男子の比率が高いということでもある.
　第四に, 投書者の性別を見ると, 圧倒的に男性が多く女性はわずかである. 女性の場合, 投書者は主に東京, 神戸にある女学校の生徒だと名乗っている.「婦女子」を啓蒙する新聞という創刊号の標語からすれば, この投書者の構成は想定された読者像と異なっている. 確かに青年かつ男性が投書者の中心であったからといって, 読者もまた, ほとんどが青年かつ男性であったといえるのかは難しいところだが, 明治初期のキリスト教会における男女の比率も照らし合わせて考えると, やはり『七一雑報』の読者のほとんどが実際に男性であっ

---

47) 小崎弘道, 前掲論文 333 頁.

たという可能性は低くない．

> 他の邦国に於いては女子の会員常にその多数を占めない事はない．例へば此の国（米国）の教会の十中八九迄は女子の会員は男子の会員に比して殆んど一人に対する二人の割合である．一千八百九十二年における「コングリゲーショナル」教会の会員は左の如し
> 　　　男子　一七〇，〇〇〇　　　女子　三五〇，〇〇〇
> 然れ共日本にては全くこれが反対で，男子の会員に対する女子の会員の比例は大概四と三の割合である．是れ殆ど米国とは正反対の比例を為すものと云へる．昨年に於ける組合教会の統計を見るに
> 　　　男子　六，〇八七　　　女子　五，〇八七[48]

　以上のように，論説と投書を手がかりにして考えると，『七一雑報』は士族階層やミッションスクールの生徒で，漢字片仮名交じり文体の担い手である男性を，おもな読者層としていたといえるだろう．

　ここで，明治 14 年（1881）末に『七一雑報』が外国人の援助を排して経済的自立を図ったことにも触れなければならない．そのために，各地の有志に補助金募集の依頼状を発行しただけではなく，明治 14 年（1881）12 月 9 日発行（第 6 巻 49 号）の『七一雑報』には，以下のような募金趣意書が挿入されていた．

> 本社七一雑報ハ「アメリカンボールトミッション」ノ資金ヲ以テ明治八年十二月開業致シ候処諸愛兄姉ノ御引立ヲ蒙リ追々枚数モ増加致シ候得共未タ全国信徒ノ人員モ夥多ナラザルニ付現今ノ発売高ハ毎号一千枚ニ上ルコト能ハス加之非常ノ下価ヲ以テ売捌相成候故へ毎年一千円余ノ損亡之レアリ斯ル莫大ノ損失ニモ拘ワラズ基督教伝播ノタメ年々ニ発兌相成リ候義ハ全ク外国信徒ノ恩恵ニ由ルモノニテ実ニ我輩ハ之ヲ傍観スルニ忍ヒス依テ今般熟儀ノ上福音舎ニ譲リ受ケ定価ヲ一枚三銭ニ改正シ全ク我輩信徒ノ手

48）小崎弘道，前掲論文 332-333 頁．

ニテ発兌致シ度候処定価改定ニ及ブモ尚二千枚以上ノ発売ニ至ル迄ハ売上代ヲ以テ其費用ヲ償フニ足ラス然ルニ現今ハ漸ク千枚斗ノ発売ナレハ少クトモ一ケ年ニ五六百円ノ損亡アルヲ免レ難タシ依テ別紙之通リ補助ノ方法ヲ設ケ猶ヲ不足スル所ハ内外教友ノ寄附ヲ得テ来ル一月第一金曜日ヨリ福音舎ニテ発兌致シ候間何卒我輩ヲ補助シ旧ニ倍シ御愛顧アランコトヲ偏ニ奉懇願候

　　　　　　十二月　　　　　　　神戸　雑報社内
　　　　　各地諸愛兄姉御中　　　　　　　福音舎

　まず，1銭5厘という従来の定価を3銭に値上げし，2000部発行して収支の採算を合わせる．この引用文のあとには，具体的な補助金募集方法が述べられているが，それによれば2000部の売上に到達するまでは，年間500〜600円の赤字が見込まれるので，その補塡のための補助金として，一口50銭の資本株を募集したのである．この補助金の利子は一口月5厘であり，利子が50銭になったら補助金一口として預り券を渡すという仕組みであった．

　注目したいのは，定価を1銭5厘から3銭に値上げした点である．当時の小新聞の定価は「八厘より壱銭五厘までなりし事」，大新聞の定価は「弐銭以上なりし事」と野崎左文は述べている[49]が，明治14年（1881）7月，新聞用紙の価格高騰を理由に，東京の新聞9紙が8月から購読料の値上げを実施するとの連合広告を発表した．この協定に参加していた小新聞4紙のうち，『読売新聞』『東京絵入新聞』『有喜世新聞』は，一部売り価格1銭5厘，『鈴木田新聞』は一部1銭3厘にそれぞれ値上げした．これに対し『いろは新聞』は，一部売り1銭という低価格であった[50]．

　また，実際明治14年（1881）の12月の『東京日日新聞』の定価を紙面から確認すると，一部4銭である[51]．そこで，『七一雑報』の3銭という定価は当時の小新聞に比べ2倍の値段で，大新聞の定価に匹敵する，安くない金額であ

---

49) 野崎左文「明治初期の新聞小説」［野崎左文『増補　私の見た明治文壇1』（東洋文庫759，平凡社，2007年）25頁］．
50) 土屋礼子，前掲書155-156頁．
51) 『東京日日新聞』明治14年（1881）12月8日，8面．

ったといえよう．

　こうした『七一雑報』の値上げはその購読者を限定する効果をもたらしたと考えられる．経済的に中流以上の階層によって購読されるか，学校や教会による共同購入の対象にならざるをえなかっただろう．あるいは定価の値上げ前からすでに，実際の読者層のほとんどを中流以上の階層及び学校の生徒や教会の会員が占めていたのかもしれない．

　ちなみに，この時期には日本のキリスト教徒の間で，外国人宣教師からの自給独立論が高まっていた．隅谷は具体的な例を挙げながら，日本のキリスト教徒が宣教師から給料や学費の補助を受けるのを拒んだことを論じ，これは他のアジア地域と異なる現象であると指摘している[52]．

　また，明治26年（1893）に小崎弘道は日本におけるキリスト教の進歩として自給独立教会が多いことを挙げている．

　　日本に於ける基督教の進歩は実に顕著なるもので，最初の新教宣教師が初めて日本の土を踏みてより年を閲る事僅に三十四，最初の新教々会が初めて設立せられてより未だ辛く二十年を経過せるかせないかの短小日月であるけれど，然も日本には已に彼の宣教師が七十年の間伝道して居る土耳古よりも多くの信徒を有し，又殆ど一世紀間二倍若しくは三倍の宣教師が働き居れる支那よりも多くの自給独立の教会がある．〔中略〕明治十年より同十五年迄は反動の時代，攘夷の時代にして此の時代には維新以後絶えて聴く事のなかった「外国人を放逐せよ」との語を再び耳にした．凡ての公立学校に於いて儒教を恢復し，西洋の道徳は日本人に適せざるが故に之を公立学校にて教ゆべからずとの布告の発せられたのも亦た此の時である．[53]

　ここで，もう一つ注目したいのは，明治10年（1877）から同15年（1882）まではキリスト教徒が「反動の時代」と嘆くほど，キリスト教を外国の宗教として敵対視する傾向が世間にあったということである．キリスト教徒の間で自

---

52)　隅谷三喜男，前掲書20-22頁．
53)　小崎弘道，前掲論文331，340頁．

給独立論が高まったのは，その影響もあっただろう．

　以上のような読者層の考察を踏まえた上で，再び「天路歴程意訳」の翻訳文体の検討に戻り，本章で提示した問題について結論を出したいと思う．本章の議論をもう一度繰り返しておくと，日本語訳への翻訳は中国の文言訳からの重訳であったため，漢語を翻訳する必要があったが，編集長の村上俊吉はその難しい漢語をそのまま借用しつつも，俗語の振り仮名を付けることによってその漢語の難しさを和らげたのである．

　とはいえ，翻訳文を検討してみると，訓読をベースにより和文に近い形に和らげた漢字平仮名交じり文になっているにもかかわらず，口語体への試みは途中で中断され，全体としては文語体で翻訳されたという実情が明らかになる．つまり，婦女子の啓蒙のために採用されたはずの「振り仮名」と「口語体」という方法は，前者が連載の最後まで継続されたのに対して，後者は66回の連載のうち12回で中断してしまったのである．これはなぜだったのだろうか．

　「天路歴程意訳」の翻訳者の問題からすれば，確かに文言訳からの重訳であったため，口語体よりは文語体への翻訳のほうが容易であったという翻訳技術上の要因を挙げることができるだろう．

　しかし，『七一雑報』の紙面全体から考えると，読者層の問題を避けては通れないのではないだろうか．確かに『七一雑報』は「振り仮名」を用いることで，振り仮名を読む準識字層と，漢字仮名交じり文を読む識字層の両方を読者に取り込もうとした．ただし，『七一雑報』の実際の読者層のほとんどは，漢字片仮名交じり文の担い手であったことを考えると，「振り仮名」を施したことによる準識字層の取り込みという効果よりも，漢字を捨てずに用いたことによる識字層の取り込みという効果のほうが大きかったことになる．「振り仮名」という方法は，すでに読者の多数を占めていた識字層を読者として保とうとするものであったので，継続できたといえるだろう．

　これに対して「口語体」が中断された理由は，文字に習熟しない読者に記者が語りかけるような文章が識字層にとっては洗練されていないものに感じられたからかもしれない．結局，口語体の文章は，従来の文語体を好む読者層からの圧力を跳ね返すに至らなかったのである．

　そこで，明治16年（1883）にキリスト教についての知的議論は東京の警醒

第三章　メディア　　101

社に譲り,『福音新報』として改題され,純粋にキリスト教化を図るキリスト教紙へと変貌していった.

六　近代朝鮮における共同体的読書

　最後に近代朝鮮における識字と読者層に関して,簡単に言及することで,本章の記述を終えることにしたい.同時代の朝鮮は日本のようなメディア環境ではなかったため,日本と朝鮮を同一線上で比較することは難しい.しかしながら,識字問題を論ずる上では,その差異も含めた言及があるべきなので,先行研究の成果を利用して近代朝鮮のメディアについて述べておきたい.

　近代朝鮮のメディアについては韓国の文学研究者である千政換,マイケル・キムによる先行研究が代表的である[54].千の研究は近代読者の誕生に関わる研究として,1920年から30年代を中心にした読書の近代史を論じている.本書の対象になっている19世紀後半とは時間的な差があり,しかもキリスト教文献に焦点を合わせたものでもないが,彼の研究は社会史としての識字問題について考える上では非常に重要である.

　マイケル・キムの研究[55]は在朝鮮宣教師の記録に基づいて,これまで研究されてこなかった19世紀後半から20世紀初めまでの近代朝鮮の出版状況を明らかにしようと試みている.資料の引用が宣教師の記録に限られており,近代朝鮮の出版文化の全体像を浮かび上がらせているわけではないが,在朝鮮宣教師の視線から見た近代朝鮮の読書環境に関する手がかりを提供するという点から示唆に富む研究である.

　したがって,本節の議論としては千政換とマイケル・キムの研究をふまえた上に,布教のツールがどのように生み出されたかという観点を加えて,近代朝鮮における識字と読者層を眺めておきたい.

---

54)　천정환『근대의　책　읽기』(푸른역사,2003년).
55)　마이클　김「서양인들이　본　조선후기와　일제초기　출판문화의　모습」『열상고전연구』(열상고전연구회,2004년),마이클　김「일제시대　출판계의　변화와　성장」『한국사시민강좌』37집 (일조각,2005년),마이클　김「서양선교사　출판운동으로　본　조선후기와　일제초기의　상업출판과　언문의　위상」『열상고전연구』(열상고전연구회,2010년).

まず，近代朝鮮における読書文化の特徴としては共同体的読書を挙げることができる．朝鮮の近代は，文字の文化と声の文化が重なり合って，あるいはつながりあって社会に情報が伝達される仕組みになっていた．ハルバート（Homer Bezaleel Hulbert, 1863-1949）は朝鮮語訳『텬로력뎡』を出版した三文出版社（Trilingual Press）を創立した在朝鮮宣教師であるが，1906年の彼の著書 *The Passing of Korea* で次のように朝鮮の読書文化を紹介している．

　　いまだにこの国には本の出版に先立つ固有の伝統が存在する．つまり，口碑方式で小説を伝えることである．もしある紳士が小説を読みたいとしたら，彼は人を遣わせ本を売る露店に行って本を買って来させない．その代わりにグァンデ（広大）といわれる芸人，あるいは専門の講読師を呼ぶ．役者は付き添いと一緒に太鼓を持ってきて小説を朗読する．そして，しばしばこれで一日二日を過ごす．これは小説と大きな差があるのか．実はこれが相当のレベルの芸術であり，我々の小説より優る．なぜならば，朗読者の訓練された話しぶりと語調は，ただ小説を読むときには感じられない演劇性を加えているからである．[56]（引用者訳，以下同）

　ハルバートは朝鮮で出版社を経営する宣教師として朝鮮の読書文化に興味を示している．彼によると，朝鮮における読書という行為は西洋とは異なるものであった．朝鮮の読者は，特に経済的に余裕のある紳士層は大衆小説を自分で直接読むわけではなく，専門の講読師やパンソリの芸人，役者に読ませることが多かった．これは西洋人であるハルバートには神秘的かつ芸術的に感じられたことがわかる．
　また，米国北長老派海外宣教部の総務であったアーサー・ブラウン（Arther Judson Brown, 1856-1963）は非識字階級にも読み聞かせる読書法が一般的であったことを述べている．

　ソウルに存在する貸本屋のみを見ても諺文で書かれた本がより一般的であ

---

[56] Homer B. Hulbert, *The Passing of Korea*, New York: Double Day and Company, 1906. Reprinted with a forward (Seoul: Yonsei University Press, 1969), p. 312.

ることがわかる．しかしこの本の多数は文学的価値がまったくないのみではなく，粗末な話やわいせつな内容がまかりとおり，道徳的に有害である．一般の人々の多数は読み書きができないが，町ごとにその共同体の話し手と，本を読んでくれる男が一人，二人いる．彼らはその話を傾聴する聴衆に本を読み聞かせる．[57]

　ここで注目したい点は朝鮮人の多数は読み書きができない非識字者であるが，町ごとに本を読み聞かせる共同体的読書が行われていたということである．ちなみに，ブラウンは諺文で伝わる内容はおもに道理に合わない話であると切り捨てた評価をしているが，ハルバートの記録によると，諺文小説の読者層は幅広かったとされている．

　我々がこれまで論じてきた小説は漢文で書かれていたが，朝鮮では諺文のみで書かれている小説も多い．一般的にこの小説は極めて少数である識字層には見下されているが，実はその階層さえ諺文小説の内容にまったく親しまない人は稀である．この本はこの国のすべての書店で買い求められるし，ソウルでも貸本屋が多くある．そこには漢文と諺文のみで書かれた本が数百巻ある．[58]

　諺文小説は朝鮮の識字層に見下されていたものの，その階層も実際のところ諺文小説を楽しんでいる読者であった．そして，その読書法は諺文小説を朗読して一つのテクストを聴衆と共有する共同体的読書であった．先行研究によると，ある貸本屋の帳簿を分析した結果，貸本屋のお客の中には両班から商人，下男，そして女性まで多様であったと述べられている．[59] このように，近代朝鮮の諺文小説は幅広い読者層を確保していた．

---

57) Arthur Judson Brown, *The Mastery of the Far East*, New York: Charles Scribner's Sons, 1919, p. 76.
58) Homer B. Hulbert, *The Passing of Korea*, Double Day and Company, New York, 1906. Reprinted with a forward (Seoul: Yonsei University Press, 1969), p. 311.
59) 정명기「세책본소설의 유통양상」[『고소설연구』第16集 (한국고소설학회, 2003年) 85-92頁].

また，貸本屋には西洋小説を翻訳した本もあった．長老派宣教師であるクーンスの記録を見てみたい．

> その本はほとんど小説類である．諺文のみで大変通俗的である．その中には西洋小説を翻訳したものも少しある．すべての本は大変ぼろぼろになっており，ほとんどは今の主人が買ったものである．平均蔵書数は 164 冊であり，最も少ないときは 30 冊から最も多いときは 500 冊である．これは冊ごとに 5 銭を投資したのであった．[60]

たとえば，第二章で扱った朝鮮語訳『텬로력뎡』もクーンスの言及している西洋小説の一冊だったかもしれない．ちなみに，朝鮮語訳『텬로력뎡』は旧活字本小説である．1910 年代に旧活字本の古典小説は市場の麺類と同じ価格である 6 銭で売られたということで「六銭小説」とも広告された．この価格は 1920 年代に入ってから 20-30 銭へと値上がりするものの，それでも月 80 銭ほどの新聞購読料に比べると安く，1920 年代後半から 30 年代中頃に至るまで旧活字本の古典小説の販売は絶頂だったといわれる[61]．1895 年に朝鮮語訳『텬로력뎡』が最初旧活字本小説として出版され，この翻訳を若干修正して再版（1910 年），三版（1919 年），四版（1926 年）まで発行された背景には，このように新聞に比べて旧活字本の古典小説が価格の面で競争力を持ち，流行っていた点がある．

いずれにしても朝鮮語訳『텬로력뎡』はハングル専用文で書かれていて，段落区分や分かち書きは行われていない．この体裁の特徴は，新小説がせりふの表記，段落の区分，漢字の併記など，黙読を助けるために工夫されたのとは異なり，リズム感を持って声に出して読み，またこれを聞きながら楽しむ読者のために工夫されていたのである．

「共同体的読書」は，読み手と聞き手が同じ場で，同じ内容と情緒を共有す

---

60) E. W. Koons, "The House where Books are given out for Rent," *Korea Mission Field* (July 1918), p.150.
61) 마이클 김「일제시대 출판계의 변화와 성장」[『한국사시민강좌』第 37 集（일조각，2005 年），p.194］．

るところにその特徴があるが,「新聞や思想書籍を媒介として行われた共同体の大規模な音読」が「啓蒙理念を伝播するのにより効率的で大規模な方法であった」という千の指摘に注目したい[62]．宣教師や朝鮮知識人が様々な形で行った布教活動は，印刷物のみならずそれを声に出して読む読書形態によって支えられていた面があり，それだけ音読という方法が文字に劣らず情報伝達力を有していたことを意味するからである．

　一方，近代朝鮮において活字メディアが広がりを見せたのは，1920年から30年代になってからのことである．たとえば，植民地期における出版社数は，三・一独立運動後の文化運動の盛り上がりに並行する1923-26年は56-62社を数え，植民地下において最高であったし，その後も1930年代前半期まで40-50社程度存在していた[63]．また，1920年代から30年代にかけて印刷業の企業化が進展し，1920年6月末段階と1939年段階とを比較すると，工場数で約6倍，生産額で約7倍の増加を見せた[64]．『朝鮮日報』,『東亜日報』(ともに1920年創刊），『時代日報』(1924年創刊)や新聞社，各種団体による雑誌・機関誌の発行という背景も加わり，近代朝鮮の活字メディアは1920-30年代において広がりを見せたのである．

　そのようなメディアの力は，それを受容する消費者が存在してこそ発揮されうるものであった．すなわちそのためには，印刷メディアを十分に消費する「読者」の誕生が必要とされたのである．ところが，千政換は，近代初期には音読で表現される前近代的な口述文化と「一つの読み物を家族や地域・職業共同体が共有する」「共同体的読書」が，1920-30年代にも広範囲に残存していたと指摘する[65]．

　「共同体的読書」の文化は，個人的な黙読に基づく近代的読書へ移行する以前の状況としてとらえられるが，逆にいえば，そのような文化の「残存」は識字率とも関係するものであった．

---

62) 천정환，前掲書116-118頁．
63) 방효순「일제시대　민간　서적발행활동의　구조적　특성에　관한　연구」(이화여자대학교 대학원박사논문，2000年) 20-21頁．
64) 방효순，前掲書11頁．
65) 천정환，前掲書111頁．

19世紀後半の朝鮮における識字率を示唆してくれる資料は見あたらないが，1922年1月5日の『東亜日報』の社説「教育に徹底せよ」では次のように識字率の低さを嘆いている．

　　見よ．朝鮮人一千七百万の中で自分の姓名を能く記する者幾らあるか．読むこと，書くこと，数えることを知る者幾らあるのか．さらに事物の理を正当に理解する者が幾らあるのか．普通常識を具備して一市民の資格を完有する者が幾何なのか．一千七百万の半数が婦女とすれば八百五十万がすなわちそれである．その中で書信一通どころか諺文一字に通ずる者が幾何なのか．<u>百人の中で一人だとしたら一種の誇張ではないかと考えられるが</u>，一方の半数である男子の中でも大部分を占める農民の知識を挙げて之を論ずれば，<u>新聞一枚どころか日常の意思疎通に必要である書信一通を上手に読み書きできる者が亦百人の一人なら多幸だといえる．したがって，大体之を論ずれば，朝鮮の一般民衆は大部分が文字に盲目であるといえる</u>．66)

　1919年の三・一独立運動後，朝鮮の民族主義者は民衆を民族運動の主体として認識し始め，民衆の啓蒙のためには文盲の打破が優先されるべき課題だと考えるようになった．その文盲打破運動を背景として，この社説では多少誇張しているとはいえ，100人の中で1人しかハングルの読み書きができないと嘆いている．これは『東亜日報』が全国的に公式調査から得た統計ではないが，当時の社会現実を把握して言及したという点で，注目に値する．
　また，1928年3月17日の「文盲退治の運動」という記事を見てみたい．

　　我々の現実を見ると，文字を知っている人が最大限に見積もっても二百五十万にすぎない．<u>多くの統計から総合して計算すると全人口の一割余りにすぎない</u>．我々はこうした文盲を退治しない限り民族的に平等な権利を云うことはできない．それは確固たる論理的基礎を持つべきだという意味

66)　「교육에철저하라」『東亜日報』1922年1月5日.

から或る大きな不足が感じられるからである．〔中略〕こうした簡便で完全な文字を持っているにもかかわらず，朝鮮民族の九割を文盲にしてしまっていることは文明人として一大恥辱だといわざるをえない．67)

　この記事は検閲により削除されたと思われる部分があり，具体的にどのような統計に基づいているのかは確認できないが，1920年代後半まで朝鮮全人口の90％程度が非識字状況にあったことを示唆してくれる．
　千政煥は，1920年代後半までの識字率の低さに鑑み，「1910-20年代においては，書籍と新聞を自由に読むことのできる人間は多数ではなかった．」68) とする．
　したがって，こうした植民地時代における識字に関する新聞資料と，読者層に関する千政煥の分析を，本書の考察対象である19世紀後半の朝鮮に適用してみると，朝鮮全人口の90％以上が非識字状況であり，口述文化と「共同体的読書」が情報伝達のためのおもなツールになっていたことが推測できる．つまり，このような識字状況では，印刷メディアのみによる知識・情報伝達には限界があったと見なければならない．
　口述，口演，共同体的読書は久しい習俗であり，普遍的なコミュニケーションの方法であった．そこで，それは有識者を含めた社会全体の文化享有者のほとんどに広範囲の影響力を有していた．特に，1890年代と1900年代は雄弁と討論の時代といわれるほど，啓蒙開化とともに演説と討論の場が開かれていき，教会，ミッションスクールでも口述，口演，共同体的読書の経験が蓄積されていった．
　したがって，文字の受容という点について考えてみると，19世紀後半朝鮮ではキリスト教宣教師によって文字を媒介にする印刷メディアの拡大がある程度見られたが，いわゆる近代的な読書体系を受容することのできる層というのは限られていたのであり，啓蒙運動の前提も読み書き能力を前提としない「共同体的読書」に大部分支えられていたと考えられる．よって文字が担いえた布教的機能は限定的で，むしろ音声が果たした機能が依然として大きかったので

---

67)　「文盲退治의運動」『東亜日報』1928年3月17日．
68)　천정환，前掲書93頁．

ある．

　ここで本書の第二章で扱った朝鮮語訳『텬로력뎡』の翻訳において，なぜ官話訳からハングル専用文への伝統的な翻訳ルートが活用されたのかについて，もう一つの手がかりを得ることができる．在朝鮮宣教師は社会の末端への布教のためには，この「声の文化」及び「共同体的読書」に頼らざるをえなかった．そこで，宣教師たちはキリスト教小説の翻訳にあたって，文字の文化と声の文化が重なり合うように前近代の翻訳ルートを利用して旧活字本小説の体裁を借り，音声を聞く読者層を確保しようとしたのである．

　それに対して，日本語訳「天路歴程意訳」はキリスト教新聞である『七一雑報』に連載され，その出発からある程度識字層と準識字層を読者として想定していた．第五節で明らかになったように，たとえ『七一雑報』の編集部が振り仮名と口語体の工夫で庶民への布教を試みたとしても，実際の読者はミッションスクールを中心とする識字層に限定されていた．さらに，『七一雑報』の刊行の当時（1875-1883年），日本は大新聞と小新聞などの新聞社や各種団体による雑誌・機関誌の発行が活発になっていく活字メディアの時代を迎えたのである．

　このように，音声メディアと聞く読者を前提にする朝鮮語訳『텬로력뎡』と，活字メディアと読む読者を想定する日本語訳「天路歴程意訳」は，日韓における翻訳のあり方を究明するもう一つの手がかりを提供してくれる．その背景には日韓両国におけるそれぞれのメディア環境が働いていたことはいうまでもない．

第四章　知識人：李樹廷訳聖書の文体

一　日本滞在間（1882-1886年）における李樹廷の軌跡

(1) 李樹廷について

　朝鮮における聖書翻訳は，中国や日本との緊密な関係の中で進んできた．プロテスタントの宣教師が朝鮮に入る前からすでに，満州や横浜で聖書は朝鮮語に訳されていたのである．最初の朝鮮語訳聖書は，1882年に満州で宣教師ロス[1]（National Bible Society of Scotland）が朝鮮人の助力を得て路可伝と約翰伝を翻訳したものである．一方，日本に滞在中だった李樹廷（イスジョン）は横浜で，1884年（明治17）に四つの福音書と使徒行伝の漢訳に音読口訣記号[2]を付したものを出

---

1) 中国名羅約翰．スコットランドのロス・シア（Ross-Shire）生れ．1872年に芝罘に到着し，初めは山東で伝道したが，次いでスコットランド長老教会（一致長老教会）宣教師として満州牛荘に渡った．そこで，いわゆる満州伝道の開拓にあたり，中国人王静明（ワンジンミン）を入信させて伝道者としたことは彼の一つの功績であった．さらに義州出身の朝鮮人である李応賛（イウンチャン）に出会って朝鮮人への伝道を志し，朝鮮語を学んで，路可伝と約翰伝両福音書をまず朝鮮語訳し印刷した．1887年には『イエス聖教全書』として初めて朝鮮語訳の新約全書が完成された．これをロス訳という．彼は翻訳の傍らマッキンタイアー（John McIntyre）と協力して朝鮮人への布教に努め，改宗者を朝鮮各地に送って，彼らを朝鮮プロテスタントの先駆者にした．参考：日本基督教団（編）『キリスト教人名事典』（日本基督教団出版局，1986年）．
2) 口訣は「吐」とも呼ばれ，漢文理解のために本文の右傍に墨書された文法要素である．吐は漢字の音読を用い，墨書で懸吐（吐を付けること）する際には正字ではなく，略体を用いるのが特徴である．本文右傍に略体で書くのが本来の姿であるが，刊本では本文中の該当箇所に正字の口訣を双行で入れたり，上欄外に略字の口訣のみを刻したり，様々である．口訣は漢文の書籍に付けられるが，その範囲は仏書，経書，史書，小説などにわたる．参考：藤本幸夫「古代朝鮮の言語と文字文化」［岸俊男（編）『日本の古代　第14巻　ことばと文字』（中央公論社，

版し，1885年（明治18）には馬可伝の漢字ハングル交じり文の訳を出版したことは第一章で前述の通りである．

また当時，米国聖書協会（American Bible Society）の主幹であった在日宣教師ルーミス3)（Henry Loomis, 1839-1920）は，朝鮮が米国と修好条約を結んだ1882年（明治15）頃を見計らって，米国の教会に朝鮮への宣教師派遣を依頼していた．そのとき李樹廷は"Condition of Korea"を *The Missionary Review of the World* に発表し，朝鮮におけるキリスト教布教の必要性を力説したのである．

こうして1885年にプロテスタント宣教師は正式に朝鮮に入国することになった．そのときの宣教師は第一章で前述したように，米国北長老派のアンダーウッドであった．アンダーウッドは，1885年（明治18）1月に日本に到着し，ヘボンの自宅に寄宿しながら朝鮮への出発準備をした．その頃にはすでに李樹廷による朝鮮語訳聖書が横浜の米国聖書協会から出版されていたので，1885年4月にアンダーウッドが朝鮮に入国したときには，李樹廷訳の聖書を携えていたことになる．

このように，李樹廷は聖書を朝鮮語に翻訳した初めての朝鮮人であり，また朝鮮におけるキリスト教宣教初期の，在日・在朝鮮宣教師の交流史にも深く関わっている点で，朝鮮語訳聖書の翻訳史研究において欠かすことのできない人物であるといえよう．にもかかわらず，おそらくは彼の日本滞在が4年間と短かったこと，また朝鮮に帰国後すぐ死亡したせいで関連資料が少ないことなどを理由に，これまでほとんど注目されることはなかった．

さらに，数少ない従来の研究は，李樹廷の軌跡に焦点をあてる歴史研究の方面において行われており，聖書翻訳については彼の活動の一つとして取り上げ

1988年）175-240頁］．
3) ニューヨーク州バーリントン生れ．1872年（明治5）に米国長老教会宣教師として来日し，ヘボンとともに英語を教えていたが，横浜第一長老公会（現・横浜指路教会）を設立して，横浜居留地42番にあった米国聖書協会の主幹として活躍した．彼は1882年（明治15）に朝鮮を米国聖書協会の管轄地域に決め，李樹廷訳聖書をはじめとする朝鮮語訳聖書は，1923年（大正12）の関東大震災で印刷所が消滅するまでほとんどが彼の福音印刷会社で出版された．ただし，満州で翻訳・出版されたロス訳は例外である．参考：日本キリスト教歴史大事典編集委員会（編）『日本キリスト教歴史大事典』（教文館，1988年）以下同．

られる程度にとどまっている[4]．しかしながら，そもそも李樹廷が注目されるようになったのは，聖書翻訳史においてであることに鑑みると，何より彼の翻訳テクストについての研究がなされるべきであろう．

したがって，本章では李樹廷の翻訳テクスト，特に李樹廷訳『신약마가젼복음셔언해』（新約馬可伝福音書諺解）の文体の特徴を分析した上で，在日宣教師ルーミス書簡を参照することで，翻訳者の意図や文体意識を明らかにしたいと思う．そのために，まず本節では，李樹廷の日本滞在間（1882-1886 年）における軌跡について述べることとする．おもな先行研究をふまえた上に，関連資料に基づいて彼の聖書翻訳の経緯と，彼が朝鮮に米国系宣教師を招く過程を辿りたいと思う．

李樹廷の渡日以前の生涯についてはほとんど知られていない．代表的な研究者である李光麟によると，李樹廷の渡日について確認できる関連記録は 1882 年のものである[5]．以下の引用文の下線は引用者による．

　一六二　十月十三日　吉田外務大輔ヨリ三条太政大臣宛
　朝鮮国使節朴泳孝本日午後四時横浜着港午後七時発之汽車ニテ入京旅館ヘ
　駐留相成候間此段及御届候也
　十五年十月十三日
　　　　　　外務卿代理
　　　　　　　外務大輔　吉田清成
　太政大臣　三条実美殿
　〔中略〕
　註　因ニ使節一行ハ左ノ通リ
　　正使　朴泳孝
　　副使　金晩植

---

4) 李樹廷の軌跡についての代表的な研究としては，이광린「이수정의 인물과 그 활동」[『史学研究』（한국사학회, 1968 年）217-233 頁］をはじめとして，李樹廷の日本滞在中の大新聞及びキリスト教新聞における関連記事を整理した오윤태『韓国基督教史 IV——改新教伝来史——先駆者李樹廷編』（恵宣文化社, 1983 年）と，在日宣教師ルーミスの米国聖書協会宛報告書の一部を紹介してこれまでの李樹廷の軌跡を補った이덕주，前掲論文を挙げることができる．
5) 이광린, 前掲論文 218-219 頁．

従事官　徐光範

　　随員　柳赫魯, 李福煥, 朴齊綱, 金龍鉉, 邊錫胤, 金祏定, 朴命和, 金鳳均, 曹漢承, 朴泳俊以上十四名

　　国情視察ノ為メ同行セルモノ

　　　閔泳翊

　　　金玉均

　　其ノ随員朴義兼, 李樹廷, 李古砿ノ三名ナリ[6]

　朝鮮では1882年の壬午軍乱[7]の後, 同年に朴泳孝（バクヨンヒョ）(1861-1939)[8]を代表とする修信使が日本の視察に派遣された. その際に閔泳翊（ミンヨンイク）(1860-1914)[9]と金玉均（キムオクキュン）

---

6)　「事項11　朝鮮使節ノ来航立ニ修好条規続約批准交換ノ件」[外務省（編）『日本外交文書第15巻』（日本国際連合協会, 1951年）294-295頁].

7)　1882年7月23日, 朝鮮王朝の旧軍隊が起こした反乱と, これを契機とする都市暴動事件. 1876年に締結された江華島条約によって大院君の鎖国政策が崩れると, 開化派（独立党）と守旧派の対立が先鋭化した. また, 開港を契機とする日本人商人の流入とその横暴な行動, 爆発的インフレから, 政府と日本への反感が民衆の間に高まっていた. こうした状況下で新式軍隊を養成する別技軍が給与面で厚遇されているのに対して, 13ヵ月の間俸給米の支払いが滞っていた旧式軍隊の間で不満が高まり, ついに事態は暴動化した. 加えて同時期に王による親政を企図し, 外戚の閔氏一派の一掃と再執権の機会を狙っていた大院君が反乱軍と結びつき, 事態は閔氏と日本勢力の排斥運動へと進行した. 軍民は大院君の密命にしたがって閔妃を暗殺しようとしたが, 閔妃は宮女に扮装することで辛くも王宮を脱出した. こうして政権を握った大院君は, 反乱を鎮定して軍制を改編し, 事態の収拾にあたったが, 閔氏一派の要請を受けて清の軍隊が派遣され, 大院君の再執権は短命に終わった. 参考：韓国史事典編纂会『朝鮮韓国近現代史事典』第2版（日本評論社, 2006年）, 以下同.

8)　朝鮮王朝末期の政治家. 82年に修信使に任命され, 金玉均らと日本を視察した. 84年12月14日, 甲申政変を起こし, 守旧派を除去して政権を握ったが, 政変は3日目に失敗, 日本に亡命した. 94年, 甲午改革で罪が許されて帰国. 金弘集内閣で内務大臣となり, 自主的改革を図ったが, 高宗廃位の陰謀に連座し, 再び日本に亡命した. 1907年に長い亡命生活を終えて帰国. 赦免されて李完用内閣の宮内大臣となったが, 大臣暗殺陰謀事件に連座し済州島に1年間流された. 日韓併合後は日本から侯爵の爵位を受け, 中枢院顧問に任命されて日本の貴族院議員と朝鮮殖産銀行理事を務めた.

9)　朝鮮王朝末期の政治家. 明成皇后の甥. 父の閔台鎬は壬午軍乱の際の最高責任者であったが殺され, 閔泳翊の家屋も破壊された. 壬午軍乱の後, 日本の被害に対する謝罪使節団として朴泳孝が派遣されるが, 閔泳翊は金玉均とともに非公式の随行員として日本を視察した. また, 後に中国の天津, 米国, ヨーロッパなどの見学から帰国すると保守官僚として開化派を圧迫した. 1884年12月の甲申政変において開化派の襲撃を受けて重傷を負うが, この時に治療を担当した米国の宣教師兼外交官であるアレン（Horace Newton Allen, 1858-1932）はこれを契機

(1851-1894)[10] は使節の正式の随行員という形ではないものの日本の文物制度を視察するために同行しており，李樹廷はその二人に伴われている．

さて，李樹廷はどのような経緯でこの一団に参加したのであろうか．まず，井上角五郎は1885年（明治18）12月15日の『時事新報』雑報欄に掲載された「朝鮮日誌第四」において，李樹廷の父親と面会したときのことを以下のように描写し，李樹廷について説明している．

> 一作日李兼逵氏余を来訪し今日も亦来れり氏ハ東京語学校教師李樹廷氏の父にして当時全羅道玉果の地に住居する由なるが樹廷氏が東京に在りて病に罹りたる趣を聞き態々上京して余にその病状を問ひたるなり氏ハ一文を作り余が「謹テ告クニ朝鮮大方君子ニ」と云へる檄を論じて余に示せしに文章主意共に見るべきもの多く余が檄を論ぜしもの頗る多き中に氏の説尤も余の心を得たり今氏に就て樹廷氏の人と為りを質問せしに樹廷は夙に開化の説を唱へ閔泳翊と交り深く是迄屢は国家に功労ありて去明治十五年の乱後に日本に赴きたるなりと云ふ」[11]

ここから，李樹廷は開化派として閔泳翊と交わりが深かったことを縁として，彼に伴われてその使節団に参加したのではないかと推察される．

ここでもう一つ李樹廷の来日の背景として指摘しておきたいのは，李樹廷が1881年に紳士遊覧団に参加した安宗洙（アンジョンス）(1859-1895)[12]からキリスト教を紹介されたということである．李樹廷を聖書の翻訳に携わらせた在日宣教師ルーミス書簡を見てみたい[13]．ルーミス書簡の本文については図6を参照されたい．

として王室医師兼高宗の専従顧問となり，1885年に王が開設した朝鮮最初の近代的病院・広恵院の医師兼最高責任者を務めた．
10) 朝鮮王朝末期の政治家．開化思想家．1884年12月に郵政総局開局祝賀晩餐会の場で朴泳孝らと甲申政変を起こした．守旧派巨頭を除去して新政府を組織したが，清の駐屯軍の介入で政変は3日目に失敗．日本に亡命して岩田周作と名乗り，10年間日本各地を流浪した．その後，上海に渡り，清の李鴻章に会って助力を得ようとしたが，1894年3月28日，本国政府が送った刺客・洪鐘宇によって殺害された．
11) 井上角五郎「朝鮮日誌第四」『時事新報』1885年12月15日．
12) 1881年に紳士遊覧団に参加して日本の農学技術を学ぶ．帰国後当時の日本農学技術の権威者である津田仙の影響で『農政新編』を翻訳して朝鮮に紹介した．

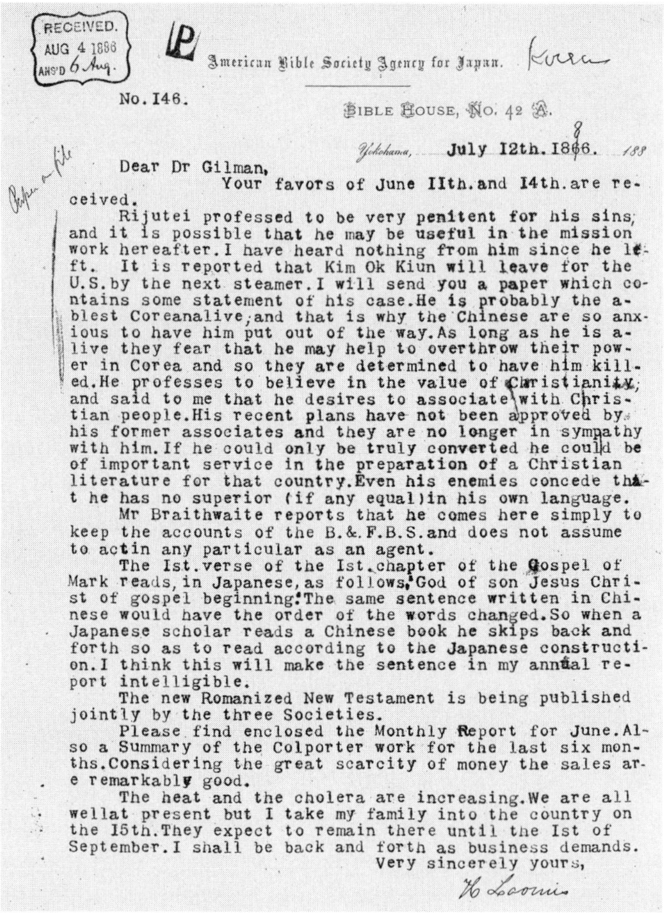

```
RECEIVED.
AUG 4 1886
ANS'D 6 Aug.
```
American Bible Society Agency for Japan. Korea

No.146.

BIBLE HOUSE, NO. 42 A.

Yokohama, July 12th. 1886.

Copy on file

Dear Dr Gilman,
　　　Your favors of June IIth.and 14th.are received.
　　Rijutei professed to be very penitent for his sins, and it is possible that he may be useful in the mission work hereafter.I have heard nothing from him since he left. It is reported that Kim Ok Kiun will leave for the U.S.by the next steamer.I will send you a paper which contains some statement of his case.He is probably the ablest Coreanalive,and that is why the Chinese are so anxious to have him put out of the way.As long as he is alive they fear that he may help to overthrow their power in Corea and so they are determined to have him killed.He professes to believe in the value of Christianity, and said to me that he desires to associate with Christian people.His recent plans have not been approved by his former associates and they are no longer in sympathy with him.If he could only be truly converted he could be of important service in the preparation of a Christian literature for that country.Even his enemies concede that he has no superior (if any equal)in his own language.
　　Mr Braithwaite reports that he comes here simply to keep the accounts of the B.&.F.B.S.and does not assume to actin any particular as an agent.
　　The Ist.verse of the Ist.chapter of the Gospel of Mark reads,in Japanese,as follows,"God of son Jesus Christ of gospel beginning:The same sentence written in Chinese would have the order of the words changed.So when a Japanese scholar reads a Chinese book he skips back and forth so as to read according to the Japanese construction.I think this will make the sentence in my annual report intelligible.
　　The new Romanized New Testament is being published jointly by the three Societies.
　　Please find enclosed the Monthly Report for June.Also a Summary of the Colporter work for the last six months.Considering the great scarcity of money the sales are remarkably good.
　　The heat and the cholera are increasing.We are all wellat present but I take my family into the country on the 15th.They expect to remain there until the Ist of September.I shall be back and forth as business demands.
　　　　　　　　　　　　　　Very sincerely yours,
　　　　　　　　　　　　　　　　H Loomis

図6　ルーミス書簡（米国聖書協会蔵）

---

13) 以下のルーミス書簡の引用に際しては，原則として筆者が直接ニューヨークにある米国聖書協会（The American Bible Society）でルーミス書簡を閲覧し確認した原文に基づいている．韓国では米国聖書協会所蔵のルーミス書簡のうち，朝鮮宣教関係の書簡のみを編集した資料集が，이만열・옥성득（편역）『대한성서공회사 자료집 제1권——로스서신과 루미스서신』（上・下）（대한성서공회, 2004年）として出版されている．以下，筆者が今回の資料調査を通して新しく発見した書簡と，韓国の資料集を手がかりにして原文を確認した書簡については，そのまま引用しているが，資料集に掲載されているものの，調査において原文を確認できなかったものについては資料集から引用することとし，その個所については資料集の書誌を示していることを付記する．

ルーミスからギルマンへ
1883年5月30日
ギルマン様
　朝鮮から日本への紳士遊覧団の一員で李樹廷の友人（安宗洙）は津田仙に出会いました．津田仙は日本人クリスチャンです．（津田はヴィーンを訪ねたとき，米国聖書協会の『レコード』1876年5月号で紹介されました．）その友人は聖書のメッセージと津田から聞いた福音を大変喜びました．<u>そこで，彼は李樹廷に日本で津田を訪ね，キリスト教についてより多く学んでくるように勧めました</u>．その修信師（安宗洙）は津田に「私は決して山上の垂訓ほど崇高な思想をいまだに見たことがありません．それは大変すばらしいです．そして，そのような教訓は大変有益です」と言いました．彼はまた「私は朝鮮から来るときキリスト教に触れないと約束したので，聖書を持って帰ることはできません．しかし，王と私の友人に私の学んだことを伝え，キリスト教に対する彼らの偏見を取り除くように努力します」と約束しました．
　<u>李樹廷は津田仙を訪ね，福音を聞きました</u>（あるいは漢訳聖書を読みました）．<u>李はその時日本語がわからなかったので，漢字の筆談を通して教えられました．李は教わったことを大変喜び，聖書研究に精進しました</u>．その後，李は夢を見ましたが，背の高い人と低い人，二人がかご一杯の書籍を李に持ってきました．彼は二人にその書籍は何かと聞きました．二人は「この本は貴方の国のために最も大切なものです」と答えました．彼が「何の本ですか」と聞きましたら，二人は「聖書です」と答えました．この不思議な夢はあまりにも印象深かったので，李はその夢を天の啓示として受け止めました．その後すぐに彼は洗礼を申請し，安川牧師の補助で長老派のノックス牧師が洗礼問答を行いました．その問答は大変徹底的で満足できるものでした．大変短い間に，李がこれほど多くのことを学び，キリスト教の信仰について明確で明瞭な見解を持つようになった事実は驚くべきことでした．（引用者訳，以下同）

　1881年（明治14）に日本に派遣された紳士遊覧団には，農業技術を学ぶこと

を目的としていた安宗洙という人物がいた．彼は当時日本で農業技術の権威者であり，またキリスト教界の重鎮でもあった津田仙を訪問することとなり，それを縁として津田仙からキリスト教の伝道を受けた．しかしながら彼は，当時の朝鮮ではキリスト教が禁じられていることを理由に，漢訳の「山上の垂訓」を朝鮮に持っていくことを断ったのである[14]．このルーミス書簡によると，安宗洙は帰国後，津田仙とキリスト教について李樹廷に話し，その話に李樹廷は興味を喚起されたという．

　こうして李樹廷は津田仙に会い，津田からキリスト教伝道を受けた．そしてその後，漢訳聖書を読みながら聖書の勉強を始めることになる．そしてついに彼は受洗するに至るが，彼の受洗について『七一雑報』では次のように紹介している．

　　偶々去十二月津田仙氏の誘引により築地のクリストマスに臨場され大に感ずる所ありて其後は長田氏に就て聖書の大意を学び又安川氏に就て仏教と聖教の異同を質問し終に去月廿九日の安息日に東京露月町教会に於て安川氏より聖洗を受られたり此李氏の叔父に天主教を信ずる者ありしが偶大院君が国内の天主教を誅戮せし時奮然として之を諫めしに大院君立どころに之を捕縛し初には両手を切り次に両股を截断し後四体を寸断にして死に至らしめ且其家産を没収せりと斯る迫害に遭ひ親族のあるにも係らず信心を起せしは実に敬虔の士と云べし朝鮮人の日本にて洗礼を受けしハ此者を始とし朝鮮国内にてもプロテスタントにては此者が鼻祖なるべしとの事なりと東京より報知

　　因にいふ近頃西京デベス氏の処にも一の朝鮮人来りて其本国に伝道師

---

14) 津田仙と安宗洙の出会いについては『七一雑報』1881 年（明治 14）11 月 25 日「教会新報」「三府近事東京」で詳細が報じられている．たとえば，「仙君之に応じて，側にありける馬太伝五章を認めたる掛物を示して，昔論語を贈られたる報恩に灯火よりも輝く処の日光を贈るべしとの意を述べられたり異客之を読で感佩措く能ハず，津田氏此幅を進ずべしと申されけれバ，異客之を辞して曰く，実に耶穌教の徳あるを悟るが故に，帰国の上は必ず宗教の自由を国王に請願すべし．然れども今般予国を出るとき，必ず耶穌教を携へて帰国せざるを誓たれバ，暫く君家に預くべし．又頂戴する機会もあらんとて，一詩を賦して津田氏に与へり　種徳門中見吉光　耕田自在福田長　欣々虚己迎人処　更覚明朝名一方」と述べられている．

を送らんことを乞ひたるよし該地にて伝道会社の集ありし節デベス氏より話ありたり15)

　当時の朝鮮ではキリスト教が禁じられていたにもかかわらず，朝鮮人が日本で初めて洗礼を受けたことは，日本のキリスト教界に大きな刺激を与えたであろう．さらに，その朝鮮人は，朝鮮政府の天主教迫害政策による殉教者を叔父に持っているのである．このように，朝鮮におけるキリスト教の信仰の困難を，身をもって知る李樹廷が，1883年（明治16）4月29日に最初のプロテスタント受洗者になったことについて，同年5月11日の『七一雑報』は教会報知欄に「韓人受洗」という題目で上のように報告しているのである．さらに，その記事の末端では李樹廷のほかにもう一人の朝鮮人の例を挙げつつ，朝鮮宣教の必要性を呼び掛けている．

　日本のキリスト教界に知られた李樹廷は，同年5月11日に東京大親睦会に参加して朝鮮語で祈禱する．翌12日には信仰告白をしている．それについて同年5月25日の『七一雑報』の「東京大親睦会記事」欄では「〇奥野氏の発議にて朝鮮人李樹廷氏に其邦語を以て祈禱する事を許す〇李氏祈禱〇会衆祈禱」と報告している．また，同じ日付の同欄は李樹廷の信仰告白の全文を漢文で報じている．一二点付きの原文は資料1を参照されたい．以下の訓読は引用者による．

　　左の一編は去るバプテスマを受けられし朝鮮人李樹廷氏が其信仰を言ひあらはされしものにて我等の愛し奉る仁慈深き天父の愛のかく速かに彼の国人に伝はりて今日此証文を視る事は実に喜ばしき至りならずや是は其往年欧米の兄弟か千里の波濤を打越へて我が日本に真神の福音を伝えられし如く我等兄弟をして彼の朝鮮に道を伝へよとの神意にはあらざるか我愛する兄弟等に李〇のことについて聊か考へあらまほし
　　僕啓する者有り．僕偏邦に生まれ寡陋に習熟し，文明の化を知らず．近来　貴邦聖霊の導誘を仰頼し，僉君子の厚愛を蒙るを得．初めて　洗礼を領

---

15)「韓人受洗」『七一雑報』1883年（明治16）5月11日．

僕有啓者僕生於偏邦習熟寡陋不知文明之化近來
貴邦仰賴聖
靈之導誘得蒙僉君子之厚愛初領洗禮俾望大道至於聖書所訓
不能窺萬分之一不敢自謂有所見解則今日盛會尤豈可黙宣誓
說哉然心有所癢情不能忍欲質正於僉君子乞寛恕且撥恐蒙幸
甚
按新約書約翰傳第十四章　耶穌所示曰我在父而父在我爾在
我而我在爾云其旨明顯而厥義奧妙乃說致之要旨致信之關鍵
學者不可不深究故　耶穌最於此旨反覆申詳　諸先生嘗無不
了解僕於此亦最研究念悟　耶穌極力提醒具以此旨揭示天父
在我々在父我在爾々在我卽神人相感之理有信必成之確證
耶穌設譬曰我父爲園人我乃興葡萄樹爾爲此樹枝其理已直捷
易解不煩穿鑿今僕更有何辭發明乎曰　耶穌當時使徒親承至
訓更無餘惟至今日去聖世既遠恐學者不於義理上透徹則不能

發大信盖神人相感之理如是譬燈炷不燃則無光燈炷是向道心
燃爲信心火爲神感故信感非由信心則不可得徒有炷則不成爲
燈故不燈時終不見光不信時終不得救若只領洗依人作念中無
眞信則非惟不能爲　聖徒抑且不得爲人如炷終不受燃則碎薬
之如壇失其味則踐踏者同也神之在天如聲之在鍾聲則光大炷
聲鍾與槌雖具而各懸一處其有聲故燈以大炷燃則光大鍾以
小槌叩則聲小卽多求與小信小成之意慨無不成之理若信三
位一體之旨卽信己身與三位並合爲一夫以此心至謂爲神殿
言其信心所在於神亦在焉神在我則我卽在神中一念卽至
間不容髮不在於上下而方在於祈禱動静語默此是神人致感明
驗也但不深究此義而確信上天之必有我父必有基督有甚督必
成否只自省信心之有無莫問於師莫求質於神故欲確知得救必
有聖靈則其得救罪而必至天國無疑者以聖靈之感化而不受魔
擾不落暗坑者另是洪恩父不關於通理與否不然則爲佛盖々
々彼曰不悟則不能成佛盖舉梯於空中而令人超上故與聖敎難
易迥殊虚實卽可判

資料1　「李樹廷の信仰告白文」『七一雑報』，1883年5月25日．

し，僅かに大道を望み，聖書の訓ずる所に至り万分の一を窺ふこと能はず．敢へて自ら見解する所有りと謂はざれば，則ち今日の　盛会，尤も豈に妄りに謽説を宣ぶるべけんや．然るに心痒き所，情忍ぶこと能はず．僉君子に質正せんと欲し，乞ふ寛恕せんことを．且つ愚蒙を撥かば幸甚なり．
　按ずるに新約書約翰伝第十四章　耶穌示す所曰く，我父に在りて父我に在り，爾我に在りて我爾に在り．其旨明顕にして厥義奥妙乃ち説教の要旨なり．信に到るの関鍵，学者深究せざるべからず．故に　耶穌は最も此の旨に於て反覆申詳す．〔中略〕若し三位一体の旨を信ずれば，則ち即己の身の三位と並合して一為るを信ず．〔中略〕但だ深く此の義を究めずして，上天之れ必ず我が父有らば，必ず基督有り．基督有らば，必ず聖霊有るを確信すれば，則ち其赦罪を得て必ず天国に至ること疑ひ無き者．

李樹廷はヨハネ福音書15章の「私はまことの葡萄の木，私の父は農夫である」という比喩を解釈しながら，三位一体の神，贖罪の恵みというキリスト教の教理に基づいて自分の信仰を告白している．その信仰告白文は『七一雑報』のみならず同月30日の『六合雑誌』の雑報欄に再掲され，「左ノ一篇ハ先頃「バプテスマ」ヲ領シ信徒トナラレタル朝鮮人李樹廷氏カ本月十二日大親睦会交遊ノ節日暮ノ里ニテ己レノ信仰ヲ云ヒ表ハサレタルモノナリ」と紹介されている．
　1883年（明治16）のキリスト教界における李樹廷の出現について内村鑑三は次のように述懐している．

　その上，こんなこともあった．出席者の中に一人の韓国人がいたが，彼はこの隠遁的の国民を代表する名門の出で，これより一週間前に洗礼を受け，自国風の服装に身をととのえ，気品にあふれて，われわれの仲間に加わった．彼もまた自国語で祈った．われわれにはその終わりのアーメン以外はわからなかったが，それは力強いものであった．彼が出席していること，彼の言葉をわれわれが理解出来ないことが，その場の光景をいっそうペンテコステらしくしたのである．これを完全なペンテコステにするためには，ただ現実の炎の舌だけが必要であったが，われわれはそれを自分たちの想

像力で補った．われわれの上に，何か，奇跡的な，驚くべき事が起こりつつあることを，一同は感得した．われわれは，太陽がなお頭上に輝きつづけているかをさえも怪しんだ．16)

1883年（明治16）5月の東京大親睦会に参加した日本のキリスト教知識人にとって，李樹廷の祈禱や信仰告白は新鮮であった．12日の大親睦会の後に撮影された記念写真では，李樹廷は最前列中央に津田仙とともに座り，その後方に内村鑑三と新島襄の姿が見える．写真は資料2を参照されたい．

次いで同年6月1日の『七一雑報』には「教会新報」欄の中で次のように朝鮮のキリスト教布教の歴史が紹介されている．

○朝鮮信者の殺害　此頃東京にて洗礼を受けられたる李樹廷と云る人の話に先頃朝鮮に於て天主教を信ずる者の漸次に殖しかば暴悪なる大院君は尽く之を誅戮んと思ひ探索を入て国中を猟集しに男女合せて百八十人を獲たり大院君は是らの者を尽く縛りて刑場に居併べ其首を斬まへ一人一人問ぬるは〔中略〕其決断の確乎なるにより見物人の中に信仰を起すものあるに至れり而て此百八十八は終に殺されたれども信者ハ愈々増加せりとぞ17)

ここでは李樹廷の言葉を借りて，大院君による天主教信者の迫害とその殉教者たち，またそうした状況にもかかわらず，天主教信者が増加してきた歴史について述べている．引用文では省略したが，ある殉教の場における8歳の子どもの一話を挙げて感動的に語っている．

また，同月30日の『六合雑誌』35号で李樹廷は「天主教入朝鮮事実」を漢文で発表する．目次において「天主教入朝鮮国之実況　朝鮮国　李樹廷」と紹介しているこの一編は，上下二段組の『六合雑誌』誌面において4面にわたって掲載された長編であった．

---

16) 内村鑑三／山本泰次郎・内村美代子（訳）「余はいかにしてキリスト信者となりしか」［山本泰次郎（編）『内村鑑三信仰著作全集2』（1962年初版，1965年四版，教文館）63-64頁］．
17) 「朝鮮信者の殺害」『七一雑報』1883年（明治16）6月1日．

（明治十六年 1883 五月十二日東京・九段坂・寫眞師鈴木眞一にて撮影）

（各國基督教徒大親睦會の幹部）

小出市之助　石原保太郎　海老名彈正
上原　方立
和田　秀豊　稲垣　信　寺澤　久吉　栗村左衛八
押川　方義　横井　時雄　木村　熊二　湯淺　治郎
金森　通倫　宮川　經輝　新島　襄　李　樹廷
青山準次郎　辻　鑄夫　津田　仙
井深梶之助　内村　鑑三

（聖書販賣人某）

南小柿洲吾
熊野　雄七　植村　正久
吉岡　弘毅　小崎　弘道
三浦　徹　服部　綾雄　加藤勇次郎　牧岡　鐡彌　平岩　愃保　奥野　昌綱
淺川　廣湖　長坂　毅　大儀見元一郎　森田　太平　中島虎次郎
伊藤　藤吉

〔註　上より三段目右端の小出市之助は小出正吾の父である〕

資料2 1883年5月の東京大親睦会の写真
注）佐波亘（編）『植村正久と其の時代』第二巻（教文館, 1966年復刻）568頁からの転載である.

第四章　知識人　123

この文章は，朝鮮の天主教信者は政府の迫害下でも信仰を失うことはなかったと紹介するとともに，キリスト教の布教が禁止されている朝鮮への宣教の必要性を訴えるものであった．その反響は多大だったのか，同じ文章が同年8月14日に『福音新報』の「雑話」欄にも「天主教朝鮮に入事実」という題目で再掲されている．
　さて，李樹廷が夢見た朝鮮宣教とは何だったのか．再び1883年5月30日のルーミス書簡から引用したい．

　　ルーミスからギルマンへ
　　1883年5月30日
　　ギルマン様
　　朝鮮に宣教師を派遣する問題に関して，日本のクリスチャンたちは深い興味を示しています．しかし，李樹廷は朝鮮宣教に携わるべき者は米国宣教師であると言いました．李は誰かが自分の国に行ってもうすぐ朝鮮宣教を始めることを切望してやみません．彼は通訳者の確保をはじめ，すべての面から助けると提案しました．また彼は朝鮮宣教が成功すると確信しています．
　　　李の真剣な説得によって，ノックス牧師は朝鮮に渡り，自分の目で宣教地の状況を確認すると決めました．李樹廷が案内者としてともに行って，道を開くように助ける可能性があります．私もともに行くことを希望します．この件について貴方の意見を聞かせてくだされ ばと思います．

　李樹廷は，日本キリスト教界から朝鮮に宣教師が派遣されることについて否定的であった．朝鮮宣教は米国系宣教師によって行われるべきであると彼は主張している．彼の粘り強い説得によってノックスは朝鮮渡航を決意し，ルーミスも前向きに検討するようになる．李樹廷も朝鮮に米国系宣教師を派遣するに必要な通訳や他の援助を約束するとともに，朝鮮に渡航する際も同行する意志を見せた．
　そして，その下見が実際行われた結果，李樹廷の主張どおり日本人宣教師よりも米国系宣教師によるキリスト教宣教が適しているという判断が下されてい

る．1884年8月15日のルーミス書簡を見てみたい．

　ルーミスからギルマンへ
　1884年8月15日
　マックレー牧師は朝鮮旅行から戻りました．彼は朝鮮の状況を注意深く調べたはずです．朝鮮人はロス訳聖書を大変よくない，ほとんど役に立たないと評価していると，マックレーは言っています．また，朝鮮人は日本人の教師は求めておらず，日本人の手でキリスト教布教を着手すれば失敗するだろうと正直なところを述べています．強い反日感情はキリスト教宣教の成功には致命的になりかねません．

　前述したように，1884年3月に米国のキリスト教雑誌である *Missionary Review of the World* の中でルーミス書簡が "The Condition of Korea" という題目で掲載された．その書簡には朝鮮人として切実に米国系宣教師の派遣を願っている李樹廷の文章が紹介されている．引用が長くなるが，李樹廷の文章の全文を紹介したいと思う．

　ルーミスからギルマンへ
　1883年12月13日
　イエス・キリストの僕である私，李樹廷は米国教会の兄弟・姉妹に挨拶します．
　　私は信仰と真理の力によって主の大きな祝福を受け，大変幸せです．皆さんの祈りと願いのおかげで，私たちが信仰を固め，サタンに迷わされないこと，主に賛美と栄光をささげます．
　　わが国では多くの人々がいまだに真の神の道を知らず異教徒として生きています．彼らはいまだに主の救いの恵みを受けたことがありません．今日のような福音伝播の時代にわが国は不幸にも地球の暗い果てにあり，キリスト教の祝福を味わっていません．そこで，私は福音を伝える手段として聖書を朝鮮語に翻訳しています．この仕事の成功のために，私は朝晩祈っています．馬可伝はすでにほとんど完成しました．

第四章　知識人　125

五人の同胞が私と心を一つにしています．彼らはすでに洗礼を受けました．より多くの人たちが聖書の教えを喜んで受け止めています．クリスチャンになると期待される人々の数は毎日増えています．

　去る七八十年の間，フランス宣教師たちは密かに自分の教理を朝鮮に伝播してきました．政府は彼らの宗教を厳禁し，改宗者は男女老若を問わず処刑しました．しかし，彼らは信仰を保ち，堂々と死にました．処刑された人は10万名を超えます．たとえこの人々が主の教えを正しく理解していなかったとしても，彼らの信仰は褒められるべきであり，人々はすでに福音を受け入れる準備ができていることを示しています．司祭たちも迫害を受けましたが，その危険を恐れませんでした．

　<u>現在朝鮮の政府は外国との交渉のために門戸を開放し，民の生活を改善しようと努力しています．結果的にキリスト教について以前より一層寛大になっています．確かに政府はまだキリスト教を公に認めていませんが，クリスチャンを迫害しようともしてはいません．</u>

　最近王錫邕という中国のクリスチャンが新約聖書一冊を国王にささげましたが，それは政府の妨げによって受け入れられませんでした．国王は大変不愉快に思い，この事件は現在議論中です．<u>最初は困難を覚悟しなければなりません．しかし，そうやって初めて道は開かれていくのです．私は今こそ朝鮮に福音を紹介する絶好の機会だと思います．</u>

　貴方の国は私たちにキリスト教国家としてよく知られています．しかし，もし貴方たちが私たちに福音を伝えなければ，<u>他の国が急いで彼らの宣教師を派遣するのではないかと心配です．また，その教えは主の御旨に適わないのではないかと思います．</u>

　私は影響力の少ない者ですが，<u>貴方の派遣する宣教師を誠心誠意援助したいと思います．すぐ誰かを日本に派遣し，ここで働いている人たちの助言を受け，朝鮮宣教のために準備することを心から願います．これが最善策かつ安全策だと思います．</u>

　私のこの言葉を真剣に考慮してくだされればと思います．私の要請が引き受けられたら，私の喜びは限りないでしょう．

キリストの僕，李樹廷

こうして，最初の福音宣教師としてアンダーウッドが朝鮮に派遣されることになる．1885年（明治18）1月にアンダーウッドは朝鮮に入国する前に日本を経由するが，その様子を以下のように書いている[18]．

　　アンダーウッドからエリンウッドへ
　　日本，横浜
　　1885年1月26日
　　エリンウッド様
　　ここに来るまでは多少大変でしたが，私は昨日の朝ここに到着しました．今はヘボン博士の自宅に泊まっています．私はアレン医師がヘボン博士に送った手紙を見ましたが，その手紙の中でアレン医師は私に直ちにきてほしい，できれば早めにきてくれるように要請していました．
　　　今日午後ここを発って長崎に行く汽船があり，長崎から朝鮮に行く汽船に連絡していました．ところが，私は必要なものを手に入れて急いで出発することはできませんでした．さらに，私はここにいる宣教師たち，また朝鮮人たちと付き合ったほうが良いと考えました．<u>また，ルーミス氏は今週中にも彼らを私に紹介すると言っていたのです</u>．そこで，<u>私は2週ないし3週後にある次の汽船を待つことにしました</u>．
　　　では，失礼します．
　　　　　　　　　　　　　　　　　　　アンダーウッド（引用者訳，以下同）

　ここでルーミスがアンダーウッドに朝鮮人たちを紹介することを約束しているが，それは同年2月18日のアンダーウッド書簡により詳しい[19]．

　　アンダーウッドからエリンウッドへ
　　ブロフ245
　　日本，横浜

---

18) 김인수（訳）『언더우드 목사의 선교편지（1885-1916）』（장로회신학대학교출판부，2002年）．
19) 김인수，前掲書．

1885年2月18日

3月26日前には朝鮮の済物浦に行く船がないので，その時まではヘボン博士の自宅に泊まります．その間，日本に亡命して横浜に滞在している何人かの朝鮮人の助力を受けました．その人たちは私に朝鮮語を教え，そのかわりに私は彼らに英語を教えてやりました．朝鮮語に関する書籍はほとんどありませんが，私は自分の持っている本を使って最善を尽くしています．〔中略〕開化党が政権を取ろうとするこのところの試みが成功していれば，必ずや宣教は大いに進展し，増えた仕事に手が足りなくなっているはずです．

　病気から完全に回復されることを願います．
　では，失礼いたします．
　　　　　　　　　　　　　　　アンダーウッド

　アンダーウッドが日本に滞留していた時期には，甲申政変[20]の失敗によって朝鮮から開化派の知識人が亡命していた．アンダーウッドは彼らから当時の朝鮮の状況を聞き，朝鮮語を教わった．

　また，その頃にはすでに李樹廷の翻訳した朝鮮語訳聖書が横浜の米国聖書協会から出版されていたので，1885年4月にアンダーウッドは李樹廷訳の聖書を携えて朝鮮に入国することとなる．

　ここで注目したい点は，李樹廷が米国系宣教師の朝鮮派遣を積極的に要請するとともに，朝鮮語で聖書を翻訳することを試みたということである．日本に在留しているにもかかわらず，彼にとって最大の関心は朝鮮の人々にキリスト教を伝えることであった．彼は多くの人々の前で信仰を告白し，キリスト教の信仰を受け入れた．彼の信仰は自分一人の入信にとどまらない，祖国の宣教を前提としたものであった．この点において彼は他の開化派知識人とは一線を画

---

[20]　1884年12月に革新派の独立党（開化党）が起こした政変．壬午軍乱を契機に清の内政干渉が激しくなり，反清気運が高まると，金玉均・朴泳孝らの独立党は清に頼る守旧派を追い出し，日本公使・竹添進一郎と図って，日本の駐屯兵力を借りて政変を起こし，革新政府を樹立しようとした．しかし，清の駐屯軍の介入で「三日天下」に終わり，金玉均・朴泳孝らは日本に亡命した．

しているといえよう．こうして朝鮮宣教の歴史は海外で始まっていたのである．

最後に，李樹廷の帰国経緯や死亡経緯について述べ，本項を締めくくりたい．ここでは，代表的な先行研究者である呉允台の論をふまえて，金玉均との対立による李樹廷の帰国，及び病死について論じることとする[21]．

まず，李樹廷の帰国についてルーミスは次のように書いている．

> ルーミスからギルマンへ
> 1886年5月14日
> <u>李樹廷は今月12日に朝鮮に帰りました．彼がいつもクリスチャンとして暮らしたわけではないので，私たちは大変失望しました．</u>彼は数ヵ月の間重病でしたし，最近は知り合いの悪い同僚から殺される寸前でした．また，<u>李が自分の随行員として雇っていた男は李のお金を大変馬鹿なことに使ってしまって，しばらくの間李は宣教師や他の人々にお金の無心をしたり借りたりしました．</u>
>
> 　これで現在の翻訳に関する仕事は終わりになりそうです．アンダーウッドを除いた在朝鮮宣教師たちは，朝鮮人翻訳者とともに李樹廷の翻訳を改訂できるまで待つことが最善だと思います．

ルーミスは1886年5月12日に李樹廷が帰国したといい，彼は何ヶ月も病気であって，さらに仲間に殺されるところであったと述べている．

また，李樹廷について1886年（明治19）5月10日の『時事新報』の雑報欄では，その帰国の船名や事件にかかわった人の名前などが詳しく報じられている．

---

21) 呉允台はキリスト教史学者兼東京教会の牧師であった．彼は1968年（昭和43）に日本で『日韓キリスト教交流史』（東京新教出版社），1983年に韓国で『韓国基督教史Ⅳ――改新教伝来史――先駆者李樹廷篇』を出版し，李樹廷に対する日本側の新しい資料を提示した．たとえば，当時の釜山駐在の日本領事である近藤真鋤が花房義質に送った手紙や，1882年（明治15）から1886年（明治19）までの『東京日日新聞』・『時事新報』・『読売新聞』・『朝野新聞』・『横浜毎日新聞』における李樹廷についての記事，さらに日本の法務省図書館，最高裁判所図書館，外務省資料科文書などを調べて李樹廷と金玉均との対立関係を明らかにし，李樹廷の帰国経緯や死亡経緯について二人の対立による病気及び病死の可能性を新しく提起した．

> ○朴準禹氏　氏は朝鮮外衙主事なり過般日本に在留せる朝鮮生徒一同を連れ帰る目的にて東京に来りしが漸くその手続も済み来る十二日横浜出帆の名古屋丸にて生徒一同と共に帰国する由但し金浩然はなほ魯西亜語を研究するため日本に留まり金正植は曽つて李樹廷を縊殺せんとせしに由り今まて東京軽罪裁判所に拘留せられ張殷奎は朝鮮政府と金玉均との間に入り巧みに双方を欺き双方より謝金を取りたるがその後日本国内に跡を匿し行衛知れずといふ又前号に記せし井上角五郎氏は朴氏と共に生徒事件を周旋して氏と共に再び朝鮮に赴くといふ

　この記事とルーミス書簡を照らし合わせると，李樹廷は，在日留学生を連れて帰るために来日した朴準禹及び他の朝鮮留学生とともに，5月12日横浜出帆の名古屋丸で帰国する予定であるとわかる．また，金正植という人物は李樹廷に対する殺人未遂の嫌疑で東京軽罪裁判所に拘留中のためにその一団とともに帰国することができないと述べられている．
　1886年（明治19）8月24日の『時事新報』では「朝鮮人金宜純の処刑」という題目で李樹廷を殺そうとしたもう一人の朝鮮人について報じられている．

> ○朝鮮人金宜純の処刑　屢々本紙上に記載したる朝鮮国梁山府園洞人金宜純（三十二年）は去三月廿一日夜神田区淡路町二丁目四番地渡辺留吉に於て親しく交り居りたる同国人李樹廷氏と口論の末同氏の腹部を蹴り且其所有の絹地手拭に包みたる弾丸の砕片を以て頭部面部等を殴打創傷して二十日以上疾病に罹らしめたる廉にて東京軽罪裁判所に於て審問の末去る二十一日刑法第三百一条に依り重禁錮一年に処する旨宣告されたり外国人にて我国の刑法に処せられたるはあの金宜純が嚆矢なりと云ふ

　呉允台はこの記事と合わせて外務省の資料として残っている金宜純の裁判記録を取り上げて，金玉均が金宜純を教唆したと，主張している[22]．
　また，1885年（明治18）11月26日の『東京日日新聞』の雑報欄では，李樹

---

22)　오윤태, 前掲書 177-179頁, 223-225頁.

廷が東京外国語学校から休暇を得て帰国するつもりだと報じられている[23]．この時期からすでに金玉均との対立によって帰国を準備していたのか，あるいは他の用事で休暇を得て一時帰国を予定していたのかはいまだ確認できない．

　前述した 1886 年 5 月 14 日のルーミス書簡に記されている「彼がいつもクリスチャンとして暮らしたわけではないので，私たちは大変失望しました．彼は数ヵ月の間重病でしたし，最近は知り合いの悪い同僚から殺される寸前でした」ということが事実であることは以上の『時事新報』の記事によって裏付けられる．ルーミスは李樹廷が金玉均や他の在日朝鮮留学生と対立し，政治問題に深く関わって，聖書の翻訳の仕事を疎かにしたと失望したのであろう．

　李樹廷と金玉均との対立関係というのが具体的に何を意味するのかを示唆してくれる資料は見あたらないが，ルーミスは 1885 年 6 月 17 日の書簡で二人の関係について次のように書いている．

　　ルーミスからギルマンへ
　　1885 年 6 月 17 日
　　李樹廷が翻訳した馬可伝を基礎にし，金玉均が改訂を完了した事実を報告することになって嬉しいです．私の知っている限り，金玉均は最も有能な朝鮮人です．私の考えでは彼の奉仕は大いに有益でしょう．李樹廷は金玉均と親しくはありませんが，金玉均のような人物はいないと断言しました．近いうちに金玉均が本国に帰る見込みは少ないので，それが最善なら彼の手をもっと借りようと思います．彼の翻訳が満足だと判断すれば彼を完全に雇うように決めます．

　甲申政変の失敗後日本に亡命していた金玉均は，翻訳を手伝うなどルーミスと李樹廷の仕事に関わってくる．ルーミスは金玉均を有能な人物として認め，彼を翻訳以外の仕事にも雇おうと考える．ルーミスによると，李樹廷は金玉均に対してそれほど友好的ではなかったが，彼が有能な人物であることは間違い

---

[23]　「李樹廷氏」『東京日日新聞』1885 年（明治 18）11 月 26 日．
　　〇李樹廷氏　東京外国語学校の御雇教師朝鮮人李樹廷氏ハ来月中旬より賜暇を得て帰国せらると云ふ

ないと認めていたのである．

いずれにしても，1886年（明治19）5月12日に横浜を出発した李樹廷は同月22日に長崎から朝鮮に向かった[24]．帰国の時点ではルーミスともある程度和解していたと思われる[25]．

しかし，帰国後の李樹廷については，まず1886年（明治19）6月20日の『朝野新聞』の雑報欄で李樹廷が罪に問われたと報じられている．

> 然るに此に朝鮮政府に一場の変動こそ出で来たれ前便にも一寸其端緒を通報し置きし申桓丁完黙呉友泳韓鎮泰等諸氏の犯罪一件なり此等諸氏の犯罪を聞くに皆去る十七年変乱の余党の由にて政府ハ是迄其罪を問ハざるのみならず之を上流の官位に置きたり今度諸氏が流刑に処せられたるに就てハ種々の風説をなせり曰く朝官中弾劾する者ありたりと或ハ云ふ李樹廷なる者日本より何か陳疏する所ありたるが為めなりと或ハ云ふ閔氏に過られたるなりと此の三説孰れか真なるを知らずと雖ども何に致せ今度弾劾したる者ありたるにハ疑ひなし〔中略〕茲に又不時の災難を蒙り憐むべきハ嘗て久しく日本に留学し居たる学生兪亨溶兪頌穆朴永祐徐光轍金漢琦李樹廷等の諸氏なり此人ハ朴準禹氏に従て敦賀丸に搭し去る五月廿六日到着せしが間もなく嫌疑を受けて罪囚に陥りたり又申箕善等の諸氏ハ遂に去る五月十七日を以て皆夫々流罪に処せられたるが慶光国氏ハ繋囚中隙を窺ひて逃走し跡を匿したる由因て政府ハ急に令を各鎮台及び沿海の各邑に下して其跡を捜索せしめたれども未だ其踪跡を知る能ハずと云ふ（以下次号）[26]

さらに，ルーミスの伝記の中では，李樹廷は帰国後，保守党によって処刑さ

---

24) 「井上氏及び朴準禹（同上）」『東京日日新聞』1886年6月1日．
　　○井上氏及び朴準禹（上同＝五月十二日長崎通信者発）　井上角五郎及朝鮮外衙門主事朴準禹氏と同国人李樹廷氏並に同国語学生の一行ハ明暁出航の船に乗るべし
25) Letter, H. Loomis to E. W. Gilman, July 12, 1886.
　　[...]
　　Rijutei professed to be very penitent for his sins, and it is possible that he may be useful in the mission work hereafter. I have heard nothing from him since he left. [...]
26) 「朝鮮通信（前号の続）」『朝野新聞』1886年（明治19）6月20日．

れたと述べられている.

　しかし, 不幸にも聖書を朝鮮語で翻訳する作業を進めるには, 李樹廷は軽率な愛国者かつ政治家であった. 彼の弟が訪ねた後, すぐ彼は朝鮮で開化党を再建しようとする日本人の陰謀にかかわるようになった. 彼の関心はますます聖書研究や翻訳から離れていった. <u>結局 1886 年 5 月に彼は朝鮮に帰ったが, 権力を握っていた保守党の人たちに捕まえられ, 将来保守党に反対しようと企む人々に警告するために, 彼の死体はバラバラにされた.</u>[27)]

　一方, 1887 年 3 月 7 日のルーミス書簡では, その時点で李樹廷が生きていることが確認できる.

　ルーミスからギルマンへ
　1887 年 3 月 7 日
　李樹廷は保守党の一員であり, 金玉均と彼の追従者たちにはまったく共感しませんでした. しかし, 他の多数と同様に処刑を避けるために, 彼は現在ソウルに隠れて暮らしています. 外国に滞在したという理由だけで彼の思想は大変進歩的かつ自由主義的だと見なされています.

　李樹廷は保守党の一員であったので, 金玉均らにまったく共感していなかったとルーミスはいう. にもかかわらず, 朝鮮では海外で在留したことだけでも進歩思想の持ち主と見なされるので, 李樹廷はソウルで隠れて住んでいると述べている. このルーミス書簡によると, 1887 年 3 月 7 日の時点で, 李樹廷はソウルで生きていたと推測できる.

---

27)　Clara Denison Loomis, *Henry Loomis, Friend of the East*, New York, Chicago, London and Edinburgh: Fleming H. Revell Company, 1923. p. 80. これはヘンリー・ルーミスの娘であるクララ・ルーミスが, 当時彼が家族や親戚宛てに記した書簡を集め, その内容に基づいて英語で著した伝記である. ちなみに, クララ・ルーミスは 1901 年 (明治 34) から 1936 年 (昭和 11) まで 35 年間, 横浜公立学園の第四代の校長として務めた. 現在ルーミス夫妻の墓とクララ・ルーミスの記念碑が横浜外国人墓地に立てられている.

ちなみに，1886 年（明治 19）7 月 29 日の『時事新報』によると，李樹廷は帰国後療養中であるが，国王は彼を特別に優待してお米とお金を下し賜ったと報じられており，この記事から李樹廷は処刑の対象ではなかったと呉允台は述べている[28]．とはいえ，筆者が確認してみると，呉允台が日付を間違ったのか，その日付の『時事新報』には李樹廷関連の記事が見あたらなかった．
　以上のように，李樹廷は帰国の時点ですでに，金正植と金宜純という刺客に 2 回にわたって襲われていたので，帰国後身を隠して療養していたと呉允台は主張し，従来の処刑説に反証を試みた．ただし，李樹廷の死亡経緯についてはいまだ不明である．

(2) 李樹廷訳『新約馬可伝福音書諺解』についての先行研究

　1884 年に李樹廷は漢訳聖書に音読口訣記号を付ける形で『懸吐漢韓新約全書』を刊行した．その中には『新約聖書馬太伝』・『新約聖書馬可伝』・『新約聖書路可伝』・『新約聖書約翰伝』・『新約聖書使徒行伝』が収められていた．李樹廷はまた，1885 年に漢字ハングル交じり文で『신약마가젼복음셔언해』(シンヤクマ ガジョン ボ グム ソ オン ヘ)（新約馬可伝福音書諺解，以下ハングル書名は省いて，『諺解』と略記する）を刊行している．
　前述したように，李樹廷訳聖書についての先行研究は多くない．それには二つの原因を挙げることができるだろう．一つは韓国の国文学者による近代文体研究が近代啓蒙文体の変化推移について漢文体から漸進的な国文体への拡大という包括的結論を出していることである．最近になって林熒澤，鄭善太，林相錫により，近代文学史及び近代言語史における漢字ハングル交じり文の位置づけ，文体の特徴を明らかにする作業が始まったところである[29]．彼らの研究成果は漢字ハングル交じり文が近代朝鮮において啓蒙文体として主導的役割を果たしたとし，朝鮮の開化期におけるハングルと漢文との位相の変化を詳細に追

---

28) 오윤태, 前掲書 198 頁.
29) 임형택 「근대계몽기 국한문체의 발전과 한문의 위상」『민족문학사연구』(민족문학사학회, 1999 年), 정선태 「번역과 근대소설 문체의 발견—잡지 소년을 중심으로」『대동문화연구』(성균관대학교 대동문화연구원, 2004 年), 임상석『20 세기 국한문체의 형성과정』(지식산업사, 2008 年).

っている。しかしながら、これらの研究は時期的に1895年のハングルの使用を公式化した甲午改革以降の資料を分析対象としており、キリスト教文献はハングル専用文の資料であると決め付けてしまい、研究対象にしていないという限界を持つ。

もう一つは、キリスト教の歴史研究分野ではハングル教育と普及におけるキリスト教の貢献をあまりにも強調しすぎて、漢字ハングル交じり文で翻訳された李樹廷訳聖書に関する研究を疎かにしたことである。

さて、数少ない先行研究を見てみると、おもに韓国の国語学者によって研究されてきたもので、近代朝鮮語資料として扱われ、その表記、文法、語彙の特徴が考察されてきた[30]。また、韓国の日本語学者は『懸吐漢韓新約全書』を漢訳聖書や日本語訳聖書と比較してその影響関係を明らかにしようとしたが、いまだに具体的な影響関係は浮き彫りにされていない[31]。歴史学者である李萬烈は『諺解』についても若干触れており、固有名詞表記を比較すると李樹廷訳のほうがロス訳より原語（ギリシャ語）に近い表記になっていると指摘している[32]。

『諺解』の翻訳についての唯一まとまった研究としては朴喜淑の論[33]を挙げたい。朴喜淑は懸吐訳『新約聖書馬可伝』（以下『懸吐訳』と略記する）の口訣記号から『諺解』の語尾への変化に注目しながら19世紀朝鮮における口訣文と諺解文の影響関係を論じている。朴喜淑によると、『諺解』は、『懸吐訳』では体言で終わっている文章を用言化するだけでなく、朝鮮固有語を多用して意訳し、口語へ近づけようとした。『諺解』の諺解文は漢字ハングル交じり文から

---

30) 정길남『19세기 성서의 우리말연구』（서광학술자료사, 1992年), 廣剛『개화기 한국어 성서의 번역어 연구――「마가복음」을 중심으로』（고려대학교대학원박사학위논문, 2005年).

31) たとえば、한미경「초기 한국 성서와 중국 성서의 인명 비교연구」『서지학연구』15, 1998年, 오미영「이수정 『신약마가젼복음서언해』의 문체와 일본의 한문훈점한문성서」『일어일문학연구』57, 2006年, 오미영「일본 明治譯 聖書의 명사번역어와 이수정 『신약마가젼복음셔언해』의 번역어 비교연구」『일본학연구』25, 2008年などがある。

32) 이만열「이수정의 개종과 활동」[『한국 기독교 수용사 연구』（두레시대, 1998年) 95-141頁]124頁・[初出]『빛과소금』1988年4・5月号。

33) 박희숙「懸吐新約聖書 馬可伝의 口訣과 그 諺解에 대하여」『青荷成耆兆先生華甲記念論文集』（신원문화사, 1993年).

ハングル専用文へ移行する過渡期的な表記であると朴喜淑は指摘している．

　本書では以上の先行研究をふまえた上で，李樹廷訳『懸吐訳』と『諺解』の間の異同，特に漢字表記の効果と漢語の翻訳の類型を検討することによって，翻訳者の意図や文体意識を明らかにしたいと思う．李樹廷訳『諺解』の漢字ハングル交じり文は，19世紀後半の朝鮮の知識人が目指した近代語の理想とされていることから，当時の翻訳文体を考える上で示唆に富んでおり，今後の日韓比較文学研究への糸口になると考えられる．

二　漢字表記による造語力と視覚的効果

　『諺解』への翻訳にあたって，どのような漢訳聖書，日本語訳聖書が参照されたかについては，あまり研究は進んでいない[34]．とはいえ前述のように，李樹廷には馬可伝の翻訳が2種類あり，1885年の『諺解』への翻訳にあたって，1884年の『懸吐訳』を参照したことは推測できる．

　たとえば，『懸吐訳』と『諺解』を比較すると，人名と地名の翻訳語はほとんど一致している．以下に一例を挙げる[35]が，引用文の下線と日本語訳は引用者によるものである．日本語訳に際しては直訳体で翻訳し，漢語など日本語として不自然でも原文のまま逐語的に訳したことを断っておく．本文については図7，図8を参照されたい．

　　懸吐訳：十九　又<u>以色加略猶大</u>，即売耶穌者，　（第三章）
　　諺　解：十九　또<u>以色加略</u>（이시가리오트）의<u>猶大</u>（이우다쓰）니곳耶穌

---

34)　李萬烈はルーミスの手紙（1884年8月15日）を根拠として，李樹廷が，日本語訳『馬可伝』，ロス訳『イエス聖教路可福音全書』，『イエス聖教ヨハネ福音全書』，『イエス聖教弟子行跡』及び『韓佛字典』を参照したと論じている．이만열，前掲論文 118頁．

35)　李樹廷訳聖書のテクストに関しては，『懸吐漢韓新約全書』（『新約聖書馬太伝』・『新約聖書馬可伝』・『新約聖書路可伝』・『新約聖書約翰伝』・『新約聖書使徒行伝』）と『新約馬可伝福音書諺解』をPDFファイル化して保存したCD-ROMを，ニューヨークの The American Bible Society から取り寄せた．以下の引用はこれによる．また，筆者は韓国の大韓聖書公会蔵本と日本の東京女子大学蔵本を確認した．引用に際し，漢字はすべて日本語の常用字体に改めた．ハングルは現在のハングル表記と異なる表記で，現在の一般的な書体で再現できないものは現代用語法に改めた．

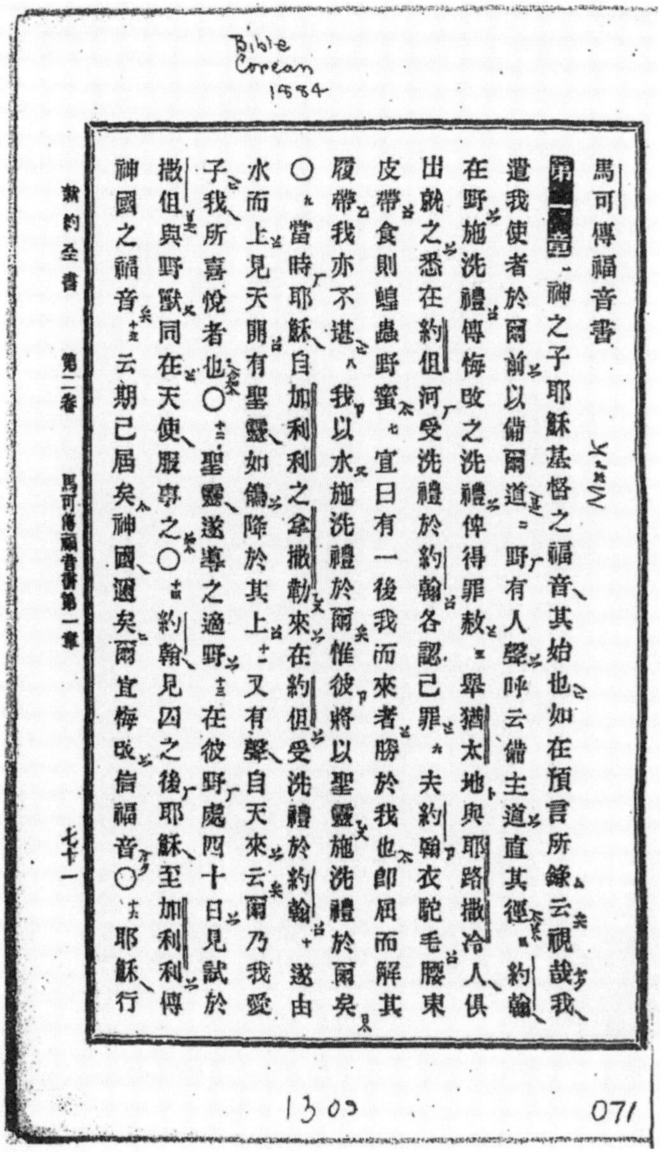

Bible
Corean
1884

馬可傳福音書

Mark

第一章 一神之子耶穌基督之福音、其始也如在預言所錄云視哉我、遣我使者於爾前以備爾道。二野有人聲呼云備主道直其徑。三約翰、在野施洗禮傳悔改之洗禮俾得罪赦。五舉猶太地與耶路撒冷人俱出就之悉在約但河受洗禮於約翰各認己罪。六夫約翰衣駝毛腰束皮帶食則蝗蟲野蜜。七宣曰有一後我而來者勝於我也卽屈而解其履帶我亦不堪。八我以水施洗禮於爾惟彼將以聖靈施洗禮於爾矣○九當時耶穌自加利利之拿撒勒來在約但受洗禮於約翰。十遂由水而上見天開有聖靈如鴿降於其上。十一又有聲自天來云爾乃我愛子我所喜悅者也○十二聖靈遂導之適野。十三在彼野處四十日見試於撒但與野獸同在天使服事之○十四約翰見囚之後耶穌至加利利傳神國之福音。十五云期已居矣神國邇矣爾宜悔改信福音○十六耶穌行

新約全書　第二卷　馬可傳福音書第一章　七十一

1303　071

図 7　懸吐訳『新約聖書馬可伝』米国聖書会社（横浜），1884 年（米国聖書協会蔵）．

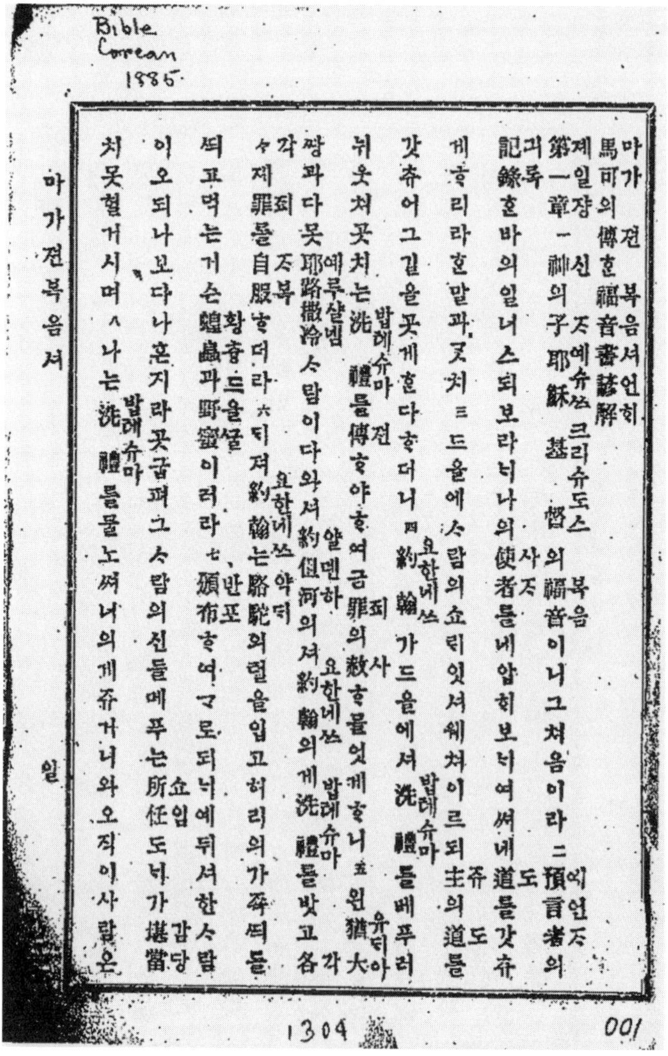

Bible Corean 1885

馬可(마가)의傳(젼)ᄒᆞᆫ福音書諺解(복음셔언ᄒᆡ)

第一章(제일쟝) 一 神(신)의子(ᄌᆞ)耶穌(예슈쓰)基督(크리슈도스)의福音(복음)이니그처음이라 二 預言者(예언ᄌᆞ)의
記錄(긔록)ᄒᆞᆫ바의일너ᄉᆞ되보라ᄂᆡ가나의使者(ᄉᆞᄌᆞ)를네압희보ᄂᆡ여써네道(도)를갓츄
게ᄒᆞ리라ᄒᆞᆫ말과ᄀᆞᆺ치 三 드을에ᄉᆞ람의쇼리잇서웨쳐이르되主(쥬)의道(도)를
갓츄어그길을곳게ᄒᆞᆫ다ᄒᆞ더니 四 約翰(요한네쓰)가드을에서洗禮(밥테슈마)를베푸러
뉘웃쳐곳치는洗禮(밥테슈마)를傳(젼)ᄒᆞ야ᄒᆞ여금罪(죄)의赦(사)ᄒᆞᆷ을엇게ᄒᆞ니 五 온猶大(유듸아)
짱과다못耶路撒冷(예루살넴)ᄉᆞ람이다와서約但河(얄덴하)의서約翰(요한네쓰)의게洗禮(밥테슈마)를밧고各各(각각)
ᄌᆞ재罪(죄)를自服(ᄌᆞ복)ᄒᆞ더라 六 뎌約翰(요한네쓰)는駱駝(약ᄃᆡ)의털을입고허리의가죡ᄯᅴ를
ᄯᅴ고먹는거슨蝗蟲(황츙)과野蜜(드을꿀)이러라 七 頒布(반포)ᄒᆞ여ᄀᆞ로되ᄂᆡ에뒤셔한ᄉᆞ람
이오되나보다나혼지라곳굽펴그ᄉᆞ람의신들메푸는所任(쇼임)도ᄂᆡ가堪當(감당)
치못헐거시며 八 나는洗禮(밥테슈마)를물노써너의게쥬거니와오직이사람은

마가젼복음셔　일

1304　001

図８『신약마가젼복음셔언해』（新約馬可伝福音書諺解）米国聖書会社（横浜），1885 年（米国聖書協会蔵）．

（예수쓰）를売（매）한者（자）ㅣ라（日本語訳：また以色加略の猶大すなわち耶穌を売る者なり．）

　これは馬可伝第三章でイエスが十二人の弟子を任命し，彼らに名前をあげる場面である．この引用文が示すように，『諺解』における人名と地名の翻訳は『懸吐訳』の漢語を借用して漢字で表記しており，傍注としてハングルで発音を付けている．すでに李萬烈が指摘している[36]ことだが，その発音は単なる漢語の音読ではなく，「耶穌」を「예수쓰」（イエスス）のように原音（Jesūs）に近く書いている．
　馴染みのない固有名詞の翻訳にあたって，『懸吐訳』の漢語を借用していることは，『諺解』の漢字表記の第一の特徴といえよう．
　第二の特徴は，聖書用語を漢字で表記していることである．ロス訳と照らし合わせつつ，次の例文を見てみよう[37]．

　　懸吐訳：―　神之子耶穌基督之福音、其始也、（第一章）
　　諺　解：―　神（신）의子（자）耶穌（예슈쓰）基督（크리슈도스）의福音（복음）이니그처음이라（神の子耶穌基督の福音なり．その始まりなり．）
　　ロス訳：―　하나님의아달예수키리스토복음의처음이라（ハナニムの息子イエスキリスト福音の始まりなり．）

　ここに引用したのは，馬可伝第一章一節の冒頭の，イエスは神の子だという宣言である．「神」「基督」「福音」はいずれもキリスト教思想の重要な概念語であるが，『諺解』は「神」と「福音」についてはそのままハングルで音読して「신」（シン），「복음」（ポグム）という傍注を付けている一方，「耶穌」と「基督」についてはギリシャ語に近い発音を意識して「예슈쓰」（イエスス），「크리슈도스」（クリシュドス）と傍注を付けている．また，「子」（자，チャ）は

---

36) 이만열, 前掲論文 124 頁．
37) ロス訳の引用に際しては『イエス聖教聖書マルコ福音』（瀋陽文光書院，1884 年）［정길남（편）『開化期国語資料集成――성서문헌편』（박이정，1995 年）］に依拠した．

第四章　知識人　139

一般名詞であるものの，この引用文の文脈ではイエスが「神の子」であることが主題なので，漢字表記で強調したのであろう．

キリスト教に初めて接する当時の朝鮮人にとって，「神」「耶穌」「基督」「福音」を，「하나님」(ハナニム)，「예수」(イエス)，「키리스토」(キリスト)，「복음」(ポグム) というロス訳のハングルのみの表記によってスムーズに受け入れるのは困難であったと想像される．新しい概念語が受容されるためには，翻訳文が一語一語区切られた単位としてとらえられなければならない．ハングル専用文ではそれが難しいものの，漢字ハングル交じり文では漢字がその役割を果たしてくれる．つまり，漢字ハングル交じり文のほうが，ハングル専用文より当時の朝鮮における宣教に有効だったと考えられる．

また，漢字という表意的な文字体系は造語力と視覚的効果に優れており，キリスト教の新しい概念を表すにはハングルより適していたといえよう．

次に『諺解』における漢字表記の第三の特徴は，文脈上の重要な単語を強調するために漢字で表記して視覚化していることである．

懸吐訳：三　若有人、問爾何為然 則曰主、需之乎 彼必遣之来矣（第十一章）

諺　解：三　만일사람이너다려엇지그리하믈뭇ᄂ니잇거든즉시가로되主(쥬)ㅣ求(구)하신다하면그사람이반다시보내여가져오게하리라하시니（もし人が爾に何故そうするのかと問う者あれば，すなわち曰く，主が求めますと言わばその人が必ず遣わし，持って来させようと言われた．）

ロス訳：三　만약사람이너희엇지하여이를하나냐물으면갈아되쥬의쓸거시라하라더즉시보내리라（もし人が爾何故こんなことをするのかと問わば，曰く，主の用いますと言いなさい．彼すぐ遣わす．）

ここに引用したのは，イエスがエルサレムに入る直前に二人の弟子に向こうの村からろばの子を引いてくるように命令する場面である．この文章では「主」と「求」のみが漢字表記されており，両方とも「쥬」(チュ)と「구」(ク)のようにハングルで漢語を音読している．漢字で表記することによって，

聖書用語としての「主」の意味を強調し，音読のハングル表記に伴う誤読を防ぐ効果をもたらす．

また，この第十一章三節の主なメッセージは「主が求めます」ということである．翻訳者はその重要なメッセージを漢字表記で視覚化し，読者の目に入りやすくしたのであろう．

第四に，漢文の典型的な機能語を借用して漢字で表記する場合もある．

懸吐訳：十三　遥見無花果樹、有葉、則就之、或於其上、有可得否、既就、見惟有葉而已、蓋果期未至也、（第十一章）

諺　解：十三　멀니無花果（무화과）남긔입피잇스믈보시고나아가사或（혹）그우희可（가）히어틀거시잇슬가하엿더니나아가셔보시매다만입사귀만잇스니대개열매익을때가되지아니하엿스니（遥かより無花果の木の葉有るを見て進み，或いはその上において可く得るべき物有るやと近づいて見るに，ただ葉のみ有り．蓋し果実の熟する期至らざるなり．）

ロス訳：十二　멀니수무화과남우닙피이사물보고나아가혹그우에무으슬어틀가하여나아간즉오직닙뿐이요어틀바업사문의실때닐으지못하미라（遥かより無花果の木の葉あるを見て進み，或いはその上に何かを得る物有るやと進むにただ葉のみなり．得る物無きは果実の時至らざる故なり．）

「或」（혹，ホク）と「可」（가，カ）は漢文で頻繁に使われる機能語としてすでに朝鮮語の文脈でも自然になっており，朝鮮語で翻訳される際も漢字で表記したほうが意味が通じやすい．また，「無花果」（무화과，ムファグァ）は漢字で視覚化したほうが，「花のない果実」という意味を取りやすいといえよう．漢字表記によるわかりやすさはハングル専用文であるロス訳と見比べるとより明確である．

以上の例が示すように，翻訳者は『懸吐訳』を一度朝鮮語の文脈で解釈した上でその必要に応じて漢字で表記する工夫をしている．ここには漢字の造語力と視覚的効果によって，固有名詞や聖書用語を読み解き，聖書のメッセージを

効果的に伝えようとする試みがうかがえる．その試みが漢字ハングル交じり文を作り出したといえよう．

三　在日宣教師ルーミスの書簡に見る李樹廷の翻訳観

さて，『諺解』のこのような翻訳姿勢について，李樹廷はどのように語っていたのであろうか．李樹廷が直接自分の翻訳観について語った資料は見あたらないものの，彼を聖書の翻訳に携わらせた在日宣教師ルーミスは，米国聖書協会宛の書簡に李樹廷について頻繁に書いている．そこで，本節では主にルーミス書簡を検討しながら李樹廷の文体意識について論じてみたい．

まず，ルーミスは李樹廷に日本で聖書を朝鮮語訳させた経緯について1883年5月30日の書簡で以下のように書いている．

　ルーミスからギルマンへ
　1883年5月30日
　ギルマン様
　李樹廷の最も大きな願いは自分の民族に聖書を与えることです．彼は神の御言葉を持たないローマ・カトリックの宣教師が朝鮮にきて，以前のように朝鮮民族を腐敗したままにすることを恐れています．彼は米国聖書協会が他の国のためにやってきたのと同様に，朝鮮のためにもキリスト教宣教を準備していると聞いて，喜びを隠せませんでした．彼はすぐ漢韓聖書の翻訳に取りかかり，ついでそのハングル訳に着手するという私の提案を喜んで引き受けてくれました．彼は熱心にこの仕事に着手しました．漢文は朝鮮の王室の言葉であり，学者の言葉です．この翻訳版はおそらく日本の訓点版より一層有用でしょう．（大学で朝鮮語を教えている）彼の友人はこの仕事を助けることを約束しました．彼は日韓対訳版を作成すれば，それは朝鮮人と日本人両方に教材として使われるだろうと提案しました．

　私がロス訳を見せると，李樹廷は大変失望し，それは役に立たないとはっきりいいました．何よりロス牧師は有能な助手なしに，朝鮮語を理解する校閲者の助力もないまま出版したので，綴字に多くの間違いがありまし

た．だから，ハングル聖書翻訳はまったく未開拓分野に見えます．ノックス牧師が良い翻訳ができるように助力すると提案しました．

　ここでは省略したが，この日付の書簡の前半部によると，ルーミスは朝鮮の知識人である李樹廷が日本で洗礼を受けたことを聞き，それが朝鮮宣教の良い契機になると期待して，李樹廷に聖書の朝鮮語訳を依頼した．
　同じ時代に中国東北部（当時のいわゆる満州）では，スコットランド聖書協会のロス宣教師が聖書の朝鮮語訳を進めており，1882年にすでに路可伝と約翰伝をハングル専用文で翻訳し終えていた．そこで，ルーミスは朝鮮語訳聖書の翻訳にあたっている李樹廷にロス訳を見せたのである．
　ここでは，李樹廷がロス訳に下した評価に注目したい．ロス訳の朝鮮語の誤りを見て，李樹廷は朝鮮語文章の素養を持つ朝鮮人による翻訳が必要だと考えて，ロス訳の問題点を修正・補完しようとしたのである．たとえば固有名詞の翻訳については，1883年9月7日の書簡でルーミスは以下のように報告している．以下□は判読不明箇所を示す．

　　ルーミスからギルマンへ
　　1883年9月7日
　　私は日本人のみならず，朝鮮人にも聖書を与えることができてとても嬉しいです．私はこの仕事を大変好んでいます．李樹廷とキタウミの二人は信仰心に厚く，優れた人材です．明日には新約全書中のすべてのハングル名の修正□目録が仕上がることを期待しています．キタウミと他の二人の朝鮮人はすべての布教活動に参加し，翻訳に深い関心を持ちました．下の表はロスによる固有名詞の翻訳方法を表しています．改善の余地が多いことに気付くと思います．
　　　私はまだ朝鮮の□□をすらすらと読める能力を身に付けていません．今月津田仙が朝鮮から帰ってくれば，必要な情報を得ることができると思います．

第四章　知識人　143

	ロス訳	李樹廷訳
Theophilis	Te o pi su	Te o pi los
Elizabeth	Eni sa pak	E li sa bet
Gabriel	Ga pal yal	Ga bri el
Galilee	Ga ni na	Ga li lai a
Nazareth	Na sal zel	Na za ret
David	Ta pil	Da bid
Joshep	Ya sep	Yo seph
Abraham	Ap ra ham	A bra ham

　この引用文が示すように，『諺解』における固有名詞の翻訳はロス訳を意識しつつ修正しており，ロス訳よりギリシャ語の発音に近い．宣教師であるルーミスにとっては，原文の発音に近いハングル傍注表記が，ロス訳に優る李樹廷訳の長所として目立ったのであろう．

　しかしながら，これまで本章で述べてきたように，李樹廷はロス訳の固有名詞の修正に際して，ギリシャ語発音に近づけることよりも，漢字表記や漢語の借用に主眼を置いたとは考えられないだろうか．

　前述したように，李樹廷は固有名詞の翻訳にあたって漢訳聖書の漢語を借用して漢字で表記したので，ハングル専用文体であるロス訳に見比べてわかりやすかった．李樹廷はギリシャ語原文に近い発音を傍注として付けるとともに，馴染みのない固有名詞を聖書用語とみなし，漢字の造語力と視覚化の効果を生かして翻訳したといえよう．

　ロス訳に対する李樹廷の批判は，その改訂版についてより厳しくなる．次に1884年8月15日の書簡を見てみたい．

　ルーミスからギルマンへ
　1884年8月15日
　漢韓新約全書は着々と進んでいます．私はマルコ福音書の翻訳は促しませんでしたが，それは新約全書を早めに完成したかったからです．そしてロス訳聖書の成果がどういうものだったかを確認したかったのです．ロス訳

の参照は李樹廷の作業を助けてより完璧な翻訳にしてくれるだろうし，固有名詞はお互い調和することが肝心だと考えたのです．

　しかし，ロス訳の改訂版である路可伝と使徒行伝をもらって，その価値を評価するように言って李樹廷に渡したところ，十分に検討した後，彼はその翻訳は出版には不適切であると強く断言しました．朝鮮語の文体からも□遠く離れており，間違いだらけの翻訳をどうやって出版したのかどうしてもわからないといいました．彼はロスが完全ではない漢訳版と佛韓字典を用いたため朝鮮語の文法や文体を無視してしまったと考えています．李樹廷は新約全書のすべての翻訳を完成することが彼の計画（あるいは願い）であると言います．私はそうするように勧めましたし，完成することになったら［喜ぶ］でしょう．〔中略〕

　マルコ福音書は印刷工の手にあり，私は彼らに出版を急ぐよう指示しました．

　マックレー牧師は朝鮮の旅行から帰ってきました．現地の状況を注意深く調査してきたに違いありません．彼によれば，ロス訳は間違いだらけでほとんど役に立たないと朝鮮人は言っているそうです．

　李樹廷が，ロス訳は朝鮮語の文体から遠く離れており，間違いだらけの翻訳であると批判したのはなぜだろうか．また朝鮮語の文法や文体を無視してしまったということは具体的に何を意味しているのであろうか．その手がかりを在朝鮮宣教師であるハルバートによるルーミス宛の書簡から探ってみたい．引用に際しては，同様に米国聖書協会で確認した原文によった．

　ハルバートからルーミスへ
　1890年7月19日
　朝鮮，ソウル
　拝啓
　そこで，なぜ彼らの支部に作業を任せないのかという問いが提起されます．これに対する答えとして私は次のいくつかの明白な事実に注意を喚起したいと思います．まず，朝鮮語は他の二つの国の言語とはまったく異なりま

第四章　知識人　145

す．朝鮮では2種類の聖書が必要です．ハングル専用文の聖書と漢字ハングル交じり文の聖書です．漢文聖書を読めるのは少数の上流層しかありませんが，すべての中上流層は漢字ハングル交じり文に慣れています．それに対して下層民や女性はハングル専用文のみを読めます．
　朝鮮語は隣の中国語や日本語とまったく異なるので，外国で聖書を出版することは現地でやるほどうまくできません．その一例が中国瀋陽のジョン・ロス牧師が出版した聖書です．彼は朝鮮語に堪能な学者ですが，彼の翻訳は少数の上流層を除いた他の人々には理解できません．その理由は漢文調を使いすぎたからです．朝鮮で出版する場合優れた朝鮮人の学者が必要です．彼が現地で間違いを修正し，朝鮮人の好みに合う形になっているかを見るべきです．

　1890年に在朝鮮宣教師たちは米国聖書協会の朝鮮支部を設置することを要求し，その理由として朝鮮で朝鮮語訳聖書を翻訳・出版する必要性を挙げた．ここで注目したいのは，ロス訳はハングル専用文であるにもかかわらず，漢文調を用いすぎて少数の上流層しか理解できなかったというハルバートの評価である．前の引用文が示すように，固有名詞や聖書用語をハングルのみで表記したり，漢語をハングルで音読したりするロス訳の方法は，むしろ漢文調の印象を強くしたのであろう．漢語をハングルのみで表記すると，読者がむしろ難しく感じるのは，そのハングル表記を見ながら頭の中で漢字を思い浮かべて，またハングル表記とその文脈に戻らなければならないからである．それに対して李樹廷訳は漢語は漢字表記で漢語らしく，朝鮮固有語はハングル表記で固有語らしく翻訳した．
　また，「すべての中上流層は漢字ハングル交じり文に慣れています」という報告は，李樹廷訳の方法と相通じるものがある．前述したように，李樹廷訳は固有名詞と聖書用語の翻訳において漢語を借用して造語力を豊かにするとともに，漢字表記で視覚化して読者の理解を助けた．その他の翻訳においても漢語は漢語らしく朝鮮固有語は固有語らしく操っている．こうした文体意識におけるバランスの良さは，李樹廷訳を朝鮮の「すべての中上流層」に親しませたのではないだろうか．ハルバートが主張したように，これは朝鮮人学者である李

樹廷による翻訳だったから可能であったといえる.

四　漢語の翻訳——朝鮮で通用する漢語への変換

以上をふまえた上で,『諺解』における漢字表記の特徴の理解を深め,漢語の翻訳について論じてみたい.『諺解』における漢語の翻訳の特徴を分析するために,(1)漢語かつ漢字表記,(2)漢語かつハングル表記,(3)固有語かつハングル表記という三つの類型に分けて考えることにする.

(1)漢語かつ漢字表記はさらに次の3種類に分けることができる.『懸吐訳』の漢語を①借用,②1字から2字漢語への変更,③異なる漢語への変更という3種類である.

まず,①借用は『懸吐訳』の漢語をそのまま同じ漢語で翻訳することを意味する.借用は圧倒的に固有名詞と聖書用語と考えられるものに多く,しかも,その使用頻度も高い.聖書用語として確定しているものは,文脈が変わってもハングル表記や固有語に言い換えられることはほとんどない.聖書用語という点から見ると,漢訳の漢語を変更した②,③の語群の中には,重要な概念がほとんど含まれていない.また,文脈上やむをえない場合や,固有語に読み解きにくいものは,一般語でも『懸吐訳』の漢語そのままで残ることがあるが,全体としてそれらは比較的少数である.固有名詞や聖書用語の翻訳語の例はすでに引用しているので,例文は省略したいと思う.

次に,②一字から二字漢語への変更は数も多く,『諺解』の翻訳における一つの特色を示していると思われるので,③異なる漢語への変更の中に含めることもできるが,別に取り出すことにしたい.そのうちの一つを例文として挙げたいと思う.

　　懸吐訳：十九　爾識諸誡ᄒᆞ니　母淫ᄒᆞ며　母殺ᄒᆞ며　母竊ᄒᆞ며　母妄證ᄒᆞ며　母以不義ᄒᆞ며
　　　　　　取人ᄒᆞ고　敬爾父母ᄒᆞ라　(第十章)
　　諺　解：十九　네모든誡(계)를아는다淫乱(음난) 치말며殺害(살해)
　　　　　　치말며盜賊(도젹) 질말며헷盟誓(맹셰) ㅣ말며不義(불의)로
　　　　　　써사람의게取(취) 치말며네父母(부모)를恭敬(공경)하라하

第四章　知識人　147

엿나니라（爾すべての誡を知っている．淫乱するなかれ，殺害するなかれ，盜賊するなかれ，むなしい盟誓をするなかれ，不義を以って人に取るなかれ，爾が父母を恭敬せよ，と言った．）

ロス訳：十九　너모단경계예살인말며음난말며도젹질말며망녕된간증말며쇠기지말며너의부모를공경하라물알지니라하니（爾すべての警戒に殺人するなかれ，淫乱するなかれ，盜賊するなかれ，妄霊なる干証をするなかれ，騙すなかれ，爾が父母を恭敬せよ，ということを知っているはずだと言う．）

　『懸吐訳』の「淫」，「殺」，「窃」，「敬」を『諺解』では「淫乱」，「殺害」，「盜賊」，「恭敬」のように，二字漢語で翻訳している．当時の朝鮮語辞典としては1880年（明治13）にカトリック宣教師によって横浜で出版された『韓佛字典』が唯一かつ最も早いものであるが，これを引いてみると，「淫」，「窃」，「敬」は見られないが，「淫乱」，「殺害」，「盜賊」，「恭敬」は立項されており，これらの二字漢語が当時の朝鮮で定着していたことを示唆している．『諺解』は漢語を漢語らしく漢字で表記しているのみならず，さらにはその漢語を当時の朝鮮に通用している二字漢語へ変更して翻訳したといえよう．こうした例は上記の引用文のみではなく，『諺解』全体に頻繁に見られる特徴である．

　最後に，③異なる漢語への変更は，朝鮮語として通じない漢語から，朝鮮語として通用する漢語への言い換えである．『諺解』が漢文直訳体にならず，熟した朝鮮語になっている理由はこのような語の選択眼の確かさにあったと思う．

懸吐訳：十八　夫約翰門徒, 與哒唎囔人, 禁食, 或, 就耶穌, 謂之, 曰約翰門徒, 及哒唎囔人, 禁食, 惟爾門徒, 不禁食何也 十九　耶穌, 謂之, 曰新娶者, 在, 賀新娶者, 安能禁食乎, 有新娶者, 同在時, 彼不能禁食 （第二章）

諺　解：十八　무릇 約翰（요한네스）의弟子（제자）는哒唎囔（바리새오스）사람과갓치絶穀（절곡）하더니或（혹）이耶穌（예수쓰）긔나아가엿자오되約翰（요한네스）의弟子（제차）와밋哒唎囔（바리새오스）사람은絶穀（절곡）하거늘오즉너의弟子（제자）는絶

穀（졀곡）을아니하니엇지하미뇨　十九　耶穌（예수쓰）ㅣ이르
사왈새로장가드는者（자）ㅣ잇스니장가가믈到賀（치하）하는者
（자）ㅣ엇지능히먹지아니하리요새로장가드는者（자）ㅣ잇셔갓
치잇슬때의는졔能（능）이飮食（음식）을禁（금）치못할거시요
（十八　そもそも約翰の弟子は哒唎㗻人のように絕穀する．或る人は耶穌
に進み申し上げ，約翰の弟子と及び哒唎㗻の人は絕穀するのに，ただ爾
の弟子は絕穀しないのは何故だろうか．十九　耶穌曰く，新しく娶る者
在り，娶るのを到賀する者はどうして能く<u>食べないだろうか</u>．新しく娶
る者在り，共にいる時は彼能く<u>飮食を禁ずることはできないだろう</u>．）

　ここに引用したのは，イエスの弟子たちはなぜ断食をしないのかと聞く人々
に対してイエスが答える場面である．『懸吐訳』の「禁食」という漢語は，『諺
解』では「絕穀（졀곡）」，「먹지아니하리요」（食べないだろうか），「飮食（음식）
을禁（금）치못할거시요」（飮食を禁ずることはできないだろう）のように，それ
ぞれの文脈に応じて言い換えられている．
　まず「絕穀（졀곡）」は，③異なる漢語への変更の例である．『韓佛字典』を
引いてみると，「졀곡，TJYEL-KOK, -I．絕穀．Manque d'appétit．Suppression
de nourriture; défaut de céréales．졀곡하다　Tjyel-kok-hă-ta, *N'avoir plus de
riz à manger*．」（引用者訳：食欲の欠如．食べ物の抑制，穀類の欠乏．もうご飯を食べ
ない．）と「絕穀（졀곡）」については説明しているものの，「禁食」は立項され
ていない．
　「飮食（음식）을禁（금）치못할거시요」（飮食を禁ずることはできないだろう）
も，「禁食」の意味を目的語と動詞で説明しながら「飮食」という二字漢語を
用いるとともに，「禁」という重要な意味を漢字で表記することによって視覚
化したといえよう．
　それに対して，「먹지아니하리요」（食べないだろうか）は朝鮮固有語の動詞と
否定語を使ってハングルで表記しており，(3)固有語かつハングル表記にあた
る例である．
　ここで注目したいのは，『懸吐訳』の「禁食」という漢語をそのまま音読し
ており，「금식」（クムシク）とハングルで表記していない点である．②と③の

第四章　知識人　149

ように他の漢語で変更したものを音読してハングルで表記した例もない．つまり，(2)漢語かつハングル表記にあたる例はない．これは上記の引用文のみではなく，『諺解』全体に見られる特徴である．

　この時代に初めて漢訳聖書を朝鮮語で翻訳する際，翻訳者が最も陥りやすい誤りは漢語を無理やり音読して埋め込む方法であろう．翻訳者は漢訳聖書の漢語の意味がわかっていなくても，とにかく使うことができる．しかしながら，李樹廷はそのような安易な音読を避け，(1)漢語かつ漢字表記の①借用も，固有名詞や聖書用語に限っており，しかも原語（ギリシャ語）に近い発音のハングル傍注を付けてその漢語を補っている．さらに，②一字から二字漢語への変更と③異なる漢語への変更は，彼が当時の朝鮮に定着している漢語を選別したことを示唆する．

　それ以外の場合は(3)漢語を固有語で読み解いてハングルで表記している．漢語は漢字で表記して漢語らしく，朝鮮固有語はハングルで表記して固有語らしく翻訳しているのである．

　それに対してロス訳はハングル専用文なので，(1)漢語かつ漢字表記の例はない．すべては(2)漢語かつハングル表記か(3)固有語かつハングル表記の例にあたる．特に(2)漢語かつハングル表記に注目して李樹廷訳と比較すると，これはさらに漢語の①借用，②一字から二字漢語への変更，③異なる漢語への変更という三種類に分けることができる．たとえば，前述の第十章十九節のロス訳を見ると，「살인」（殺人），「음난」（淫乱），「도적」（盗賊），「공경」（恭敬）は，当時の朝鮮に通用している②二字漢語への変更または③異なる漢語への変更にあたる例である．

　この例が示すように，当時の朝鮮に通用している漢語を選別した点では，ロス訳も李樹廷訳と共通する．ただし表記に関しては，ロス訳が漢語をハングルで音読するのに対し，李樹廷訳は漢語を漢語らしく漢字で表記しており，対照が際立つのである．

　また，ロス訳は聖書用語の翻訳に際して，前述の第一章一節の「복음」（福音，ポグム）のように，漢語を①借用する点で李樹廷訳と共通するものの，すでに述べたように，ロス訳はハングルのみで表記していて，李樹廷訳の漢字表記よりむしろ難しく感じられた．さらに，「하나님」（ハナニム），「예수」（イエ

ス），「키리스도」（キリスト）のような固有名詞と一部の聖書用語も，朝鮮固有語及びギリシャ語をハングルで表記されたことで，新しい概念語として見分け，受け入れるのは困難であった点もすでに指摘したとおりである．

以上のように，李樹廷訳『諺解』とロス訳は漢訳聖書に基づいて翻訳されたものの，当時の朝鮮に通用する翻訳語を採用するように心掛けられた．その翻訳の出発点においては共通していたといえよう．漢語の翻訳において当時の朝鮮で使われていた漢語へ変更するという作業も共通していた．しかしながら，漢字かハングルかという表記の違いによって翻訳のあり方が異なるものになったと考えられる．特に固有名詞と聖書用語の翻訳において，李樹廷訳は漢語の造語力と漢字表記の視覚的効果を活かし，読者に聖書のメッセージをより効果的に伝えたといえよう．

五　朝鮮宣教における漢字ハングル交じり文体の有効性

これまで李樹廷訳『諺解』は経書の諺解と同様に，口語的な語尾と固有語の多用が注目され，漢字ハングル交じり文体からハングル専用文へ移行する過渡期的な文体であるとみなされてきた．しかしながら，本書における検討の結果，李樹廷はハングル専用文であるロス訳を朝鮮語の文法と文体を顧みない翻訳であると批判した上で，漢字ハングル交じり文で聖書を訳した方がよいと判断したことが明らかになった．

このハングル専用文から漢字ハングル交じり文への移行は，一見当時の朝鮮語の文体の流れに逆行する一例に過ぎないと片づけられるかもしれない．しかし李樹廷訳『諺解』の文体がその後，朝鮮の知識人による聖書の翻訳に大きな影響を与えたことはすでに先行研究によって指摘されている[38]．さらに，1910年以降植民地時代に入り，日本語の影響により漢字ハングル交じり文は啓蒙のために好まれるようになり，李樹廷訳聖書の影響力はそうした時代状況とも連動していく．

ちなみに，1895年から1910年までの，いわゆる開化期朝鮮における啓蒙文

---

38) 오윤태, 前掲書 72-78 頁．

体の流れを探ってみると，新聞，雑誌などの啓蒙メディアで漢字ハングル交じり文は大きな役割を果たした．韓国の国文学研究者である林熒澤は，1896 年に『독닙신문』(ドンニプシンムン)(独立新聞)が先導したハングル専用文への急進的転換は失敗したとみなしており，1896 年当時，ハングル専用文は一般人の呼応を得ることができず，漢字ハングル交じり文が主流の地位を占めたという．たとえば，新教育の教材類，新学問の出版物のみではなく，創刊されつつあった新聞，雑誌類もほとんど漢字ハングル交じり文を採用する趨勢であったということである[39]．

より具体的に述べると，1896 年に『독닙신문』(独立新聞)，『데국신문』(デイグックシンムン)(帝国新聞)などで始まった近代的言論で一見漢文は排除されるように見えたが，すぐに『皇城新聞』，『大韓毎日申報』などの創刊によって漢字ハングル交じり文は啓蒙の場に再度入ってくる．また，大韓自強会，西北学会などの団体が設立され，言論を形成していた 1900 年代半ば頃，漢字ハングル交じり文体は啓蒙文体として前面に現れた．この時代に雑誌は『가뎡잡지』(カデインザプジ)(家庭雑誌)，『신학월보』(シンハクウォルボ)(神学月報)などの子ども，婦女子向け及びキリスト教信者という限られた読者を対象にしたものを除けば，40 種に達する雑誌のほとんどが漢字ハングル交じり文を採用していた[40]．

韓国の国文学界では一般的に 1895 年に出版された兪吉濬(ユギルジュン)の『西遊見聞』によって漢字ハングル交じり文が成り立ったとされるが，これについては林熒澤がすでに指摘したとおり再検討を要する[41]．たとえば，本章で明らかになったように李樹廷が 1885 年という早い時期に聖書を漢字ハングル交じり文で翻訳した事実を視野に入れずに兪吉濬の『西遊見聞』における漢字ハングル交じり文の採用を評価しすぎたということがそれである．

ここで兪吉濬の『西遊見聞』の序文を見てみたい．下線は引用者による．

> 我文と漢字を混集し文章の体制を不飾し俗語を務用し其の意を達することを主とする．〔中略〕書既成り有日に友人に示し其の批評を乞う．友人は

---

39) 임형택, 前掲論文 26-27 頁.
40) 임상석, 前掲書 18-19 頁.
41) 임형택, 前掲論文 16 頁.

曰く子の志は良苦であるが我文と漢字の混用することが文家の軌度を越え具眼者の譏笑を免れないであろう．余応じ曰く是は其の故有り．一は語義の平順なることを取って文字を略解する者なら易知する為である．二は余が書を読することが少なく作文する法に未熟である故であり，記写の便易の為である．<u>三は我邦七書諺解の法を大略則して倣い詳明の為である</u>．
（引用者訳）

　漢字ハングル交じり文は近代以前になかった文体ではない．兪吉濬自身も『西遊見聞』を漢字ハングル交じり文で書いた理由を説明しながら前近代の朝鮮に諺解（七書諺解）という漢字ハングル交じり文の伝統があるので，それを見習って漢字ハングル交じり文を採用したという．それは前近代の諺解文から自分の漢字ハングル交じり文の正当性を求めているといえよう．

　李樹廷も1885年という早い時期に聖書を漢字ハングル交じり文で翻訳しながら自分の翻訳聖書を『신약마가젼복음셔언해』（新約馬加伝福音書諺解）と名づけている．これは李樹廷も兪吉濬と同じく自分の漢字ハングル交じり文のモデルを前近代の諺解に求めているからである．

　もちろん，諺解は近代朝鮮の漢字ハングル交じり文のモデルになったとはいえ，文学史における位置づけは異なる．前近代の諺解というジャンルは経書を習う補助手段にすぎなかったのであり，まとまった文体として独自性を持っていたとはいえない．漢文体が普遍的表記法であった一方で，ハングル専用文は少数の婦女子や一部の庶民層を中心に用いられた状況の中で諺解はその補助的役割にとどまっていたのである．

　しかし，近代朝鮮の漢字ハングル交じり文は啓蒙的思想を伝える道具として採用されたものである．前近代の朝鮮におけるハングル専用文は，小説，パンソリ，時調（朝鮮固有の定型詩），歌辞（朝鮮の詩歌の一形式）などの叙事，叙情の領域で文体としての力を蓄積してきた．それに対して，論理，思想の領域ではハングル専用文の蓄積はほとんどなかった．前近代の間，論理，思想を操る文体として蓄積されてきた漢文の力が，近代になって漢字ハングル交じり文に受け継がれたのである．韓国の国文学者である林相錫は，こうした朝鮮文学史的事実によって，19世紀末から20世紀初めまでの間漢字ハングル交じり文が

朝鮮の近代文体を主導することができたと述べている[42]．

　いずれにしても，李樹廷は前近代の諺解というジャンルを近代翻訳文体として再発見した．李樹廷は近代朝鮮の漢字ハングル交じり文の嚆矢として評価されてきた兪吉濬の『西遊見聞』に先立って，1885年という早い時代に漢字ハングル交じり文で聖書を翻訳したという点から近代朝鮮における啓蒙文体の先駆者であるといえよう．

　さて，ここでもう一つ注目したい点は，兪吉濬と李樹廷の文体を同じ漢字ハングル文体であると分類するには時期的差異のみならず，漢字ハングル文体としての内容の差もあるということである．すなわち，前述の兪吉濬の『西遊見聞』の引用文が示すように兪吉濬は漢字とハングルを混用するにとどまっているが，李樹廷は漢字とハングルの表記を混用した上に，漢字の右にハングルで読み方を振っている点である．

　二節で引用した例文を再び見ると，「神」「福音」という漢字の右側に「신」「복음」という傍注を書き加えている．また，「耶穌」「基督」に関しては聖書の原語の発音を意識し「예수쓰」「크리슈도스」というハングル表記の傍注を振っている．ここからは，「神」「福音」については漢字をそのままハングルで音読して「신」「복음」と表記したことと異なり，漢字の翻訳語の背景にある西洋語の原語に対する意識がうかがえる．これは経書の諺解や近代啓蒙談論を述べる漢字ハングル交じり文とは区別される，西洋語を原語にする翻訳文体にしか見られない特徴であるといえよう．ちなみに，漢字の右にハングルを表記する形式は近代日本の翻訳文体である振り仮名からの影響があったのではないかと考えられる．

　このように，李樹廷は西洋語を原語とする聖書翻訳のために効果的な翻訳文体を考え出した上で，まず前近代の諺解というジャンルを再発見し，漢字の右に傍注を付ける近代漢字ハングル交じり文を作り出した．ここには，宣教師であるロスが，朝鮮の下層民と婦女子はハングル専用文しか読めないことに注目してそれをわかりやすい文体だろうと判断したのに対して，漢文素養のある知識人である李樹廷が，朝鮮語の近代文体を作り出そうとしたという立場の差も，

---

42)　임상석, 前掲書310頁．

二人の判断の背景としてあったと考えられる．

　一節で指摘したように，これまで李樹廷の翻訳聖書が研究されてこなかった要因はキリスト教文献が近代朝鮮の文体研究対象から除かれていたからである．そして漢字ハングル交じり文体の研究が新聞，雑誌の論説を中心に進められ，翻訳文献は研究対象にされなかった事実にもよる．しかし，李樹廷の例が示すように，翻訳文献の研究は近代朝鮮の漢字ハングル交じり文の出現に重要な手がかりを提供しており，今後掘り下げて検討されるべき課題であろう．

終章　翻訳と日韓の近代：結論と展望

　近代の東アジアにおいて，キリスト教宣教と受容はどのようになされたのか．キリスト教文献はどのように翻訳されたのか．何が日韓における普及の決め手になったのか．これらの問いに答えるために，本書では日本と朝鮮におけるキリスト教文献の翻訳研究を試みてきた．具体的には「God の翻訳をめぐる宣教師間の用語論争」「宗教小説「天路歴程」の翻訳」「キリスト教新聞『七一雑報』の言文一致と読者層」「李樹廷訳聖書の文体」といったテーマを取り上げ，キリスト教文献の翻訳のあり方そのものを，言語・文学・メディア・知識人という観点から多面的に検討してきた．

　その結果明らかになったのは，第一に，宣教師が従来の漢字圏における翻訳の方法論を積極的に活用していたことである．たとえば，本書で検討してきた『天路歴程』に関しては，それまで中国の古典と小説が日本語と朝鮮語にそれぞれ翻訳されてきたのと同様の文体とジャンルを採用することによって，翻訳者の負担を減らすだけでなく，読者の違和感も軽減させたのである．この方法は，東アジアにおけるキリスト教宣教の成功の大きな要因になった．

　近代朝鮮では日本のような読み下し文のスタイルが定着せず，ひたすら漢文が知的世界のための独占的言語として機能していた．漢字・漢文は支配層のためのものであり，それが使われた範囲や階層は非常に限定され，いわゆる民衆の日常生活とは異なる，限られた領域を越えることはなかった．そのため近代朝鮮では低い識字率（漢字とハングルの両方を読み書きできる読者を識字層と呼ぶ）とあいまって，活字メディアのみによる知識・情報伝達には限界があった．そこで，在朝鮮宣教師たちは『天路歴程』の翻訳において旧活字本の体裁を取り，声の文化と共同体的読書を情報伝達のおもなツールとする準識字層（ハングルの読み書きはできるが漢字の読み書きがあまりできない読者を準識字層と呼ぶ）と非識

字層（まったく文字の読み書きのできない読者を非識字層と呼ぶ）への布教を図ったのである．つまり，官話訳からハングル専用文へという伝統的な翻訳ツールの採用には音読を前提にするメディア環境が背景になっていたといえよう．

しかし，God という唯一神の概念の訳語に関しては，従来の漢字圏の翻訳の方法論を活用するだけでは不十分であった．そこには非キリスト教地域でどのようにすればキリスト教の唯一神の思想を伝えることができるかという宣教師たちの慎重な配慮と工夫が凝らされたのである．それゆえ在日・在朝鮮宣教師は，それぞれ和語，朝鮮固有語と苦闘しながら，聖書の翻訳を試みた．

漢字と仮名，漢字とハングルという二重の表記法を持っている点で，日本と朝鮮は類似しているが，God の訳語問題が両国で異なる展開を見せたことは，漢字に対する仮名とハングルの位相が，それぞれの言語体系において異なっていたことを示唆している．

1443 年に訓民正音（ハングル）が創られて以降，朝鮮の文学史においては漢文小説とハングル小説がジャンルとしてはっきり分かれていた．漢文の素養を身に付けていたのは，科挙を受ける両班階級だけだったので，庶民への布教を目指していた宣教師たちは，翻訳に際して朝鮮固有語及びハングル専用文を採用した．この方針にしたがって採用された「하ᄂ님」（ハナニム）という訳語はその成功例であるが，李樹廷がロス訳に対して下した評価が示すように，文体の次元ではハングル専用文は必ずしもわかりやすくなかった．

朝鮮語訳『뎐로력뎡』が翻訳された 1895 年前後の時代を朝鮮語史に照らしてみれば，ハングル専用新聞の創刊も 1896 年であった．たとえば，『독닙신문』（独立新聞，1896 年創刊），『매일신문』（毎日新聞，1898 年創刊），『뎨국신문』（帝国新聞，1898 年創刊）を挙げることができる．この時代にハングルは一種の強力な思想運動のメディアになっており，啓蒙的な思想をハングルを使うことによって実現するという「文字ナショナリズム」を形成した．しかし，ハングル専用文はその後，現実には退潮していく．

近代になって，ハングルが国民の言語生活の全領域を覆う役割を担うべき文字体系として，また民族文化のシンボルとして位置づけられた時，素朴な音素主義は再検討され，新しい権威のある地位に相応しい規範が要求された．それは「標準文字」の表記法，より具体的には綴字法の規範の形成に収斂していっ

た．ハングルは標準化と規範化によって，むかしの素朴な非エリート専用の文字から，エリートのためにも用いられるものとして位置づけられることになったのである．

　一方，日本ではどうだったのだろうか．日本の文学史においても，いわゆる婦女子中心の仮名文学がなかったわけではない．草双紙がその代表的な例である．そこで当初，在日宣教師も和語及び仮名専用文を採用しようとした．

　しかし，日本語の文章は漢字を中心として作られ，仮名は補助として使われている．そこで，表記手段として漢字を廃止しても漢語の意味合いが排除しきれないという日本語の語彙と文体の問題が残されたのである．それゆえ，「かなのくわい」「国字改良論」の試みは程なく挫折した．特に翻訳においては，「神(かみ)」の例が示すように振り仮名付きの漢語が流通し，訓読体の漢字仮名交じり文が普通文や今体文と呼ばれて，広く用いられることになる．

　第二に，翻訳語，翻訳文体の問題のほかに，本書でもう一つ検討したのは，新聞や翻訳者が果たした役割についてである．キリスト教文献の翻訳は，新しい宗教を伝えようとする発信者の側が，その地域の言葉を自ら身に付けて翻訳するという特徴を持っている．また，翻訳を行う宣教師はキリスト教の布教だけでなく，文明開化を同時に目指していた．それゆえ翻訳という行為は，教会という閉ざされた空間にとどまらず，新聞やミッションスクールなど，メディアと教育を通して社会に開かれていったのである．

　『七一雑報』の例が示すように，紙面の翻訳文体や読者層は庶民への布教という宣教師の創刊意図から離れていった．宗教としてキリスト教を受け入れるというよりも，文化，思想，教養として受け入れて，文明開化を果たそうとする知識階級の読者層の影響力から逃れることはできなかったのである．

　これは識字率の問題とも関わっている．翻訳物や新聞などの文字メディアは，庶民に直接届けることができず，現地の知識人を媒介とせざるをえない．しかし，彼らはいつまでも宣教師の思いどおりに動いてくれるわけではなく，徐々に自分なりの主体性を持って行動するようになる．特に日本のクリスチャン知識人の多くが，近代国家の力学に導かれて，外国人宣教師からの自立を図った．すなわち，日清戦争（1894-1895年）と日露戦争（1904-1905年）の勝利を経て，日本の知識人は早い時期から宣教師に代わって教会やミッションスクールの実

権を掌握していったのである.

　また「天路歴程意訳」の例で示したように，日本では新聞メディアに翻訳が載った時期も早く，それは明治9年（1876）から同10年（1877）にかけてのことだった．早い時期から活字メディアが発達した日本のメディア環境は，その翻訳物の読者層を知識人に限定する結果をもたらした.

　一方，朝鮮では李樹廷という人物が，キリスト教を社会に伝えるメディアになった．当時，朝鮮の近代化のために日本に視察にきた知識人たちが，日本でキリスト教信者になっていた．その一人である李樹廷は，在日宣教師に協力し，米国系宣教師の朝鮮派遣を実現させるとともに，聖書を朝鮮語で翻訳する．彼にとって信仰とは，自分一人の救いにとどまらず，朝鮮宣教を目指すものであり，朝鮮の近代化を図るものでもあった．このように，宗教解禁以前に海外に出てキリスト教にいち早く触れた知識人は，自ら翻訳者になって，自国の社会にキリスト教宣教と近代化の道を拓いたのである.

　第三に，キリスト教文献の翻訳は，宣教師主導の宣教から現地知識人主導の受容へと移行しながら，社会に向けて開かれていった．この傾向がさらに顕著に現れたのは，学校教育においてである.

　日本では『七一雑報』の読者層が示すように，同志社を中心とするミッションスクールの学生たちが，「脱儒教主義」「平民主義」「良心の自由」というキリスト教主義教育に基づいた知識人グループを形成していっており，これは当時の「儒教主義」「国家主義」「天皇主義」に基づく公教育とは一線を画していた．そして明治12年（1879）6月に同志社英学校予科（神学科）から第1回の卒業生が輩出され，ミッションスクールの卒業生たちが日本のキリスト教界の重鎮になるにつれて，外国人宣教師からの自立の気運が高まっていった．さらに，明治23年（1890）の教育勅語や明治32年（1899）の文部省訓令12号の発布など，キリスト教主義教育に対する日本政府からの干渉や統制が厳しくなるにつれて，ミッションスクールは学校運営のために国家主義と妥協する道を選択していくことになる.

　こうして日本のクリスチャン知識人たちは，「教育と宗教の衝突」という問題に直面して「日本的キリスト教」を形成しようと考えるようになり，宣教師に代わって教会や学校の実権を掌握し，日清戦争や日露戦争を経て，愛国的で

帝国主義的な論調に傾斜していく．ちなみにキリスト教文献の翻訳において，振り仮名付きの漢語や訓読体漢字仮名交じり文が定着していった背景にも，このような日本の知識人による実権の掌握があったと考えられる．

いずれにしても，キリシタン禁制の高札撤去を契機にキリスト教が黙認され，宣教師の布教が本格化したのが明治6年（1873）だったことに鑑みると，明治10年代半ばに外国人宣教師からの自立を目指したのは時期尚早だったといえるだろう．この早すぎた自給独立論のせいで，農村地域の教会は自給ができずに衰えて，大都市の教会しか存続できなかったため，信者は中産層以上の階級に限られることになった．一方で，教会が自給独立した後も，ミッションスクールが外国から経済的支援を得ていたことには注目すべきであり，今日の日本において，布教の足跡が教会よりミッションスクールの形で残っているのは，そのためであろう．宣教師主導の宣教から現地知識人主導の受容に移る時期の早さは，日本と朝鮮とのキリスト教普及率に差が生まれた大きな要因であると考えられる．

アンダーウッドが朝鮮に入国してプロテスタント宣教を始めた1885年から間を置かずに，日清戦争や日露戦争が起きて，朝鮮は列強の対立に巻き込まれてしまった．結局1910年以降植民地時代に入って，朝鮮では「キリスト教主義の近代教育」が朝鮮政府や朝鮮の国家主義と正面から衝突する時機を逃すことになる．

新聞メディアやミッションスクールにおいても，在朝鮮宣教師たちは長期にわたって実権を保持した．朝鮮総督府にとって，米国系宣教師の処遇は日米外交に関わる問題だったので，宣教師が実権を有しているミッションスクールを掌握することは難しかったのである．また，当初からミッションスクールには，その近代的性格に惹かれた多くの開化派知識人たちが集まっていて，植民地時代における日本の干渉は，ミッションスクールの民族的性格をより強化する要因となった．

朝鮮では，宣教師の実権から離脱するまでに，プロテスタント宣教が始まってから半世紀以上の歳月を要している．1935年の皇民化政策による神社参拝の強要や，1941年の太平洋戦争の開始をきっかけに，米国系宣教師たちが朝鮮から撤収せざるをえなかった時期まで，彼らは教会及びミッションスクール

において実権を保持していたのである．これは宣教師が教権に固執したからでも，朝鮮人が宣教師に依存したからでもない．キリスト教が朝鮮において世界でも類例がないほど短期間に高い普及率を達成した歴史的背景には，米国系宣教師の政治性を活かして日本の支配を相対化しようとした朝鮮人の選択と，それによって生じた宣教師から現地知識人への主導権移行の遅れが，存在していたと考えられる．

　ここで再び，キリスト教文献の翻訳の問題に話を戻したい．在朝鮮宣教師は1882年のロス訳をはじめとして朝鮮固有語及びハングル専用文で翻訳を試みた．とはいえ，ハングル専用文は前近代の間，論理，思想の領域での蓄積がほとんどなかった朝鮮文学史的事実によって，19世紀末から20世紀初めまで漢字ハングル交じり文に主導的文体の地位を譲るしかなかった．前近代の間，論理，思想を操る文体として蓄積されてきた漢文の力は漢字ハングル交じり文に受け継がれ，朝鮮の近代文体を主導したからである．

　しかし，1910年以降植民地時代に入り，ハングルに対する文字ナショナリズムによって朝鮮固有語及びハングル専用文は偶然にも生き残る活路を見出した．というのも，植民地時代にミッションスクールに集まった朝鮮の知識人たちは，民衆啓蒙運動の一環としてハングル教育を行ったからである．また，朝鮮語学会を中心にハングルを研究し，ハングル綴字法の規範化をしていくなど，ハングルを近代朝鮮語として創出しようとする努力は絶えなかった．

　日本では漢字は廃止できても漢語を排除しきれないという語彙と文体の問題や，また漢字は男が学ぶべき権威のある文字であり，漢字をくずした仮名は女子ども用の文字であるという考え方が原因になり，和語の翻訳語や仮名専用文は単なる試みとして終わってしまう．

　朝鮮でも同様の要因があったにもかかわらず，知識人たちが漢字に対する特権意識を捨て，ハングル専用文を翻訳文体として成立させることができたのは，植民地という状況によると考えることができる．「真書」（漢字・漢文のこと）を放棄し，見下げられた「諺文」に乗り換えるということは知的な世界において急進的革命であった．この革命の背景には，当時在朝鮮宣教師と愛国的な朝鮮知識人の多年にわたる努力の蓄積があった．朝鮮語の近代化のために最も必要であったのは，長い間，書き言葉の世界を支配した漢文の桎梏から自由になり，

話し言葉に基づいた民族の書き言葉を形成することであった．この過程は漢文が帯びていた権威を，新しい民族語の上に移すことによって完成する．

同時に「日韓合併」後，近代朝鮮語の文体は日本語文体に侵されることを避けることはできなかった．前述したように，ハングルに近代語として新しい権威のある地位に相応しい規範が要求された時，その基幹的モデルとなったのは，日本の近代文体であった．たとえば，綴字法の規範化の過程が代表的な例である[1]．しかし，植民地時代に朝鮮がモデルとした日本は，言語的近代化を進めるにあたって，一方では漢文からの解放を図りながら，同時に他方では徹底的に漢字に依存した．日本は漢字を利用して西洋の文物を受け入れ，「日本製新漢語」を生み出した．この「日本製新漢語」は，朝鮮語の語彙体系の中に深く入り込み，近代語彙，文体などに決定的な影響を与えた．

したがって，植民地朝鮮における文字ナショナリズムがハングルを持ち上げたことは疑いのないことであるが，それがすなわち漢字の放棄を意味したわけではない．植民地朝鮮に見られる文字ナショナリズムは，それに対立する漢字の底辺の広さと並行して行われたのである．

1945年の解放を迎えた朝鮮では，日本の統治によって中断された朝鮮の近代国家語の形成を再び続行したが，この時の近代国家語の形成は，前近代的なものとの戦いではなく，支配言語であった日本語との戦いを通じて，初めて得られるものであった．したがって，解放後の朝鮮においては言語と民族との間には必然的な関係があるものと前提される極めてナショナリスティックな言語観が広められた．解放後，ハングル専用の言語生活に入ったのに伴い，韓国のキリスト教界にもハングル専用文で翻訳されたロス訳聖書の語彙や文体が復活し，定着していった過程も興味深い．

このように，植民地朝鮮では「米国型の近代＝固有文字」と「日本型の近代＝漢字」が錯綜し，激しく鬩ぎ合っていた．翻訳文体の問題を考える際にも，当時の記録をもとに，翻訳文献をその時代状況の中に位置づけながら，細部を検討しなければならない．そのことを今後の課題にして本書を締めくくりたい．

---

[1] 近代朝鮮における綴字法の規範化の過程を取り上げ，日本語とのかかわり方を明らかにした研究としては，安田敏明『言語の構築』（三元社，1999年），三ツ井崇『朝鮮植民地支配と言語』（明石書店，2010年）が代表的である．

参考文献

凡 例
- 目録作成は各章別に整理し，同章の中では言語別に整理した．
- 掲出順はすべて著者名順とし，英語の文献の場合はアルファベット順，日本語の場合は五十音順，韓国語の場合はハングルのカナダ順，同一著者の文献に関してはその中で刊行年順に並べた．

序 章

I. 一次資料

1. 韓国語

李光洙「耶蘇教의 朝鮮에 준 恩恵」『青春』第9号（1917年7月）

이만열・옥성득（편역）『대한성서공회사 자료집 제1권──로스서신과 루미스서신』（上・下）（대한성서공회，2004年）

이만열・옥성득（편역）『대한성서공회사 자료집 제2권──켄뮤어서신』（대한성서공회，2006年）

최현배「기독교와 한글」『신학논단』7（연세대학교 신과대학，1962年）

II. 二次資料

1. 日本語

高村新一「『天路歴程』邦訳史（一）」『東京女子大学附属比較文化研究所紀要』第40巻（東京女子大学附属比較文化研究所，1979年）1-24頁］

高村新一「『天路歴程』邦訳史（二）」『東京女子大学附属比較文化研究所紀要』第41巻（東京女子大学附属比較文化研究所，1980年）1-22頁］

高村新一「『天路歴程』邦訳史（三）」『東京女子大学附属比較文化研究所紀要』第42巻（東京女子大学附属比較文化研究所，1981年）24-51頁］

2. 韓国語

(1) 単行本

류대영・옥성득・이만열（共著）『대한성서공회사 I 조직・성장과 수난』（대한성서공회，1993年）

류대영・옥성득・이만열（共著）『대한성서공회사 II 번역・반포와 권서사업』（대한성서공회，1994年）

이만열 『韓国基督教文化運動史』（大韓基督教出版社, 1987年）
황호덕 『근대 네이션과 그 표상들』（소명출판, 2005年）

(2) 論　文
옥성득 「개신교 전래기 신 명칭 용어논쟁」『기독교사상』37（대한기독교서회, 1993年）
이혜령 「한글운동과 근대미디어」『大東文化研究』47（성균관대학교 대동문화연구원, 2004年）

第 1 章
I. 一次資料
1. 英　語

Gale, James S. "Korea's Preparation for the Bible," *The Korean Mission Field*, vol. 8. March, 1912.

Reynolds, W. D. "The Contribution of the Bible Societies to the Christian of Korea," *The Korean Mission Field*, vol. 12. May, 1916.

Underwood, Horace Grant. *The Call of Korea*. New York, Chicago, Toronto London and Edinburgh: Fleming H. Revell Company, 1908.

Underwood, Lillias Horton. *Fifteen Years among the Top-Knots*. Boston, New York, Chicago: American Tract Society, 1904.

Underwood, Lillias Horton. *Underwood of Korea*. New York: Fleming H. Revell Company, 1918.

Vinton, Charles. "Presbyterian Mission Word in Korea", *The Missionary Review of the World*, September, 1893.

2. 日本語
秋山繁雄（編）『井深梶之助宛書簡集』（明治学院, 1997年）
阿毛久芳・明治史探究の会・松田伊作・勝原晴希・下山嬢子（校注）『新体詩　聖書讃美歌集』（新日本古典文学大系明治編12, 岩波書店, 2001年）
井深梶之助「新約聖書の日本語訳に就いて」『福音新報』1088号, 1916年5月4日, 4-5面
高谷道男（編訳）『S. R. ブラウン書簡集　幕末明治初期宣教記録』（日本基督教団出版局, 1965年初版, 1980年再版）
津田左右吉「日本語雑感」『津田左右吉全集』第21巻（岩波書店, 1965年）

『幕末邦訳聖書集成』（ゆまに書房，1999 年）

II. 二次資料
1. 英　語
Rutt, Richard. *James Scarth Gale and His History of the Korean People.* Seoul: Royal Asiatic Society, 1972.

2. 日本語
（1）　単行本
アンダーウッド／韓皙曦（訳）『朝鮮の呼び声——朝鮮プロテスタント開教の記録』（未来社，1976 年）
海老沢有道『CLASSICA JAPONICA 第十次ヴァリア篇 II　解説 最初の邦訳聖書——ギュツラフとベッテルハイム訳聖書』（天理図書館善本叢書洋書之部，雄松堂書店，1977 年）
海老沢有道『日本の聖書——聖書和訳の歴史』（講談社，1989 年）
小川圭治，池明観（編）『日韓キリスト教関係史資料』（新教出版社，1984 年）
澤正彦『南北朝鮮キリスト教史論』（日本基督教団出版局，1982 年）
鄭百秀『コロニアリズムの超克』（草風館，2007 年）
鈴木範久『聖書の日本語』（岩波書店，2006 年）
田川建三『書物としての新約聖書』（勁草書房，1997 年）
中村博武『宣教と受容——明治期キリスト教の基礎的研究』（思文閣出版，2000 年）
都田恒太郎『ロバート・モリソンとその周辺——中国語聖書翻訳史』（教文館，1974 年）
村岡典嗣『日本思想史研究』（岩波書店，1940 年）
望月洋子『ヘボンの生涯と日本語』（新潮社，新潮選書，1987 年）
柳父章『ゴッドと上帝』（筑摩書房，1986 年）
柳東植／澤正彦・金纓（共訳）『韓国キリスト教神学思想史』（教文館，1986 年）
柳東植『韓国のキリスト教』（東京大学出版会，1987 年）

（2）　論　文
井口正俊「新体詩・唱歌・賛美歌——近代日本成立期における「翻訳」文化の一段面」［塩野和夫・今井向生（編）『神と近代日本』（九州大学出版会，2005 年）179-212 頁］
上原袈裟美「明治初期の聖書翻訳—1—馬太伝福音書を中心に」［『四国学院大学論集』34（四国学院文化学会，1975 年）121-143 頁］
上原袈裟美「明治初期の聖書翻訳—2—」［『四国学院大学論集』35（四国学院文化学会，

1976 年）1-24 頁]

上原袈裟美「明治初期の聖書翻訳―4―和訳聖書と草子本の文体」[『四国学院大学論集』42（四国学院文化学会，1978 年）17-40 頁]

上原袈裟美「明治初期の聖書翻訳―5―ルカ伝福音書を中心に」[『四国学院大学論集』45（四国学院文化学会，1980 年）73-90 頁]

上原袈裟美「明治初期の聖書翻訳―6―マルコ伝を中心に」[『四国学院大学論集』47（四国学院文化学会，1980 年）1-20 頁]

大島良雄「明治初期における新約聖書の翻訳について――1872-1880」[関東学院大学人文科学研究所（編）『関東学院大学文学部紀要』31（関東学院大学人文学会，1980 年）1-25 頁]

斎藤文俊「明治初期における聖書の翻訳と漢文訓読」[『築島裕博士古稀記念国語学論集』（汲古書院，1995 年）1005-1020 頁]

斎藤文俊「ヘボンの聖書翻訳」[『国文学』（学燈社，2005 年，1 月）62-66 頁]

鈴木範久「カミの訳語考」[藤田富雄（編）『秘められた意味』（講座宗教学 4，東京大出版会，1977 年）281-330 頁]

鈴木英夫・福井靖子「明治初期の聖書翻訳について」[『白百合女子大学キリスト教文化研究論集』1（白百合女子大学，2000 年）3-26 頁]

鈴木広光「キリシタン宗教書における仏教語の問題」[『名古屋大学文学部研究論集』通号 109（名古屋大学文学部，1991 年）47-58 頁]

鈴木広光「漢訳聖書に於ける agape の翻訳に就いて」[『名古屋大学文学部研究論集』通号 118（名古屋大学文学部，1994 年）53-61 頁]

鈴木広光「漢訳聖書における pneuma の翻訳について」[『キリスト教史学』通号 49（キリスト教史学会，1995 年 7 月）39-57 頁]

鈴木広光「〈神〉と〈霊〉の中国語訳をめぐるプロテスタント宣教師の論争（1）」[『文化研究』10（大阪樟蔭女子大学，1996 年）103-120 頁]

鈴木広光「翻訳書としてのキリシタン文献」[『日本語学』17(7)（明治書院，1998 年，6 月）38-46 頁]

鈴木広光「印刷史における大航海時代」[『文学』2(5)（岩波書店，2001 年，9・10 月）36-48 頁]

鈴木広光「神の翻訳史」[『国語国文』74(2)（京都大学国文学会，2005 年，2 月）1-17 頁]

関根正雄「聖書翻訳の理論と課題」[『文学』48(12)（岩波書店，1980 年 12 月）144-155 頁]

高橋虔「日本における聖書の翻訳」[『日本の神学』(23)（日本基督教学会，1984 年）

195-204頁]

東自由里「宣教師による聖書翻訳と文字言語の伝播」『立命館言語文化研究』13(2)（立命館大学国際言語文化研究所，2001年）175-183頁]

前島潔「日本に於ける基督教用語「神」に就いて」『神学研究』29(6)（神学研究会，1938年）285-301頁]

御法川恵子「聖書和訳とその訳語についての国語学的研究」『日本文学』第25号（東京女子大学日本文学研究会，1965年）76-87頁]

森岡健二「委員会和訳聖書の文体と漢訳聖書」『国際基督教大学学報』Ⅳ-B（国際基督教大学キリスト教と文化研究所，1966年）1-57頁]

森岡健二「旧約聖書の訳語」『東京女子大学創立五十周年記念論文集』（東京女子大学学会，1968年）117-166頁]

吉野作造「聖書の文体を通して観たる明治文化」『吉野作造選集11』（岩波書店，1995年）291-299頁] ＊[初出]「聖書の文体を通して観たる明治文化」『明治文化研究』（明治文化研究会，1928年2月）

(3) 辞典類

日本基督教団（編）『キリスト教人名事典』（日本基督教団出版局，1986年）

日本キリスト教歴史大事典編集委員会（編）『日本キリスト教歴史大事典』（教文館，1988年）

3. 韓国語
(1) 単行本

그리스도교와 겨레문화연구회（編）『한글성서와 겨레문화』（기독교문사，1985年）

그리스도교와 겨레문화연구회（編）『그리스도교와 겨레문화(2)』（기독교문사，1987年）

그리스도교와 겨레문화연구회（編）『그리스도교와 겨레문화(3)』（기독교문사，1991年）

류대영・옥성득・이만열（共著）『대한성서공회사Ⅱ 번역・반포와 권서사업』（대한성서공회，1994年）

민경배『改正版 韓国基督教会史』（大韓基督教出版社，1982年初版，1992年16版）

백낙준『韓国改新教史（1832-1910）』（延世大学出版部，1973年）

언더우드／李光麟（訳）『韓国改新教受容史』（一潮閣，1989年）

이만열『韓国基督教文化運動史』（大韓基督教出版社，1987年）

(2) 論文

김경탁「하느님觀念発達史」『韓国文化史大系 VI』(高麗大学民族文化研究所, 1970 年)

옥성득「用語 하느님의 歷史小考」(장로회신학대학교대학원修士論文, 1991 年)

옥성득「초기 한글성경 번역에 나타난 주요 논쟁연구 (1877-1939)」(장로회신학대학교대학원修士論文, 1993 年)

이덕주「초기 한글성서 번역에 관한 연구」『한글성서와 겨레문화』(기독교문사, 1985 年)

전택부「하느님 및 텬쥬라는 말에 관한 역사 소고」『한글성서와 겨레문화』(기독교문사, 1985 年)

第 2 章
I. 一次資料
1. 英 語

Bunyan, John. *The Pilgrim's Progress*. London: The Religious Track Society, 1843.

Bunyan, John. *The Pilgrim's Progress*. Philadelphia: Claxton, Remsen & Haffelfinger, 1869.(国会図書館蔵, 畠山義成の旧蔵書)

Burns, Islay. *Memoir of the Rev. Wm. C. Burns, M. A.* London: James Nisget & Co., 1870, 6th ed., Robert Carter and Bros., New York: 1871.

Gale, James Scarth. *Korean Grammatical Forms*. Seoul: Trilingual Press, 1894.

Gale, James Scarth. *Korean Sketches*. New York, Chicago, Toronto: Fleming H. Revell Company, 1898.

Gale, James Scarth. *The Vanguard, a Tale of Korea*. New York, Chicago, Toronto: Fleming H. Revell Company, 1904.

Gale, James Scarth. "Korea's Preparation for the Bible," *The Korean Mission Field*, vol. 8. March, 1912.

Gale, James Scarth. *Korea in Transition*. New York: Missionary Education Movement of The United States and Canada, 1912.

Gale, James Scarth. *The Unabridged Korean-English Dictionary Third Edition*. Seoul: The Christian Literature Society of Korea, 1931.

Paxton, Martha W. Merrill Dodge, Kidd, Samuel, & Morrison, Robert. *Memoirs of the Life and Labours of Robert Morrison*, in two volumes, vol. 1. London: Longman, 1839.

Underwood, Horace Grant. *A Concise Dictionary of the Korean Language*. Tokio, Japan: The Yokohama Seishi Bunsha. 1890.

Vinton, Charles. "Literary Department," *The Korean Repository* (Seoul), January,

1896.

Wylie, Alexander. *Memorials of Protestant Missionary to the Chinese*. Shanghae: American Presbyterian Mission Press, 1867.

2. 中国語

Burns『天路歴程』(『中外雑誌』本, 1856年) Harvard-Yenching Library 蔵

Burns『天路歴程』(蘇松上海美華書館藏板, 1869年) 活字版, 五巻一冊, 東京大学教養学部漢文学研究室蔵

Burns『続天路歴程官話』(蘇松上海美華書館藏板, 1869年) 活字版, 六巻一冊, 東京大学教養学部漢文学研究室蔵

Burns『天路歴程官話』(蘇松上海美華書館鐫, 1872年) 五巻一冊, The Bodleian Library (The University of Oxford) 蔵

Burns『天路歴程』(小書會眞堂藏板, 1883年重刻) 整版, 五巻一冊, 東北大学附属図書館蔵

3. 日本語

(1) 村上俊吉の『天路歴程』の翻訳

「天路歴程意訳」(『七一雑報』, 1876年4月14日 (第1巻15号) から1877年8月24日 (第2巻34号) まで)

『意訳天路歴程』(東京, 1879年) 同志社大学図書館蔵

(2) その他明治初期における『天路歴程』の翻訳

White『天路歴程』初版 (倫敦聖教書類会社, 1886年) 国立国語研究所貴重書庫蔵

White『天路歴程』三版 (基督教書類会社, 1893年) 東京大学教養学部漢文学研究室蔵

White『天路歴程』六版 (基督教書類会社, 1903年) 東京大学教養学部漢文学研究室蔵

(3) その他

植村正久「日本の基督教文学 上」『福音新報』65号, 1892年6月10日, 1面

Gale「朝鮮に於ける長老教会の現状」『新人』15巻10号, 1916年

4. 韓国語

(1) James. S. Gale の『天路歴程』の翻訳

Gale『텬로력뎡』(Seoul: The Trilingual Press, 1895年) 東京大学韓国朝鮮文化研究室小倉文庫蔵, 木版本

Gale『텬로력졍』(Presbyterian Publication Fund, 1910 年) 崇實大学キリスト教博物館蔵, 鉛活字本

Gale『텬로력졍』(The Christian Literature Society of Korea, 1926 年) 延世大学貴重本図書室蔵, 鉛活字本

(2)　その他『天路歴程』の翻訳

Mrs. Underwood, M. D.『텬로력졍──긔독도부인려행록』(The Christian Literature Society of Korea, 1920 年) 延世大学貴重本図書室蔵, 鉛活字本

(3)　James. S. Gale 訳『天路歴程』刊行後の『天路歴程』言及資料

李光洙「耶蘇教의　朝鮮에　준　恩恵」『青春』第 9 号（1917 年 7 月）

II.　二次資料

1.　英　語

Rutt, Richard. *James Scarth Gale and His History of the Korean People*. Seoul: Royal Asiatic Society, 1972.

2.　日本語

(1)　単行本

小澤三郎『幕末明治耶蘇教史研究』（亞細亞書房, 1944 年）

齋藤希史『漢文脈の近代』（名古屋大学出版会, 2005 年）

佐伯好郎『支那基督教の研究 4』（名著普及会, 1949 年）

豊田実『日本英学史の研究』（千城書房, 新訂初版, 1963 年）

ヘボン／飛田良文・李漢燮（編）『和英語林集成：初版・再版・三版対照総索引』第三巻（港の人, 2001 年）

益本重雄『バンヤンと天路歴程──その文献考』（香柏社, 1928 年）

益本重雄（編）『天路歴程絵物語』（教文館, 1936 年）

(2)　論　文

安部百合子「「天路歴程」における訳語研究」『日本文学』第 34・35 合併号（東京女子大学日本文学研究会, 1970 年）47-61 頁］

李漢燮「J・S・ゲール牧師の韓国での宣教活動について──韓英辞典の編纂作業も含めて」［国際日本文化研究センター（編）『日本研究』（特集＝近代東アジア文化とプロテスタント宣教師──その研究と展望）第 30 集（角川書店, 2005 年）305-321 頁］

小澤三郎「『天路歴程』の日本版について」『比較文学』（東京女子大学附属比較文化研究所，1956 年）1-13 頁］

斎藤光「キリスト教文学の移入——『天路歴程』の場合」『文学』47（岩波書店，1979 年，3 月）62-75 頁］

齋藤希史「Burns 訳『天路歴程』の伝播と変容」『超域文化科学紀要』第 14 号（東京大学総合文化研究科，2009 年）123-140 頁］

高村新一「竹友藻風氏訳「天路歴程」について」『独立』通号 15（昭和書院，1950 年）46-52 頁］

高村新一「『天路歴程』の中の人名若干について」『静岡大学文理学部研究報告人文科学』通号 6（星光社，1956 年）59-65 頁］

高村新一「『天路歴程』邦訳史（一）」『東京女子大学附属比較文化研究所紀要』第 40 巻（東京女子大学附属比較文化研究所，1979 年）1-24 頁］

高村新一「『天路歴程』邦訳史（二）」『東京女子大学附属比較文化研究所紀要』第 41 巻（東京女子大学附属比較文化研究所，1980 年）1-22 頁］

高村新一「『天路歴程』邦訳史（三）」『東京女子大学附属比較文化研究所紀要』第 42 巻（東京女子大学附属比較文化研究所，1981 年）24-51 頁］

西村和子「日本におけるジョン・バニヤン受容史」『湘南英語英文学研究』11(2)（湘南英文学会，1980 年）1-12 頁］

西村和子「日本におけるジョン・バニヤン書誌」『比較文学』第 23 号（日本比較文学会，1980 年）106-123 頁］

西村和子「『天路歴程』の跡をたどって」『院友会雑誌』34 巻（武蔵野赤十字病院院友会，1987 年）79-96 頁］

西村和子「日本におけるジョン・バニヤン書誌（補遺）」『比較文学』第 43 号（日本比較文学会，2000 年）106-122 頁］

原恵「明治 14 年十字屋発行の『讃美歌』について」『青山学院大学一般教育部会論集』（青山学院大学一般教育部会，1970 年）17-25 頁］

原恵「明治 9 年（1876）十字屋発行の『改正讃美歌』について」『青山学院大学一般教育部会論集』（青山学院大学一般教育部会，1974 年）19-27 頁］

福井玲「小倉文庫目録」『朝鮮文化研究』第 9 号（東京大学朝鮮文化研究室，2002 年）1-59 頁］

松村淳子・松村恒「神戸国際大学図書館所蔵の『天路歴程』和訳本と中村敬宇の題辞について」『神戸国際大学紀要』46（神戸国際大学学術研究会，1994 年 6 月）194-197 頁］

村上文昭「原胤昭と耶蘇教書肆十字屋——日本最初のキリスト教出版社」『関東学院教養論集』11（関東学院大学法学部，2001 年）1-13 頁］

吉野作造「天路歴程の邦訳に就て」[『閑談の閑談』（書物展望社，1933 年）118-127 頁]
　＊[初出]「天路歴程の邦訳に就て」『愛書趣味』（愛書趣味社，1929 年 1 月）
渡部学「J. S. ゲールの朝鮮印象記——十九世紀末朝鮮教育の実情」[『朝鮮学報』第 7 輯（天理大学出版部，1955 年）175-189 頁］

3．韓国語
(1)　単行本
고춘섭（編著）『연동교회　100 년사 1894-1994』（연동교회，1995 年）
김동언『뎐로력뎡과　개화기　국어』（한국문화사，1998 年）
김병철『韓国近代翻訳文学史研究』（乙酉文化社，1975 年初版，1988 年重版）
김병철『韓国近代西洋文学移入史研究　上巻』（乙酉文化社，1982 年）
김봉희『한국기독교문서간행사연구（1882-1945）』（이화여자대학교출판부，1987 年）
김봉희『한국개화기서적문화연구』（이화여자대학교출판부，1999 年）
김정우『번역문체의　역사적　연구』（국립국어연구원，1994 年）
김형철『개화기　국어연구』（경남대학교출판부，1997 年）
박영섭『開化期国語語彙資料集 5——外来語篇』（박이정，1997 年）
배재백년사편찬위원회（編）『培材百年史：1885-1985』（배재학당，1989 年）
배재학당（編）『培材学堂』（배재학당，1991 年）
유영렬・윤정란『19 세기말　서양선교사와　한국사회——*The Korean Repository* 를
　중심으로』（景仁文化社，2004 年）
이기문『新訂版　国語史概説』（태학사，1998 年初版，2013 年修正版）
이상현『한국고전　번역가의　초상：게일의　고전학　담론과　고소설　번역의　지평』（소명출판사，2013 年）

(2)　論　文
김동언「현대국어　번역문체　변천연구：천로역정과　성경을　중심으로」『어문논집』
　47（민족어문학회，2003 年）
김봉희「게일（James Scarth Gale），기일（奇一）의　한국학　저술활동에　관한　연구」『서지학연구』3（서지학회，1988 年）
민경배「韓日交流史에　있어서의　基督教의　位置」『신학논단』23（연세대학교신학대학，1995 年）
민경배「기독교에　있어서의　언어」『기독교언어문화논집』1（국제기독교언어문화연구원，1997 年）
민경배「게일의　宣教와　神学——그의　韓国精神史에의　合流」『현대와　신학』24

(연세대학교 연합신학대학원, 1999年)

박기선「텬로력뎡 異本의 국어학적 연구」(한국외국어대학교대학원博士論文, 2005年)

박재연「조선시대 중국 통속소설 번역본연구」(한국외국어대학교博士論文, 1993年)

심재기「게일 文法書의 몇가지 特徵」『韓国文化』9 (서울대학교 한국문화연구소, 1988年)

유영익「게일의 생애와 그 선교사업에 대한 연구」『캐나다연구』2 (연세대학교 동서문제연구원, 1990年)

윤병조「개화기 한국 기독교 출판문화 사업이 일반사회에 미친 영향에 관한 연구——監理敎出版社의 사례분석을 중심으로」(연세대학교修士論文, 1998年)

이영희「게일의 한영자뎐 분석적 연구」5 (국어사학회, 2005年)

조영인「천로역정 이본간의 표기양상 연구」(서경대학교대학원修士論文, 2007年)

주홍근「宣敎師 奇一의 生涯와 韓国基督敎에 끼친 貢献」(피어선신학교修士論文, 1985年)

최현배「기독교와 한글」『신학논단』7 (연세대학교 신과대학, 1962年)

한규무「게일의 한국인식과 한국교회에 끼친 영향」『한국기독교와역사』4 (한국기독교역사연구소, 1995年)

第3章
I. 一次資料
1. 英　語

Brown, Arthur Judson. *The Mastery of the Far East*. New York: Charles Scribner's Sons, 1919.

Cary, Otis. *A History of Christianity in Japan*. New York: Fleming H. Revell Company, 1909.

Hulbert, Homer B. *The Passing of Korea*. New York: Double Day and Company, 1906. Reprinted with a forward (Seoul: Yonsei University Press, 1969).

Koons, E. W. "The House Where Books Are Given Out For Rent," *The Korean Mission Field*, vol. 14 July, 1918.

2. 日本語
(1)「天路歴程意訳」及び村上俊吉関係

アツキンソン（Atkinson, J. H.）／村上俊吉（筆記）『詩篇註釈 前編』（福音社, 1892年）国会図書館蔵

アツキンソン（Atkinson, J. H.）／村上俊吉（訳）『赤十字社と看病法の起源』（福音社，1895 年）国会図書館蔵
村上俊吉『回顧』（警醒社書店，1912 年）国会図書館蔵
『意訳天路歴程』（東京，1879 年）同志社大学図書館蔵
『七一雑報』復刻版全 8 巻（不二出版，1988 年）

 （2） 小新聞関係
野崎左文「昔の新聞談」（『明星』巳年第 5 号，1905 年 5 月）［＊野崎左文『増補　私の見た明治文壇 1, 2』（東洋文庫 759・760，平凡社，2007 年）収録］
野崎左文「明治初期の新聞小説」（『早稲田文学』229 号，1925 年 3 月）［＊同上］
野崎左文「「今日新聞」の三ヶ年間」（『早稲田文学』232 号，1925 年 6 月）［＊同上］
野崎左文「明治初期の著述家の面影」（『早稲田文学』243 号，1926 年 4 月）［＊同上］
野崎左文「再び明治の小新聞に就て」（『早稲田文学』255 号，1927 年 4 月）［＊同上］
「稟告」（『読売新聞』創刊号，1874 年 11 月 2 日）

 （3） その他
小崎弘道「日本に於ける基督教の現在及将来――明治二十六年市俄古の万国宗教教義に於いて」［『小崎弘道全集』第六巻（日本図書センター，2000 年）］
徳冨蘆花「七一雑報」［警醒社（編）『回顧二十年』（警醒社書店，1909 年）］
矢野文雄『日本文体文字新論』（報知社，1886 年）［斉藤利彦・倉田喜弘・谷川恵一（校注）『教科書　啓蒙文集』（新日本古典文学大系明治編 11，岩波書店，2006 年）］
「仮名読珍聞」『仮名読新聞』1879 年 2 月 9 日
「東京顕微鏡」『魯文珍報』第 16 号，1878 年 5 月 30 日
『東京日日新聞』1881 年 12 月 8 日，8 面

 3. 韓国語
「教育에徹底하라」『東亜日報』1922 年 1 月 5 日
「文盲退治의運動」『東亜日報』1928 年 3 月 17 日

II 二次資料
 1. 日本語
 （1） 単行本
小木新造『東京庶民生活史研究』（日本放送出版協会，1979 年）
興津要『転換期の文学――江戸から明治へ』（早稲田大学出版部，1960 年）

興津要『明治開化期文学の研究』（桜楓社，1968年）

勝尾金弥『『七一雑報』を創ったひとたち』（創元社，2012年）

国立国語研究所（編）『明治初期の新聞の用語』（国立国語研究所，1959年）

齋藤希史『漢文脈と近代日本――もう一つのことばの世界』（日本放送出版協会，2007年）

茂義樹『明治初期神戸伝道とD.C.グリーン』（新教出版社，1986年）

進藤咲子『明治時代語の研究――語彙と文章』（明治書院，1981年）

隅谷三喜男『近代日本の形成とキリスト教』（新教新書47，新教出版社，1961年）＊［初出］隅谷三喜男『近代日本の形成とキリスト教』（基督教論叢，新教出版社，1950年）

高木健夫『新聞小説史　明治篇』（国書刊行会，1974年）

谷川恵一『歴史の文体小説のすがた――明治期における言説の再編成』（平凡社，2008年）

津金沢聡廣『現代日本メディア史の研究』（ミネルヴァ書房，1998年）

土屋礼子『大衆紙の源流――明治期小新聞の研究』（世界思想社，2002年）

東奥義塾（編）『東奥義塾九十五年史』（東奥義塾，1967年）

東奥義塾百年史編纂委員会（編）『開学百年記念東奥義塾年表』（東奥義塾，1972年）

東京大学教養学部国文・漢文学部会（編）『古典日本語の世界――漢字がつくる日本』（東京大学出版会，2007年）

同志社大学人文科学研究所（編）『『七一雑報』の研究』（同朋舎出版，1986年）

永峰重敏『雑誌と読者の近代』（日本エディタースクール出版部，1997年）

永峰重敏〈読書国民〉の誕生――明治30年代の活字メディアと読書文化』（日本エディタースクール出版部，2004年）

平田由美『女性表現の明治史』（岩波書店，2001年）

本田康雄『新聞小説の誕生』（平凡社，1998年）

前田愛『近代読者の成立』（岩波書店，2001年）＊［初出］前田愛『近代読者の成立』（有精堂，1973年）

森岡健二『改正近代語の成立――語彙編』（明治書院，1991年）

森岡健二『改正近代語の成立――文体編』（明治書院，1991年）

柳田泉『明治初期翻訳文学の研究』（春秋社，1961年）

山口光朔『近代日本キリスト教の光と影』（教文館，1988年）

山田俊治『大衆新聞がつくる明治の〈日本〉』（日本放送出版協会，2002年）

山本武利『近代日本の新聞読者層』（法政大学出版局，1981年）

山本正秀『近代文体発生の史的研究』（岩波書店，1965年）

(2) 論　文

笠原芳光「週刊紙としての『七一雑報』」[『キリスト教社会問題研究』通号31（同志社大学人文科学研究所，1983年3月）77-108頁］［＊同志社大学人文科学研究所（編）『『七一雑報』の研究』（同朋舎出版，1986年）収録］

梶原滉太郎「大新聞・小新聞の語彙」[佐藤喜代治（編）『講座日本語の語彙　第六巻　近代の語彙』（明治書院，1962年）]

キャンベル，ロバート「一八八二年，大新聞のるつぼ」[『文学』（特集＝新聞小説の東西──近代のるつぼ）（岩波書店，2003年1・2月号）127-139頁]

国立国語研究所（編）「明治時代語の調査研究」『国立国語研究所年報』12号（国立国語研究所，1961年10月）

国立国語研究所（編）「明治時代語の調査研究」『国立国語研究所年報』13号（国立国語研究所，1962年10月）

国立国語研究所（編）「明治時代語の調査研究」『国立国語研究所年報』15号（国立国語研究所，1965年1月）

小二田誠二「ニュース言語の江戸・明治」[『文学』（特集＝新聞小説の東西──近代のるつぼ）（岩波書店，2003年1・2月号）70-83頁]

佐々木亨「『鳥追阿松海上新話』の成立──連載と草双紙のはざまで」[『江戸文学』（特集＝明治十年代の江戸）21号（ぺりかん社，1999年12月）63-81頁]

佐々木亨「『鳥追阿松海上新話』の読者の成立──新聞の宣伝効果」[『国文学研究』130号（早稲田大学国文学会，2000年3月）113-122頁]

佐々木亨「つづきものと西南戦争」[『日本文学』53-1号（日本文学協会，2004年1月）22-31頁]

佐野安仁「『七一雑報』から見た松本伝道」[『キリスト教社会問題研究』通号32（同志社大学人文科学研究所，1984年3月）37-67頁］［＊『『七一雑報』の研究』収録]

茂義樹「『七一雑報』における日本基督伝道会社」[『キリスト教社会問題研究』通号30（同志社大学人文科学研究所，1982年2月）36-61頁］［＊『『七一雑報』の研究』収録]

進藤咲子「明治初期の言語の生態」[進藤咲子『明治時代語の研究──語彙と文章』（明治書院，1981年）152-172頁］＊[初出]『言語生活』90号（筑摩書房，1959年3月）

進藤咲子「明治初期の小新聞にあらわれた談話体の文章」[進藤咲子『明治時代語の研究──語彙と文章』（明治書院，1981年）305-323頁］＊[初出]『国立国語研究所論集　ことばの研究』（秀英出版，1959年）

進藤咲子「新聞の文章」[森岡健二他（編）『講座　現代語2　現代語の成立』（明治書院，1964年）191-218頁]

進藤咲子「明治初期の振りがな」[近代語学会（編）『近代語研究　第二集』（武蔵野書

院,1968年)489-504頁]

杉井六郎「日本近代史における「七一雑報」」[同志社大学人文科学研究所(編)『「七一雑報」の研究』(同朋舎出版,1986年)3-22頁]

鈴木丹士郎「読本における漢字語の傍訓——「雨月物語」と「弓張月」を中心にして」[近代語学会(編)『近代語研究 第二集』(武蔵野書院,1968年)457-472頁]

高道基「『七一雑報』の研究」[同志社大学人文科学研究所(編)『日本の神学』通号29(日本基督教学会,1990年)108-113頁]

竹中正夫「『七一雑報』の論説の研究」[同志社大学人文科学研究所(編)『『七一雑報』の研究』(同朋舎出版,1986年)51-81頁]

谷川恵一「小説のすがた」[『江戸文学』(特集=明治十年代の江戸)21号(ぺりかん社,1999年12月)36-47頁]

土屋礼子「ふりがな論の視座——近代日本における文字とリテラシイ」[『現代思想』(青土社,1998年8月)106-115頁]

西尾光雄「『西国立志編』のふりがなについて——形容詞と漢語サ変の場合」[近代語学会(編)『近代語研究 第二集』(武蔵野書院,1968年)473-488頁]

野村剛史「明治スタンダードと言文一致(1)——スタンダードを中心に」[『東京大学大学院総合文化研究科言語情報科学専攻紀要』13(1)(2006年3月)1-25頁]

野村剛史「明治スタンダードと言文一致(2)——言文一致を中心に」[『東京大学大学院総合文化研究科言語情報科学専攻紀要』14(1)(2007年3月)35-67頁]

平田由美「会話文と地の文——文学テクストにおける表現と表記」[『人文学報』59号(京都大学人文科学研究所,1986年)37-52頁]

平田由美「議論する公衆の登場——大衆的公共圏としての小新聞メディア」[成田龍一ほか(編)『近代知の成立』(岩波書店,2002年)199-231頁]

藤代泰三「『七一雑報』における神学思想——キリスト教と文化」[『キリスト教社会問題研究』通号30(同志社大学人文科学研究所,1982年2月)19-35頁][＊『七一雑報』の研究』収録]

山口光朔「解説——『七一雑報』刊行の歴史的意義」[『七一雑報』復刻版(不二出版,1988年)解説・総目次・索引1-12頁]

山田俊治「声を超越する言文一致」[『文学』(特集=フォーミュラ 声と知を繋ぐもの)(岩波書店,2006年,3・4月号)70-83頁]

山田俊治「明治初年の「言」と「文」——言文一致論前史」[『文学』(特集=言と文)(岩波書店,2007年,11・12月号)84-90頁]

山本正秀「小新聞談話体文章の実態」[『近代文体発生の史的研究』(岩波書店,1965年)194-211頁]＊[初出]『茨城大学文理学部紀要 人文科学』10号(茨城大学文理

学部, 1959 年 12 月)
吉野作造「天路歴程の邦訳に就て」[『閑談の閑談』(書物展望社, 1933 年) 118-127 頁]
　＊[初出]「天路歴程の邦訳に就て」『愛書趣味』(愛書趣味社, 1929 年 1 月)
李建志「朝鮮に小新聞を！――李人稙が朝鮮にもたらしたこと」[『文学』(特集＝新聞小説の東西――近代のるつぼ)(岩波書店, 2003 年, 1・2 月号) 114-126 頁]

　(3)　辞典類
日本基督教団(編)『キリスト教人名事典』(日本基督教団出版局, 1986 年)
日本キリスト教歴史大事典編集委員会(編)『日本キリスト教歴史大事典』(教文館, 1988 年)

2. 韓国語
　(1)　単行本
방효순『일제시대 민간 서적발행활동의 구조적 특성에 관한 연구』(이화여자대학교대학원博士論文, 2000 年)
이민희『조선의 베스트셀러』(프로네시스, 2007 年)
천정환『근대의 책 읽기』(푸른역사, 2003 年)

　(2)　論　文
마이클 김「서양인들이 본 조선후기와 일제초기 출판문화의 모습」『열상고전연구』19 (열상고전연구회, 2004 年)
마이클 김「일제시대 출판계의 변화와 성장」『한국사시민강좌』37 (일조각, 2005 年)
마이클 김「서양선교사 출판운동으로 본 조선후기와 일제초기의 상업출판과 언문의 위상」31『열상고전연구』(열상고전연구회, 2010 年)
노영택「일제시기의 문맹률 추이」『국사관논총』51 (국사편찬위원회, 1990 年)

第 4 章
I. 一次資料
1. 英　語
　(1)　ルーミス書簡 (The American Bible Society 蔵, 書簡の日付順に並べる)
Letter, H. Loomis to E. W. Gilman, May 30, 1883.
Letter, H. Loomis to E. W. Gilman, Sept. 7, 1883.
Letter, H. Loomis to E. W. Gilman, Dec. 13, 1883.

Letter, H. Loomis to E. W. Gilman, Aug. 15, 1884.
Letter, H. Loomis to E. W. Gilman, June 17, 1885.
Letter, H. Loomis to E. W. Gilman, May 14, 1886.
Letter, H. Loomis to E. W. Gilman, July 12, 1886.
Letter, H. Loomis to E. W. Gilman, March 7, 1887.
Letter, H. B. Hulburt to H. Loomis, June 19, 1890.

(2) 資料集

김인수 (訳)『언더우드 목사의 선교편지 (1885-1916)』(장로회신학대학교출판부, 2002 年)

이만열・옥성득 (編訳)『대한성서공회사 자료집 제 1 권──로스서신과 루미스서신』(上・下)(대한성서공회, 2004 年)

(3) その他

Loomis, Clara Denison. *Henry Loomis, Friend of the East*. New York, Chicago, London and Edinburgh: Fleming H. Revell Company, 1923.

"The First Korean Protestant in Japan (a letter dated May, 30, 1883, from Yokohama)", *The Korean Mission Field*, vol. 33. July, 1937.

2. 中国語

『新約全書』(蘇松上海美華書館藏板, 1864 年) 活字版, 滋賀大学附属図書館蔵

3. 日本語

(1) 新聞記事 (記事の日付順に並べる)

「三府近事 東京」『七一雑報』1881 年 11 月 25 日

「韓人受洗」『七一雑報』1883 年 5 月 11 日

「東京大親睦会記事」『七一雑報』1883 年 5 月 25 日

「雑報」『六合雑誌』1883 年 5 月 30 日

「朝鮮信者の殺害」『七一雑報』1883 年 6 月 1 日

「天主教入朝鮮事実」『六合雑誌』1883 年 6 月 30 日

「天主教朝鮮に入事実」『福音新報』1883 年 8 月 14 日

「教会報知」『東京毎週新報』1884 年 3 月 7 日

高橋五良「日本神字論を読で言上す」『六合雑誌』1885 年 3 月 16 日

「李樹廷氏」『東京日日新聞』1885 年 11 月 26 日

井上角五郎「朝鮮日誌第四」『時事新報』1885 年 12 月 15 日
「朴準禹氏」『時事新報』1886 年 5 月 10 日
「井上氏及び朴準禹（同上）」『東京日日新聞』1886 年 6 月 1 日
「朝鮮通信（前号の続）」『朝野新聞』1886 年 6 月 20 日
「朝鮮人金宜純の処刑」『時事新報』1886 年 8 月 24 日

　(2)　その他
猪野中行ほか（編）『明治字典』首巻（大成館，1885 年）
内村鑑三「私はいかにしてキリスト信者となったか」［山本泰次郎（編）『信仰著作全集 2』（教文館，1962 年）］
東京外国語学校（編）『東京外国語学校沿革』（和装本，東京外国語学校，1932 年）
吉田外務大輔「事項 11　朝鮮使節ノ来航並ニ修好条規続約批准交換ノ件　162　朝鮮国使節到着御届ノ件」［外務省（編）『日本外交文書』第 15 巻（日本国際連合協会，1951 年）］
Henry Loomis（著）／岡部一興（編）・有地美子（訳）『宣教師ルーミスと明治日本――横浜からの手紙』（有隣堂，2000 年）

　4．韓国語
　(1)　李樹廷訳聖書　The American Bible Society 蔵
『新約聖書馬太伝』（漢訳吐（ハングル訓点）付）（横浜米国聖書会社，1884 年）
『新約聖書馬可伝』（漢訳吐付）（横浜米国聖書会社，1884 年）
『新約聖書約翰伝』（漢訳吐付）（横浜米国聖書会社，1884 年）
『新約聖書路可伝』（漢訳吐付）（横浜米国聖書会社，1884 年）
『新約聖書使徒行伝』（漢訳吐付）（横浜米国聖書会社，1884 年）
『신약마가전복음서언해』（横浜米国聖書会社，1885 年）

　(2)　ロス訳聖書
『예수셩교누가복음젼셔』（심양문광셔원，1882 年）［＊정길남（編）『開化期国語資料集成――聖書文献編』（ソウル，박이정，1995 年）収録］
『예수셩교셩셔누가복음뎨자행젹』（심양문광셔원，1883 年）［＊同上］
『예수셩교셩셔요안내복음』（심양문광셔원，1883 年）［＊同上］
『예수셩교셩셔말코복음』（심양문광셔원，1884 年）［＊同上］
『예수셩교젼셔』（셩경문광셔원，1887 年）［＊同上］

(3) その他

『韓佛字典』(YOKOHAMA, C. LÉVY, IMPRIMEUR-LIBRAIRE, 1880年)
유길준『西遊見聞』(影印版, 경인문화사, 1969年)

II. 二次資料
1. 日本語
(1) 単行本
植村正久／佐波亘 (編)『植村正久と其の時代』全七巻 (教文館, 1966年復刻)
小川圭治・池明観 (編)『日韓キリスト教関係史資料』(新教出版社, 1984年)
金文吉『近代日本キリスト教と朝鮮——海老名弾正の思想と行動』(明石書店, 1998年)
金文吉『津田仙と朝鮮——朝鮮キリスト教受容と新農業政策』(世界思想社, 2003年)
子安宣邦『漢字論　不可避の他者』(岩波書店, 2003年)
櫻井義之 (編)『明治年間朝鮮研究文献誌』(書物同好会, 1941年)
関根要八 (編)『恩師ソーパ博士』(三豊社印刷所, 1938年)
同志社大学人文科学研究所 (編)『来日アメリカ宣教師——アメリカン・ボード宣教師書簡の研究 1869-1890』(現代史料出版, 1999年)
中村完『論文選集　訓民正音の世界』(創栄出版, 1995年)
都田豊三郎『伝記・津田仙——明治の基督者』(大空社, 1972年)
宮武外骨 (編)『壬午鶏林事変 (新聞雑誌所載録)』(近藤印刷所, 1932年)

(2) 論　文
阿形佐恵子「朝鮮プロテスタント伝道におけるハングル聖書翻訳と聖書頒布の始まり」[『韓国言語文化研究』(九州大学韓国言語文化研究会, 2002年) 1-37頁]
小倉倉一「明治の自由主義農学者津田仙——産米検査成立とその時代」[『農林春秋』1 (1) (農林協会, 1951年) 37-41頁]
生越直樹「朝鮮語と漢字」[村田雄二郎・C. ラマール (編)『漢字圏の近代——ことばと国家』(東京大学出版会, 2005年) 149-166頁]
金文吉「明治キリスト教と朝鮮人李樹廷」[『基督教学研究』通号18 (京都大学基督教学会, 1998年12月) 235-263頁]
金永秀「朝鮮キリスト教宣教の前段階的事件としての甲申政変」[『沖縄キリスト教短期大学紀要』31 (沖縄キリスト教短期大学, 2002年12月) 59-69頁]
小杉尅次「「解放」までの朝鮮キリスト教史研究——日本キリスト教史と対比して—1—」[『朝鮮研究』(日本朝鮮研究所, 1972年2月) 48-57頁]
小杉尅次「「解放」までの朝鮮キリスト教史研究——日本キリスト教史と対比して—2

—」[『朝鮮研究』(日本朝鮮研究所, 1972 年 3 月) 52-62 頁]
小杉尅次「「解放」までの朝鮮キリスト教史研究——日本キリスト教史と対比して—3
—」[『朝鮮研究』(日本朝鮮研究所, 1972 年 7 月) 52-60 頁]
小杉尅次「「解放」までの朝鮮キリスト教史研究——日本キリスト教史と対比して—4
—」[『朝鮮研究』(日本朝鮮研究所, 1972 年 8 月) 54-62 頁]
小杉尅次「「解放」までの朝鮮キリスト教史研究——日本キリスト教史と対比して—5
—」[『朝鮮研究』(日本朝鮮研究所, 1972 年 9 月) 40-47 頁]
小杉尅次「「解放」までの朝鮮キリスト教史研究——日本キリスト教史と対比して—6
—」[『朝鮮研究』(日本朝鮮研究所, 1972 年 10 月) 52-61, 33 頁]
小杉尅次「「解放」までの朝鮮キリスト教史研究——日本キリスト教史と対比して—7
—」[『朝鮮研究』(日本朝鮮研究所, 1972 年 11 月) 52-61, 47 頁]
小杉尅次「「解放」までの朝鮮キリスト教史研究——日本キリスト教史と対比して—8
—」[『朝鮮研究』(日本朝鮮研究所, 1973 年 1 月) 34-41 頁]
小杉尅次「「解放」までの朝鮮キリスト教史研究——日本キリスト教史と対比して—9
—」[『朝鮮研究』(日本朝鮮研究所, 1973 年 5 月) 48-57 頁]
小杉尅次「「解放」までの朝鮮キリスト教史研究——日本キリスト教史と対比して—10
—」[『朝鮮研究』(日本朝鮮研究所, 1973 年 6 月) 50-58 頁]
小杉尅次「「解放」までの朝鮮キリスト教史研究——日本キリスト教史と対比して—11
—」[『朝鮮研究』(日本朝鮮研究所, 1973 年 9 月) 46-53 頁]
小杉尅次「「解放」までの朝鮮キリスト教——朝鮮戦後史における位置」[『朝鮮研究』(日本朝鮮研究所, 1974 年 12 月) 4-12 頁]
後藤田遊子「韓国語聖書翻訳にいたる初代宣教師達の活動」[『北陸学院短期大学紀要』28 (北陸学院短期大学, 1996 年) 137-148 頁]
藤本幸夫「朝鮮漢文—吏読文からの昇華」[『語文』34 (大阪大学国語国文学会, 1978 年) 32-38 頁]
藤本幸夫「古代朝鮮の言語と文字文化」[岸俊男 (編)『日本の古代 第 14 巻 ことばと文字』(中央公論社, 1988 年) 175-240 頁]
藤本幸夫「朝鮮の文字文化」[『言語』(特集＝東アジアの文字文化) 36(10) (大修館書店, 2007 年 10 月) 72-79 頁]

(3) 辞典類

韓国史事典編纂会『朝鮮韓国近現代史事典』第 2 版 (日本評論社, 2006 年)
中島耕二・辻直人・大西晴樹 (共著)『長老・改革教会来日宣教師事典』(新教出版社, 2003 年)

日本基督教団（編）『キリスト教人名事典』（日本基督教団出版局，1986年）
日本キリスト教歴史大事典編集委員会（編）『日本キリスト教歴史大事典』（教文館，1988年）

2. 韓国語
(1) 単行本
나채운『〈개정증보판〉우리말 성경연구』（기독교문사，1994年）
백낙준『韓国改新教史（1832-1910）』（延世大学出版部，1973年）
오윤태『韓日基督教交流史』（恵宣文化社，1980年）
오윤태『韓国基督教史Ⅳ——改新教伝来史——先駆者李樹廷編』（恵宣文化社，1983年）
이만열『韓国基督教文化運動史』（大韓基督教出版社，1987年）
임상석『20세기 국한문체의 형성과정』（지식산업사，2008年）
정길남『19세기 성서의 우리말연구』（서광학술자료사，1992年）
廣剛『개화기 한국어 성서의 번역어 연구——「마가복음」을 중심으로』（고려대학교박사論文，2005年）

(2) 論　文
김양선「聖書翻訳史」『성서한국』1号-6号（대한성서공회，1955-1960年）
김양선「Ross Version 과 한국 Protestantism」『白山学報』3（白山学会，1967年）
김양선「李樹廷의聖書翻訳과宣教師 招来運動」『韓国基督教史研究』（기독교문사，1971年）
박희숙「懸吐新約聖書 馬可伝의 口訣과 그 諺解에 대하여」『青荷成耆兆先生華甲記念論文集』（신원문화사，1993年）
오미영「이수정『신약마가전복음서언해』의 문체와 일본의 한문훈점한문성서」『일어일문학연구』57（한국일어일문학회，2006年）
오미영「일본 明治譯 聖書의 명사번역어와 이수정『신약마가전복음셔언해』의 번역어 비교연구」『일본학연구』25（단국대학교 일본연구소，2008年）
이광린「이수정의 인물과 그 활동」『史学研究』20（한국사학회，1968年）
이덕주「초기 한글성서 번역에 관한 연구」『한글성서와 겨레문화』（기독교문사，1985年）
이만열「이수정의 개종과 활동」『『한국 기독교 수용사 연구』（두레시대，1998年）95-141頁』124頁．＊［初出］『빛과소금』1988年4・5月号
임형택「근대계몽기 국한문체의 발전과 한문의 위상」『민족문학사연구』14(1)（민족문학사학회，1999年）

정선태「번역과 근대소설 문체의 발견――잡지 소년을 중심으로」『대동문화연구』48 (성균관대학교 대동문화연구원, 2004 년)
한미경「초기 한국성서와 중국성서의 인명 비교연구」『서지학연구』15 (서지학회, 1998 년)

終 章
I. 二次資料
1. 日本語
(1) 単行本

浅見雅一『韓国とキリスト教』(中央公論新社, 2012 年)

李省展『アメリカ人宣教師と朝鮮の近代――ミッションスクールの生成と植民地化の葛藤』(社会評論社, 2006 年)

梅津順一『「文明日本」と「市民的主体」――福沢諭吉・德富蘇峰・内村鑑三』(聖学院大学出版会, 2001 年)

太田雄三『新島襄』(ミネルヴァ書房, 2005 年)

小川圭治 (編)『日本人とキリスト教』(三省堂, 1973 年)

小沢三郎『内村鑑三不敬事件』(新教出版社, 1961 年)

小沢三郎『日本プロテスタント史研究』(東海大学出版会, 1964 年)

韓国基督教歴史研究所／韓晳曦・蔵田雅彦 (監訳)『韓国キリスト教の受難と抵抗――韓国キリスト教史』(新教出版社, 1995 年)

教育史編纂会『明治以降教育制度発達史』第 1 巻 (教育資料調査会, 1964 年)

工藤英一『日本社会とプロテスタント伝道――明治期プロテスタント史の社会経済史的研究』(日本基督教団出版部, 1959 年)

駒込武・橋本伸也 (編)『帝国と学校』(昭和堂, 2007 年)

札幌市教育委員会文化資料室 (編)『札幌とキリスト教』(北海道新聞社, 1987 年)

佐藤八寿子『ミッション・スクール』(中公新書 1864, 中央公論新社, 2006 年)

澤田次郎『近代日本人のアメリカ観――日露戦争以後を中心に』(慶應義塾大学出版会, 1999 年)

杉井六郎『德富蘇峰の研究』(法政大学出版局, 1977 年)

杉井六郎先生退職記念事業会 (編)『近代日本社会とキリスト教』(同朋舎出版, 1989 年)

隅谷三喜男『近代日本の形成とキリスト教』(新教新書 47, 新教出版社, 1961 年) ＊
　［初出］隅谷三喜男『近代日本の形成とキリスト教』(基督教論叢, 新教出版社, 1950 年)

高崎毅・太田俊雄『キリスト教教育講座1――日本人とキリスト教教育』（新教出版社，1958年）
高橋昌雄『明治のキリスト教』（吉川弘文館，2003年）
高谷道男・太田愛人『横浜バンド史話』（築地書館，1981年）
月脚達彦『朝鮮開化思想とナショナリズム』（東京大学出版会，2009年）
同志社大学人文科学研究所（編）『熊本バンド研究』（みすず書房，1965年）
土肥昭夫『日本プロテスタント・キリスト教史』第3版（新教出版社，1994年）
土肥昭夫・田中真人（編著）『近代天皇制とキリスト教』（人文書院，1996年）
富坂キリスト教センター（編）『近代天皇制の形成とキリスト教』（新教出版社，1996年）
原誠『国家を超えられなかった教会――15年戦争下の日本プロテスタント教会』（日本キリスト教団出版局，2005年）
平塚益徳『日本基督教主義教育文化史』（日独書院，1937年）
松下均『異文化交流と近代化――京都国際セミナー1996』（大空社，1998年）
三ツ井崇『朝鮮植民地支配と言語』（明石書店，2010年）
明治学院（編）『明治学院百年史』（明治学院，1977年）
明治学院百年史委員会（編）『明治学院百年史資料集』第1集・第2集（明治学院百年史委員会，1975年）
本井康博『新島襄と徳富蘇峰――熊本バンド，福沢諭吉，中江兆民をめぐって』（晃洋書房，2002年）
文部省大臣官房総務課（編）『歴代文部大臣式辞集』（文部省大臣官房総務課，1969年）
安田敏朗『言語の構築』（三元社，1999年）
山本茂『条約改正史』（大空社，1997年）＊[初出]山本茂『条約改正史』（高山書院，1943年）
米原謙『近代日本のアイデンティティと政治』（ミネルヴァ書房，2002年）
米原謙『徳富蘇峰』（中央公論新社，2003年）
鷲山弟三郎『明治学院五十年史』（明治学院，1927年）

(2) 論 文
イ・ヨンスク「朝鮮における言語的近代」『一橋研究』12(2)（一橋研究編集委員会，1987年）81-95頁］
石川潔「横浜居留地と築地居留地」『近代文化の原点――築地居留地』3（築地居留地研究会，2004年）153-161頁］
石田加都雄「明治32年文部省訓令第12号宗教教育禁止の指令について」『清泉女子大学紀要』8（清泉女子大学，1961年）41-69頁］

工藤英一「日本近代化の過程におけるキリスト教学校教育の問題——文部省訓令第一二号をめぐって」[『明治学院大学キリスト教研究所紀要』1（明治学院大学キリスト教研究所，1967 年）83-112 頁]

工藤英一「明治二十九年第二高等学校不敬事件——新聞資料による一考察」[『明治学院論叢』261（明治学院大学，1978 年）11-31 頁]

蔵原三雪「I．プロテスタント系女子ミッションスクールの沿革——その 1　東京の場合」[『教育制度等の研究』（日本私学教育研究所，1988 年）7-41 頁]

蔵原三雪「IV．プロテスタント系ミッションスクールの沿革——その 2　東京以外の場合」[『教育制度等の研究』（日本私学教育研究所，1990 年）153-222 頁]

国生寿「『七一雑報』にみられる社会教育の概念とその萌芽形態」[同志社大学人文科学研究所（編）『七一雑報』の研究』（同朋舎出版，1986 年）117-137 頁]

小檜山ルイ「「帝国」のリベラリズム——「ミドゥル・グラウンド」としての東京女子大学」[駒込武・橋本伸也（編）『帝国と学校』（昭和堂，2007 年）297-336 頁]

小檜山ルイ「新渡戸稲造再考——「帝国主義者」の輪郭」[『思想』1018 号（岩波書店，2009 年 2 月）121-149 頁]

斎藤正彦「最初のミッションスクール女子学院」[『近代文化の原点——築地居留地』vol. 1（築地居留地研究会，2000 年）35-39 頁]

齋藤元子「海岸女学校——青山学院の源流」[『近代文化の原点——築地居留地』vol. 3（築地居留地研究会，2004 年）93-102 頁]

佐藤八寿子「明治期ミッションスクールと不敬事件」[『京都大学大学院教育研究科紀要』48（京都大学大学院教育研究科，2002 年）147-159 頁]

佐野安仁「『七一雑報』にみる安息日学校」[同志社大学人文科学研究所（編）『七一雑報』の研究』（同朋舎出版，1986 年）139-159 頁]

清水正雄「築地居留地概説」[『近代文化の原点——築地居留地』vol. 1（築地居留地研究会，2000 年）18-26 頁]

清水正雄「築地に開設された教会と学校」[『近代文化の原点——築地居留地』vol. 1（築地居留地研究会，2000 年）111-116 頁]

杉井六郎「熊本バンド・同志社と文学——『同志社文学』の胎動」[『文学』（特集＝明治のキリスト教と文学 (II)）（岩波書店，1979 年 4 月）167-186 頁]

孫于正「近代韓国におけるミッションスクールの登場と発達——中等学校のカリキュラムの変遷を中心に」[『国学院大学日本文化研究所紀要』85（国学院大学日本文化研究所，2000 年）578-552 頁]

高谷道男「宣教師と横浜バンド」[『文学』（特集＝明治のキリスト教と文学 (I)）（岩波書店，1979 年 3 月）17-37 頁]

土肥昭夫「近代天皇制とキリスト教」［富坂キリスト教センター（編）『近代天皇制の形成とキリスト教』（新教出版社，1996年）239-345頁］

長村亮介「キリスト教主義教育研究——学校におけるキリスト教教育」［『明治学院大学キリスト教研究所紀要』第26号（明治学院大学キリスト教研究所，1993年）113-131頁］

ノヴィック，パメラ「女性ミッションスクールのヴィジョン——フェリス・セミナリー（女学校）（1870-1890)」［『キリスト教史学』（キリスト教史学会，1994年）78-83頁］

平沢信康「近代日本の教育とキリスト教（2）——幕末・明治初期における宣教師の渡来と教育活動」［『学術研究紀要』11（鹿屋体育大学，1994年3月）165-176頁］

平沢信康「近代日本の教育とキリスト教（3）——幕末・明治初期におけるキリスト教系私塾・学校の出現と信仰の自由化」［『学術研究紀要』12（鹿屋体育大学，1994年9月）79-91頁］

平沢信康「近代日本の教育とキリスト教（4）——明治初期・欧米主義の時代におけるキリスト者と教育活動」［『学術研究紀要』13（鹿屋体育大学，1995年10月）63-80頁］

福島清紀「近代日本における政治・宗教・教育——「内村鑑三不敬事件」と「教育と宗教の衝突」論争を中心に」［『法政大学教養部紀要』（法政大学教養部，1986年）71-94頁］

帆苅猛「教育と宗教の衝突——明治国家の形成とキリスト教」［『関東学院大学人文科学研究所報』24（関東学院大学人文科学研究所，2000年）118-134頁］

松川成夫「明治期における教育と宗教の分離問題」［『東京女子大学附属比較文化研究所紀要』（特集＝日本における教育とキリスト教）30（東京女子大学附属比較文化研究所，1971年）19-40頁］

宮澤正典「『七一雑報』における教育観」［同志社大学人文科学研究所（編）『『七一雑報』の研究』（同朋舎出版，1986年）97-115頁］

本井康博「新島襄と津田仙」［『キリスト教社会問題研究』50（同志社大学人文科学研究所，2001年）95-115頁］

あとがき

「涙とともに種を蒔く者は，喜び叫びながら刈り取ろう．種入れをかかえ，泣きながら出て行く者は，束をかかえ，喜び叫びながら帰って来る．」（詩篇126：5—6）

　私の好きな聖書の御言葉である．いつか自分が本を書く日がきたら，この御言葉からあとがきを始めたいと思っていた．

　私にとって「涙とともに種を蒔く」時期は，おそらく日本留学期間ではないかと思う．2003年に研究生として留学生活を始め，修士課程を経て，博士号を取得した．最初は研究テーマも決められず，一生懸命に本を読み，何かを書けば何とかなるだろうと，漠然と思っていた．しかし，1年，2年経ってもこれといった成果のないまま，なぜ私は家族と離れてここ日本にいるのか，一生研究者として生きていけるのかなど，寂しさと将来に対する不安を抱くのみであった．

　そのとき，東京大学大学院比較文学比較文化コースの先生方，学生たちに大変お世話になった．寮と図書館を往復することが日課のすべてであった私にとって，比較研究室のメンバーは唯一の相談相手であり，食事共同体でもあった．研究の面でも，生活の面でも，精神的な面でも，一人ではやっていけなかった．

　不思議にも博士課程に入ってからは，日本での生活を楽しめるようになった．生活も少し落ち着いてきたし，研究の面でも学会発表や論文投稿を続けながら，幅広い研究者たちと交流ができるようになったからであろう．最初は博士号を取ったら韓国に帰ることをあたり前のように考えていたが，博士論文の提出を目前にした時点になると，留学生活の間付き合ってきた人々から離れていくことが怖くなってきた．日本での就職先を探してみようかと真剣に悩んだこともある．

　思うに，19世紀東アジアに来た宣教師たちも私と同様な気持ちを経験したかもしれない．最初はキリスト教の布教という明確な目標を持って啓蒙的立場

から異国に赴いたものの，実際の布教の場では宣教師による一方的な啓蒙活動というより，むしろ現地人が宣教師の唯一の相談相手になってあげたり，食事共同体になってあげたりしたのではないだろうか．寂しさと戦いながら，自身の布教活動の価値を疑い，自信を喪失したとき，その宣教師のそばで彼らを支え，力になったのは，現地人の存在だったのではないか．

「支え」，「力」とは，ただ単に布教活動に友好的であった現地人のみを意味するわけではない．ときには現地人に裏切られたり，失望させられたりする経験までもが，後で振り返ってみると宣教師を支える力になっていたはずである．

宣教師はよく「種を蒔く人」に例えられる．書き出しに引用した詩篇126章6節「種入れをかかえ，泣きながら出て行く者は，束をかかえ，喜び叫びながら帰って来る」という御言葉の中で，「束」，「喜び叫び」とは，現地人の悔い改めに至らなくても，布教活動の中で経験した宣教師と現地人との交わり，それ自体の喜びを収穫の束として比喩しているのではないかと考えられる．

本書は2009年7月，東京大学大学院総合文化研究科，超域文化科学専攻，比較文学比較文化コースに提出した博士論文，「19世紀東アジア宣教における翻訳と啓蒙――韓日比較を中心に」に基づくものである．

本書の最初の構想は，2006年3月同研究科に提出した修士論文，「19世紀東アジア宣教における翻訳のことば――漢訳『天路歴程』から朝訳『텬로력뎡』へ，そして和訳『天路歴程』について」に始まる．この修士論文の各章を大幅に書き直し，さらにそのテーマを発展させて以下の論文を執筆した．

「東アジアにおける『天路歴程』の翻訳研究――朝鮮語訳を中心に」（『比較文學研究』第89号，2007年5月）

「Godの翻訳をめぐる考察――在朝宣教師の用語論争を中心に」（『児童文学翻訳大事典――研究編』，大空社，2007年6月）

「李樹廷訳『新約馬可伝福音書諺解』の文体をめぐる一考察――漢字表記と漢語の翻訳を中心に」（『超域文化科学紀要』第13号，2008年11月）

「在日米国宣教師による朝鮮人留学生の渡米斡旋――ルーミス書簡とキリスト教新聞を史料として」（『キリスト教史学』第63号，2009年7月）

これらの論文を再び改稿し，さらに一章を加えて，博士論文として提出した．

本書ではその五章,「ルーミスによる朝鮮人留学生への教育と布教」を省略していることを,断っておきたい.

　研究生として留学生活を始めた頃から数えると,本書になるまでに,十年という年月がかかったことになる.博士号の取得後,韓国に帰国し,高麗大学日本研究センターの研究助教授を経て,光州にある全南大学日語日文学科へ助教授として着任した.

　もとより限られた時間の中でまとめた研究であり,読み返してみると至らない点ばかりが目に付く.その他にも,研究者としての未熟さと生来の綿密さに欠ける性格から,思わぬ不備があるかもしれない.しかし,本書を書いている間は,とにかく楽しかった.

　本書が形になるまでに,多くの方々のお世話になった.ここでお一人お一人名前を挙げて,感謝の言葉を述べられないのが残念である.また,各地の資料館,図書館,宣教師ゆかりの学校,団体等にも,本当にお世話になった.

　ただ,四人の方のお名前だけは,記しておきたい.

　最初に,東京大学大学院の齋藤希史先生.2004年に修士課程に入学して以来,齋藤希史先生のご指導は,私にとって大きな支えであり,刺激であった.修士1年生のとき,先生の大学院ゼミで,『天路歴程』を読んでいく作業が,かねて抱いていた,自分の問題意識に気づかせてくれる契機となった.それは,日韓両国のキリスト教の普及率には歴然とした差があり,このような差異はどこからくるのか,ということであった.幼い頃から両親に連れられて教会に通い,長い間聖書の教えと,それを実践する人々に囲まれて過ごしてきた,自分自身の経験が働いたのかもしれない.2004年に齋藤先生のゼミでその研究テーマを「発見」したことに,私は不思議な巡り合わせを感じている.本書の刊行も先生のお力によるところが大きい.

　続いて,東京大学出版会の山本徹さん.学術出版の厳しい状況の中でも本書の刊行を積極的に進めてくださった.また,海外にいる著者とのやり取りの苦労を厭わず,よりたくさんの方々の目に触れるように工夫してくださった.

　そして,本書の刊行を助けてくださった高麗大学日本研究センターの所長,崔官先生に深くお礼を申し上げたい.先生は学部生だった私を学問の世界に導いてくださった方でもある.

最後に，私の母．私の留学中，母は長期入院することになった．二回にわたって大きな手術も受けた．彼女が病と闘いながら生死の境をさまよっている間，私は彼女のそばにいてあげられなかった．幸いに母は元気を取り戻し，この本を手に取ることができる．気恥ずかしくはあるが，母の元気な姿に大変感謝していることを記しておきたい．

2013年6月

金 成 恩

　＊本書は，高麗大学日本研究センターによる第一回出版助成制度の補助を受けた．

索　引

あ　行

愛憐舎　94
アレゴリー　74
諺解　154
安宗洙(アンジョンス)　115
アンダーウッド(Horace Grant Underwood)
　13, 22, 112
李源謨(イウォンモ)　52
李光洙(イグァンス)　4
李樹廷(イスジョン)　111
李昌稙(イチャンジク)　39
井上角五郎　115
今村謙吉　68
『意訳天路歴程』　54, 83
内村鑑三　121
英国系宣教師　15
大新聞　62, 85
小倉文庫　38
呉天泳(オチョヨン)　44
諺文　34, 162
諺文小説　104
諺文綴字法　31

か　行

音読み　75
書き言葉　2
貸本屋　105
神　16, 17, 34
かみ　25
漢字片仮名交じり文　87
漢字圏　2
漢字平仮名交じり文体　62, 73
広東訳　36

『韓佛字典』　23, 148
漢文　2
漢文小説　158
漢訳聖書　2, 3
官話　40, 48
官話訳　36, 39
金玉均(キムオクキュン)　114, 129, 131
金俊根(キムジュングン)　39
旧活字本小説　105
ギューリック(Orramel Hinckley Gulick)
　65
ギュツラフ(Karl Friedrich Augustus
　Gützlaff)　13
共同体的読書　102, 104, 105, 108
寓意小説　35, 41
熊本バンド　91
グリーン(Daniel Crosby Greene)　90, 92
訓民正音　34
訓読み　74, 75
ケーリー(Otis Cary)　90, 92
ゲール(James Scarth Gale)　20, 24
言語的近代　3
言文一致　82
原文への忠実さ　53
甲午改革　6
口語性　63, 64
口語体　80, 84, 101
口述文化　108
甲申政変　128
小崎弘道　91
小新聞　11, 61, 62, 64, 82, 85
小新聞談話体　59

さ　行

『西遊見聞』　152, 153
佐藤喜峰　54, 73, 83
三文出版社（Trilingual Press）　37, 103
識字層　61, 68, 88, 101, 157
識字率　107
自給独立論　100, 161
士族　91
『七一雑報』　11, 35, 54, 65
借用　139, 147
準識字層　61, 68, 101, 157
上帝　15, 23, 25
常連投書者　93
神　15, 23
真書　34, 162
新聞紙条例　65
新聞縦覧所　64
聖神　15
聖霊　15
総振り仮名　73
俗訓　74, 75, 77, 79
俗語　6
俗語の傍訓　63
俗談平話　59, 60, 83
『続天路歴程』　54
『続天路歴程官話』　54
宋徳祚（ソンドクジョ）　23

た　行

談話体　11, 63, 80, 82
崔鉉培　5
朝鮮　12
朝鮮固有語　2, 25, 32
朝美修好通商条約　1
津田仙　118
津田左右吉　32
綴字法　158
天　25, 31
天主　15, 23
『天主実義』　22
『天道溯源』　3
『天路歴程』　3, 35
天路歴程意訳　35, 54
東奥義塾　93
同志社　93, 96
投書欄　11, 84
読者層　11, 84, 98
徳富蘇峰　95
徳富蘆花　96

な　行

日米和親条約　1
日本製新漢語　163
野崎左文　85

は　行

バーンズ（William Chalmers Burns）　35
白話小説　10, 40, 50
朴泳孝（パクヨンヒョ）　114
バニヤン（John Bunyan）　35
ハルバート（Homer Bezaleel Hulbert）　103, 145
ハングル　34
ハングル小説　158
ハングル専用文　105, 153
ハングル翻案小説　50
非識字層　61, 157
『福音新報』　102
普通学校用諺文綴字法　31
ブラウン（Samuel Robbins Brown）　16
振り仮名　33, 34, 61, 78, 79, 101
振り漢字　79
ブリッジマン（Elijah Coleman Bridgman）　2, 15
ブリッジマン訳　16
プロテスタント　11
文言　40

文言訳　36, 39
文語体　80
米国系宣教師　1, 15, 16
米国聖書協会（American Bible Society）　112
ヘボン（James Curtis Hepburn）　13
許筠（ホギュン）　50
傍注　139, 154
『洪吉童伝』　50
翻訳意図　8
翻訳文の自然さ　53

　　ま　行

『まいにちひらかなしんぶんし』　61
松山高吉　69-71
村上俊吉　72
メッドハースト（Walter Henry Medhurst）　15
目標言語（target language）　26
モリソン（Robert Morrison）　2, 13, 15

　　や　行

矢野文雄　62
唯一神　10, 14, 158
用語論争（term question）　14
呼び売り　82
『読売新聞』　59, 60, 62, 64

　　ら　行

『六合雑誌』　121, 123
両文体　62

ルーミス（Henry Loomis）　112
ローマ・カトリック　11, 24
ロス（John Ross）　13, 111, 154
ロス訳　150
論説欄　85

　　わ　行

和語　2, 32

　　ハングル

『독닙신문』（独立新聞）　152
『신약마가젼복음셔언해』（新約馬可伝福音書諺解）　134
텬쥬（天主）　21
하ᄂᆞ님　21, 25, 34, 52

　　英　文

A Concise Dictionary of the Korean Language　42
Fifteen Years among the Top-Knots　19
God　10, 15, 28, 158
London Missionary Society（ロンドン・ミッショナリー・ソサエティ）　14
Spirit　15
The American Board of Commissioners for Foreign Missions（アメリカンボード）　65
The Korean Mission Field　24
The Korean Repository　37
The Pilgrim's Progress　35
Underwood of Korea　26

執筆者紹介

1976年　ソウル生まれ
2000年　高麗大学日語日文学科卒業
2002年　高麗大学大学院日語日文学科修士号取得
2006年　東京大学大学院総合文化研究科修士号取得
2009年　東京大学大学院総合文化研究科博士号取得
　　　　高麗大学日本研究センター研究助教授を経て
現　在　全南大学人文大学日語日文学科助教授

主要著書・論文

「在日宣教師ルーミスによる朝鮮人留学生の渡米斡旋」(『キリスト教史学』第63号, 2009年7月)
『교양이란 무엇인가──동경대 교양학부의 독서론 강의』(原題:『教養のためのブックガイド』東京大学出版会)(共訳, 韓国放送通信大学出版部, 2008年)

宣教と翻訳
漢字圏・キリスト教・日韓の近代

2013年8月27日　初　版

[検印廃止]

著　者　金成恩（キムソンウン）

発行所　一般財団法人　東京大学出版会
代表者　渡辺　浩

113-8654　東京都文京区本郷 7-3-1　東大構内
http://www.utp.or.jp/
電話 03-3811-8814　Fax 03-3812-6958
振替 00160-6-59964

印刷所　株式会社三秀舎
製本所　矢嶋製本株式会社

© 2013 Kim Sung Eun
ISBN 978-4-13-086045-1　Printed in Japan

JCOPY 〈(社)出版者著作権管理機構 委託出版物〉
本書の無断複写は著作権法上での例外を除き禁じられています。複写される場合は, そのつど事前に, (社)出版者著作権管理機構(電話 03-3513-6969, FAX 03-3513-6979, e-mail:info@jcopy.or.jp)の許諾を得てください。

東京大学教養学部国文・漢文学部会 編	古典日本語の世界 ——漢字がつくる日本	A5	2400 円
東京大学教養学部国文・漢文学部会 編	古典日本語の世界 二 ——文字とことばのダイナミクス	A5	2400 円
村田雄二郎 C・ラマール 編	漢字圏の近代 ——ことばと国家	46	2400 円
大東和重 著	郁達夫と大正文学 ——〈自己表現〉から〈自己実現〉の時代へ	A5	5600 円
月脚達彦 著	朝鮮開化思想とナショナリズム ——近代朝鮮の形成	A5	7200 円
浅見雅一 著	キリシタン時代の偶像崇拝	A5	7200 円
岡美穂子 著	商人と宣教師 南蛮貿易の世界	A5	8600 円

ここに表示された価格は本体価格です．御購入の際には消費税が加算されますので御了承下さい．